国际经济与贸易本科系列教材

国际贸易货物的报关与通关

Guoji Maoyi Huowu de Baoguan yu Tongguan

谢凤燕 主编

西南财经大学出版社

图书在版编目(CIP)数据

国际贸易货物的报关与通关/谢凤燕主编.—成都:西南财经大学出版社,2009.3(2011.8 重印)
ISBN 978 - 7 - 81138 - 276 - 1

Ⅰ.国… Ⅱ.谢… Ⅲ.国际贸易—海关手续—中国—教材
Ⅳ.F752.5

中国版本图书馆 CIP 数据核字(2009)第 007851 号

国际贸易货物的报关与通关

谢凤燕 主编

责任编辑:于海生
封面设计:大涛
责任印制:封俊川

出版发行	西南财经大学出版社(四川省成都市光华村街55号)
网 址	http://www.bookcj.com
电子邮件	bookcj@foxmail.com
邮政编码	610074
电 话	028 - 87353785　87352368
印 刷	郫县犀浦印刷厂
成品尺寸	170mm×240mm
印 张	17.5
字 数	300 千字
版 次	2009 年 3 月第 1 版
印 次	2011 年 8 月第 2 次印刷
印 数	3001—6000 册
书 号	ISBN 978 - 7 - 81138 - 276 - 1
定 价	32.00 元

前 言

国际贸易货物的报关与通关是国际贸易交易流程的基本环节之一，也是海关监管对外贸易的一项重要内容。改革开放以来，我国对外贸易飞速发展，目前已成为排名第三的世界贸易大国，每年有大批量的国际贸易业务需要办理报关与通关手续。因此，学习和掌握国际贸易货物报关与通关方面的专业知识和技能，宏观层面上是促进我国对外贸易持续发展的需要，微观层面上有利于各类国际贸易企业提高经营效率，降低经营成本，树立良好的社会影响。

本教材在介绍国际贸易货物报关与通关的基础知识报关管理制度、税则归类、海关税费和报关单证的基础上，分贸易方式分别介绍一般进出口货物、保税货物、加工贸易进出口货物和其他货物的报关与通关，并基于海关行政救济在保障报关单位和报关员的合法权益方面的特殊意义，系统地介绍了海关行政救济制度的内容。教材的编写人员有来自高等院校的理论界人士，也有来自实务界的专家。教材的各章均配有案例和各种形式的习题，以便读者复习和掌握相关章节的专业知识。

西南财经大学国际商学院副教授谢凤燕担任本书的主编，负责制定写作大纲和统稿。参加编写的人员及分工是：

谢凤燕编写序言，第一章第一、二节，第二章，第三章，第四章；

司钰编写第一章第三节、第五章；

袁聃编写第六章；

田媛编写第七章；

余文文编写第八章；

张玉荣编写第九章；

王云胜编写第一章至第九章的全部案例与习题。

本书的编写和出版得到了西南财经大学国际商学院"211 工程"三期重点学科建设项目组和西南财经大学出版社的支持。本教材在写作过程中参阅了国内外同行的相关文献，在此，对这些文献的作者表示由衷的感谢。同时，对于本书可能存在的不足之处，敬请各位同行和读者批评指正。

谢凤燕

2008 年 12 月于光华园

目 录

绪言 ……………………………………………………………………… (1)

第一章　报关管理制度 …………………………………………………… (5)
　第一节　报关管理制度概述 …………………………………………… (5)
　第二节　报关单位管理制度 …………………………………………… (6)
　第三节　报关员管理制度 ……………………………………………… (12)
　案例与习题 ……………………………………………………………… (18)

第二章　国际贸易货物的税则归类 ……………………………………… (22)
　第一节　海关税则的分类与结构 ……………………………………… (22)
　第二节　商品名称与编码制度 ………………………………………… (24)
　第三节　税则归类 ……………………………………………………… (29)
　案例与习题 ……………………………………………………………… (34)

第三章　国际贸易货物的海关税费 ……………………………………… (37)
　第一节　海关估价 ……………………………………………………… (37)
　第二节　税率的确定 …………………………………………………… (44)
　第三节　关税的计算与征收 …………………………………………… (47)
　第四节　海关代征税与进口货物总税款 ……………………………… (54)
　案例与习题 ……………………………………………………………… (57)

第四章　报关单证 ………………………………………………………… (62)
　第一节　报关单的分类 ………………………………………………… (62)
　第二节　报关单的内容与填制 ………………………………………… (65)
　第三节　附属报关单证 ………………………………………………… (90)
　案例与习题 ……………………………………………………………… (96)

第五章　一般进出口货物的报关与通关 ················ (107)
　　第一节　一般进出口货物概述 ···················· (107)
　　第二节　一般进出口货物的报关通关程序 ············ (110)
　　案例与习题 ································ (123)

第六章　保税货物的报关与通关 ···················· (128)
　　第一节　保税货物与保税制度概述 ················ (128)
　　第二节　保税仓库货物的报关与通关 ·············· (133)
　　第三节　保税物流中心货物的报关与通关 ············ (142)
　　第四节　保税物流园区货物的报关与通关 ············ (151)
　　第五节　保税区货物的报关与通关 ················ (156)
　　案例与习题 ································ (161)

第七章　加工贸易货物的报关与通关 ················ (165)
　　第一节　加工贸易概述 ························ (165)
　　第二节　加工贸易的海关监管模式 ················ (171)
　　第三节　加工贸易进出口货物的报关与通关程序 ········ (176)
　　第四节　出料加工进出口货物的报关与通关 ·········· (181)
　　案例与习题 ································ (184)

第八章　其他货物的报关与通关 ···················· (189)
　　第一节　暂准进出口货物的报关与通关 ·············· (189)
　　第二节　过境、转运、通运货物的报关与通关 ·········· (199)
　　第三节　转关运输货物的通关 ···················· (203)
　　第四节　特定减免税货物的报关 ·················· (207)
　　第五节　其他进出境货物的报关与通关 ·············· (211)
　　案例与习题 ································ (215)

第九章　海关行政救济制度与报关通关 ················ (220)
　　第一节　海关行政处罚 ························ (220)
　　第二节　海关行政复议 ························ (226)

　第三节　海关行政诉讼 ……………………………………（237）

　第四节　海关行政赔偿 ……………………………………（245）

　案例与习题 …………………………………………………（250）

附件　报关代码 ……………………………………………（254）

主要参考文献 …………………………………………………（268）

绪 言

一、报关与通关的概念

报关与通关是指进出口货物收发货人、进出境物品所有人、进出境运输工具负责人或者他们的代理人，向海关办理申报和各项进出境手续，履行各项法定义务；同时，海关根据申报，对进出境货物、物品、运输工具依法进行查验，征缴税费，批准进出境的全部监管过程。

按照海关管理的客体划分，报关与通关可分为三种类型：其一，进出境货物的报关与通关，即过境、转运、通运货物，特定减免税货物以及暂时进出口货物、保税货物和其他尚未办结海关手续的进出境货物的报关与通关；其二，进出境物品的报关与通关，即个人携带进出境的行李物品以及邮寄进出境的物品的报关与通关；其三，进出境运输工具的报关与通关，即用以载运人员、货物、物品进出境的各种船舶、车辆、航空器和驮畜的报关与通关。本教材所介绍的国际贸易货物的报关与通关即是指进出境货物的报关与通关。

二、海关与报关通关

(一) 海关的概念

根据《中华人民共和国海关法》（以下简称《海关法》）的规定，海关是国家设立的进出境监督管理机关。我国国务院设立海关总署，统一管理全国海关。为便于对不同类型的海关管理业务的领导和管理，海关总署内根据海关管理的具体任务设置了专门的职能部门政策法规司（Department of Policy and Legal Affairs）、关税征管司（加工贸易管理司）［Department of Duty collection (Department of Processing Trade Management)］、通关管理司（科技发展司）［Department of Clearance Management (Department of Scientific and Technological Management)］、监管司（Department of Supervision）、综合统计司（Department of Statistics）、调查局（全国打击走私综合治理办公室）［Bureau of Investigation (National Comprehensive Management Office against Smuggling)］、走私犯罪侦察

局（Anti‑smuggling Criminal Investigation Bureau）、国际合作局（Department of International Cooperation）等部门，分别负责管理和领导职能范围内的海关管理事务。除海关总署外，我国在广州设立分署，在各地设立海关和分关，负责办理各地的海关管理工作。海关的隶属关系，不受行政区划的限制。各地海关依法独立行使职权，向海关总署负责。

（二）海关管理报关通关权利的获得

根据《海关法》，我国海关有权检查进出境运输工具，查验进出境货物、物品，如果有违反《海关法》或者其他有关法律、行政法规的情况，海关有权扣留有关的运输工具、货物或物品。同时，海关还有权查阅、复制与进出境运输工具、货物、物品有关的合同、发票、账册、单据、记录、文件、业务函电、录音录像制品和其他资料；对其中与违反《海关法》或者其他有关法律、行政法规的进出境运输工具、货物、物品有牵连的，可以扣留。由此可见，海关具有管理进出境货物、运输工具和物品的报关通关的法定权利。

三、报关通关系统建设

随着时代的发展和进步，各国海关的报关与通关技术均经历了一个报关通关事务全部或部分地由纸质文件报关、人工处理到电子文件报关、专用电子系统处理的转变过程，实现这一转变的关键是报关通关系统的建设。

（一）国外报关通关系统的建设情况

国际贸易的飞速发展使得各国海关面临的报关与通关压力越来越大。早在1989年7月，海关合作理事会（即后来的世界海关组织）就在《海关合作理事会关于海关制度协调化和计算机化及21世纪战略的宣言》（简称《华盛顿宣言》）中指出：认识到国际贸易界的主要成员承担以电子信息管理取代纸张的任务，海关必须跟上这一发展，海关合作理事会需要在更多的领域内开展工作，以提供更多的标准化和自动化规范，确保海关跟上现代信息技术在国际贸易领域的应用步伐。因此，理事会决定成立自动数据处理（ADP）分委会，着手制定推进海关通关自动化和管理信息化方面的工作计划，重点解决电子数据交换（EDI）技术应用及由此带来的法律难题。各国海关在这方面也进行了长期不懈的努力，以促进报关通关和其他海关管理事务的电子化进程。例如，美国海关确立了全面取消纸质单证，实现无纸贸易的工作目标，目前96%以上的货物报关与通关采用EDI管理系统；英国海关90%以上的结关手续已使用EDI；新西兰海关从1995年开始启用电子数据交换（EDI）通关系统，通关全过程无需使用任何书面文件，贸易商通过电子交换系统将报关单传递给海关即可办理报关手续，货物到港时可通过系统提交一份事先准备好的交货单换出货物。更为可喜的是，许多发展中国家也在积极开展这方面的工作，以下几例①说明了发展中国家海关在报关通关现代化方面的成效：

1. 新加坡海关的"贸易网"

该系统联结了与国际贸易有关的 30 多个部门，用于管理报关通关、关税税款征收，进出口许可证和原产地证书的发放等事务，自 1989 年运行以来，货物通关操作时间由 2 天~4 天减至仅数分钟，货物通关所需文件数量视贸易情况由 3 份~35 份减至最低 1 份，日均贸易处理量由 10 000 件升至 30 000 件。

2. 加纳海关管理系统（GCMS）

该系统主要包括两个系统：加纳"贸易网"和加纳海关管理系统。加纳海关通过该系统于 2002 年 10 月在 Kotoka 国际机场完成了第一份通过电子数据交换的进口报关。2002 年 12 月，加纳完成了系统的切换。2003 年 3 月至 7 月，系统在特马港被用于进口报关。2003 年 11 月，塔科腊迪港口开始使用该系统，并用于出口贸易。系统的运用有效地缩短了报关通关时间。在 Kotoka 国际机场，平均通关时间由过去的 3 天降低到 4 小时，海关平均审单时间由过去的 24 小时降低到 10 分钟。

3. 土耳其计算机化海关管理系统（CCMS）

该系统派生于法国电子化海关管理系统，能够支持包括综合关税、会计、进出口清关、查验选择、转关及其他临时监管方法以及贸易统计在内的各项海关业务操作。2000 年到 2003 年 7 月间，CCMS 在土耳其 65 个海关办公点实施安装，进出口报关覆盖率达到 99%。

（二）我国报关通关系统的建设情况

改革开放以来，我国的对外成交额逐年上升，其他类型的对外交流也日趋频繁，因此，海关管理的业务量在逐年增加。如果仍然采用传统的手工作业管理模式，必然降低海关管理的效率和效果，给国民经济的相关部门——特别是对外贸易的发展带来不良影响。因此，我国在推行海关管理信息化、电子化方面进行了长期不懈的努力，在 EDI 试点、数据库建设、海关与外经贸管理等政府行政管理部门之间的联网建设、应用子系统开发应用等方面均取得了显著的

---

① （比）伍尔夫（Luc De Wulf），（巴）索科尔 Jose B. Sokol. 海关现代化建设案例研究. 北京：中国海关出版社，2007.

成果。电子信息技术已应用到报关单录入、海关监管、征税、统计、加工贸易等海关管理的各个领域。其中，直接涉及或包含了报关与通关事务的电子系统包括 H883、H2000 和中国电子口岸等系统。

1. H883 系统

H883 从 1986 年开始需求调查和原型试验，1988 年 3 月在海关总署正式立项建设，1989 年完成系统设计，并在我国九龙海关投入运行，后来又相继在广州、天津、上海、北京等一批重点海关投入运行，是报关自动化专用系统。H883 功能覆盖了海关进出口货物管理的全部作业环节及监管要求，由报关单预录入、审单、征税、查验放行、税收管理、舱单核销、许可证管理、减免税管理、单证管理等 18 个子系统组成，通过计算机辅助的决策和管理技术，对进出口货物全过程，包括前期管理、现场管理及后续管理，进行全面的控制和处理。系统的使用，不仅能够提高通关速度，而且，报关自动化系统所记录、处理和存贮的数据信息，反应进出口货物及海关对其监管过程的全面情况，构成海关进出口货物综合数据库，为我国海关开展贸易统计、海关稽查等工作提供了依据。

2. H2000 系统

H2000 于 2001 年 11 月 30 日正式启动试点工作，2003 年 4 月通过国家验收，它是以 H883 系统为基础研发的又一个独立的报关自动化系统。H2000 系统基本覆盖了 H833 系统的所有功能，并根据业务需求对功能和流程进行了必要的修改和完善。

3. 中国电子口岸

中国电子口岸是借助国家电信公网资源，在统一、安全、高效的计算机物理平台上实现信息资源的共享和交换的专门系统。该系统将国家各个不同的行政管理机关（包括海关总署、外经贸部、中国人民银行、国家外汇管理局、国家出入境检疫局、国家税务总局、国家工商局等）分别管理的进出口业务信息流、资金流、货物流电子底账数据集中存放到公共数据中心，使国家行政管理部门可以在网上进行跨部门、跨行业的数据核查和数据分析，并可在网上进行联网运用项目下的常规业务管理，如登记、审批等。该系统于 2000 年 12 月 15 日至 2001 年 3 月开始在北京、天津、上海、广州地区进行试点，并根据《国务院办公厅关于做好"口岸电子执法系统"推广工作的通知》（国办明电〔2001〕12 号）要求，于 2001 年 6 月 1 日前在全国推广。通过运用电子口岸系统，海关可以在网上接受申报，并在网上办理各种审批手续，有利于节省时间，降低费用，提高通关效率。

第一章　报关管理制度

第一节　报关管理制度概述

一、报关管理制度的概念

报关管理制度是指海关依法对报关单位和报关人员的报关资格和报关行为进行审核、批准和监督管理的海关管理制度。对报关行为进行规范管理，不仅是海关监管进出境运输工具、货物、物品的需要，也是海关完成关税征收、查缉走私、编制统计和办理其他海关业务任务的需要。在我国，报关管理制度分为报关单位管理制度和报关员管理制度两个部分。

二、有关报关管理制度的国际公约

世界海关组织（WCO）《关于简化和协调海关业务制度的国际公约》（简称《京都公约》）是全面阐述海关管理制度的国际公约，该公约由原海关合作理事会（后更名为世界海关组织）于1973年5月在日本东京制定，1994年开始修订，1999年通过修订后的法律文本。在其制定各项有关海关管理的原则和规范中包括了关于报关管理制度的内容，具体规定纳入总附约第三章"通关与其他海关手续"和第八章"海关与第三方的关系"的标准条款。其中，第三章规定了海关手续的申报人报关资格的获取方式及其权利与义务等问题，如规定国家立法应规定有权成为申报人的人应具备的条件；申报人应对货物申报内容的准确性和税费的缴纳向海关承担责任；申报人在进行货物申报前，有权根据海关规定的条件查看货物和提取货样等。第八章是对代理报关制度的规定。主要内容是：

（1）有关的人既可选择直接向海关办理业务，也可指定第三方作为代理。

（2）国家立法应规定一个人代表另一个人向海关办理业务的条件，并且应规定第三方向海关承担纳税义务和违法责任。

（3）所有海关业务，如由有关的人自行办理时，其待遇应与委托第三方代办的相同，所遵守的要求也应相同。

（4）被指定为第三方的人与指定的人在办理海关业务中应享有同等权利。

（5）海关应对第三方参与海关与贸易界的正式磋商作出规定。

（6）海关应规定不与第三方办理业务的情况。

（7）海关应书面通知第三方不与其办理业务的决定。

以上规定为海关报关管理制度提供了一个国际性的原则和标准。许多国家在制定本国的报关管理法律制度时，在不同程度上采纳或参考了以上规定的内容。

三、我国有关报关管理的法律法规

我国有关报关管理的法律规范包括《海关法》的相关规定以及专门关于报关管理的法规和规章。当前适用的主要规范是 2005 年 3 月 31 日海关总署令第 127 号公布，自 2005 年 6 月 1 日起施行的《中华人民共和国海关对报关单位注册登记管理规定》（以下简称《报关单位管理规定》）和 2006 年 3 月 8 日海关署务会审议通过，自 2006 年 1 月 1 日起施行的《中华人民共和国海关关于报关员资格考试及资格证书管理办法》（以下简称《报关员资格考试及资格证书管理办法》），自 2006 年 6 月 1 日起施行的《中华人民共和国海关报关员执业管理办法》（以下简称《报关员管理办法》），自 2005 年 1 月 1 日起施行的《中华人民共和国海关对报关员计分考核管理办法》（以下简称《报关员计分考核管理办法》），2008 年 4 月 1 日起施行的《中华人民共和国海关企业分类管理制度》（以下简称《企业分类管理制度》），上述及其他相关的法律法规确立了我国以报关单位管理和报关员管理为基本内容的报关管理制度，是我国实施报关管理的法律依据。

第二节　报关单位管理制度

一、报关单位的概念

报关单位是指依法在海关注册登记，具有办理相关报关业务资格的公司、企业。按照我国现行有效的海关管理法规的规定，目前我国的报关单位分为报关企业和进出口货物收发货人两种类型。

1. 报关企业

报关企业是指经海关准予注册登记，接受进出口货物收发货人的委托，以进出口货物收发货人名义或者以自己的名义，向海关办理代理报关业务，从事报关服务的境内企业法人。

2. 进出口货物收发货人

进出口货物收发货人是指依法直接进口或者出口货物的中华人民共和国关境内的法人、其他组织或者个人。

二、报关单位的报关业务的内容

《报关单位管理规定》规定，报关单位从事的报关业务包括：

（1）按照规定如实申报进出口货物的商品编码、实际成交价格、原产地及相应优惠贸易协定代码等，并办理填制报关单、提交报关单证等与申报有关的事宜；

（2）申请办理缴纳税费和退税、补税事宜；

（3）申请办理加工贸易合同备案、变更和核销及保税监管等事宜；

（4）申请办理进出口货物减税、免税等事宜；

（5）办理进出口货物的查验、结关等事宜；

（6）应当由报关单位办理的其他报关事宜。

三、报关单位资格的取得

按《报关单位管理规定》，报关单位取得报关资格，需经过注册登记许可、许可经营项目登记、报关单位注册登记、资格授予等步骤。

（一）报关企业注册登记许可

报关企业和进出口货物收发货人均应当到所在地海关提出申请并递交申请注册登记许可材料。报关企业如需要在注册登记许可区域以外从事报关服务，应当依法设立分支机构，并且向拟注册登记地海关递交报关企业分支机构注册登记许可申请。申请注册登记许可的报关企业还需具备下列条件：

（1）具备境内企业法人资格条件；

（2）企业注册资本不低于人民币150万元；

（3）健全的组织机构和财务管理制度；

（4）报关员人数不少于5名；

（5）投资者、报关业务负责人、报关员无走私记录；

（6）报关业务负责人具有 5 年以上从事对外贸易工作经验或者报关工作经验；

（7）无因走私违法行为被海关撤销注册登记许可记录；

（8）有符合从事报关服务所必需的固定经营场所和设施；

（9）海关监管所需要的其他条件。

无论申请人的申请是否符合法定条件，海关均应依法作出书面决定，申明是否准许注册登记许可，并通知申请人。

（二）许可经营项目登记

报关企业申请人经直属海关注册登记许可后，即可到工商行政管理部门办理许可经营项目登记。

（三）报关单位注册登记

报关单位自工商行政管理部门登记之日起 90 日内，应到企业所在地海关办理注册登记手续。办理该项手续时报关单位应当提交直属海关注册登记许可文件复印件；企业法人营业执照副本复印件（分支机构提交营业执照）；税务登记证书副本复印件；银行开户证明复印件；组织机构代码证书副本复印件；《报关单位情况登记表》、《报关单位管理人员情况登记表》；报关企业与所聘报关员签订的用工劳动合同复印件及其他与报关注册登记有关的文件材料。进出口货物收发货人申请办理注册登记时，也应按规定提交企业法人营业执照副本复印件，对外贸易经营者登记备案表复印件等文件。

（四）资格授予

注册地海关经审核确认申请注册登记材料齐全并符合法定形式后，向申请人核发"中华人民共和国海关报关企业报关注册登记证书"或者"中华人民共和国海关进出口货物收发货人报关注册登记证书"，报关单位凭以办理报关业务。

此外，一些单位按照国家有关规定需要从事非贸易性进出口活动单位，但未取得对外贸易经营者资格，可办理临时注册登记手续。这些单位包括境外企业、新闻、经贸机构、文化团体等依法在中国境内设立的常驻代表机构；少量货样进出境的单位；国家机关、学校、科研院所等组织机构；临时接受捐赠、礼品、国际援助的单位；国际船舶代理企业和其他可以从事非贸易性进出口活动的单位。

四、报关单位的权利、义务与法律责任

（一）报关单位的权利与义务

同时适用于两类报关单位的权利义务规定的主要内容是：

1. 报关专用章规定

要求报关单位向海关递交的纸质进出口货物报关单必须加盖本单位的报关专用章。报关专用章应当按照海关总署统一规定的要求刻制，启用前应当向海关备案，报关专用章仅限在其标明的口岸地或者海关监管业务集中地使用，每一口岸地或者海关监管业务集中地报关专用章应当只有 1 枚。进出口货物收发货人的报关专用章可以在全国各口岸地或者海关监管业务集中地通用，有多枚报关专用章的，应当按照次序注明编号。

2. 所属报关员管理规定

要求报关单位在出现所属的报关员离职的情况时，应当自报关员离职之日起 7 日内向海关报告并将报关员证件交注册地海关予以注销。

对于进出口货物收发货人的特殊规定，不得委托未取得注册登记许可、未在海关办理注册登记的单位或者个人办理报关业务。

对于报关企业的义务的特殊规定：

（1）遵守法律、行政法规、海关规章的各项规定，依法履行代理人职责，配合海关监管工作，不得违法滥用报关权。

（2）依法建立账簿和营业记录。真实、正确、完整地记录其受委托办理报关业务的所有活动，详细记录进出口时间、收发货单位、报关单号、货值、代理费等内容，完整保留委托单位提供的各种单证、票据、函电，接受海关稽查。

（3）与委托方签订书面的委托协议，委托协议应当载明受托报关企业名称、地址、委托事项、双方责任、期限、委托人的名称、地址等内容，由双方签章确认。

（4）不得以任何形式出让名义，供他人办理报关业务。

（5）对于代理报关的货物涉及走私违规情事的，应当接受或者协助海关进行调查。

（二）报关单位的法律责任

报关单位如果违反了现行《报关单位管理规定》，海关按照相关法律法规予以处理。构成犯罪的，依法追究刑事责任；有下列情形之一，海关予以警

告，责令其改正，并可以处人民币 1000 元以上 5000 元以下罚款。

（1）报关企业取得变更注册登记许可后或者进出口货物收发货人单位名称、企业性质、企业住所、法定代表人（负责人）等海关注册登记内容发生变更，未按照规定向海关办理变更手续；

（2）未向海关备案，擅自变更或者启用"报关专用章"；

（3）所属报关员离职，未按照规定向海关报告并办理相关手续。

五、报关企业分类管理制度

2008 年 4 月 1 日起实施的《海关企业分类管理制度》第一次将在海关注册登记报关企业与进出口货物收发货人一并纳入海关对企业的分类管理范畴。根据该制度，海关将根据报关企业遵守法律、行政法规、海关规章、相关廉政规定和经营管理状况以及海关监管、统计记录等，设置 AA、A、B、C、D 五个管理类别，海关总署按照守法便利原则，对适用不同管理类别的企业，制订相应的差别管理措施。AA 类和 A 类企业适用相应的通关便利措施，B 类企业适用常规管理措施，C 类和 D 类企业适用严密监管措施。具体评级标准如下：

（一）D 类报关企业的评定标准

报关企业有下列情形之一，适用 D 类管理：

（1）有走私罪；

（2）1 年内有 2 次以上走私行为；

（3）1 年内代理报关的货物因侵犯知识产权而被海关没收达 4 次以上；

（4）拖欠应纳税款、应缴罚没款项人民币 50 万元以上。

（二）C 类报关企业的评定标准

报关企业有下列情形之一，适用 C 类管理：

（1）有走私行为；

（2）1 年内有 3 次以上违反海关监管规定的行为，或者 1 年内因违反海关监管规定被处罚款累计人民币总额 50 万元以上；

（3）1 年内代理报关的货物因侵犯知识产权而被海关没收达 3 次；

（4）上一年度代理申报的进出口报关差错率在 10% 以上；

（5）拖欠应纳税款、应缴罚没款项人民币 50 万元以下；

（6）代理报关的货物涉嫌走私、违反海关监管规定拒不接受或者拒不协助海关进行调查；

（7）被海关暂停从事报关业务。

（三）B 类报关企业的评定标准

报关企业未发生 C 类和 D 类企业评定标准所列情形，并符合下列条件之一，适用 B 类管理：

（1）首次注册登记；

（2）首次注册登记后，管理类别未发生调整；

（3）AA 类企业不符合原管理类别适用条件，并且不符合 A 类管理类别适用条件；

（4）A 类企业不符合原管理类别适用条件。

（四）A 类报关企业的评定标准

同时符合下列条件的报关企业属于 A 类企业：

（1）已适用 B 类管理 1 年以上；

（2）企业以及所属执业报关员连续 1 年无走私罪、走私行为、违反海关监管规定的行为；

（3）连续 1 年代理报关的货物未因侵犯知识产权而被海关没收；

（4）连续 1 年无拖欠应纳税款、应缴罚没款项情事；

（5）上一年度代理申报的进出口报关单及进出境备案清单等总量在 3000 票以上；

（6）上一年度代理申报的进出口报关差错率在 3% 以下；

（7）依法建立账簿和营业记录，真实、正确、完整地记录受委托办理报关业务的所有活动；

（8）每年报送《经营管理状况报告》；

（9）按照规定办理注册登记许可延续及《中华人民共和国海关报关企业报关注册登记证书》的换证手续和相关变更手续；

（10）在商务、人民银行、工商、税务、质检、外汇、监察等行政管理部门和机构无不良记录。

（五）AA 类报关企业的评定标准

符合下列条件的报关企业属于 AA 类企业：

（1）已适用 A 类管理 1 年以上；

（2）上一年度代理申报的进出口报关单及进出境备案清单总量在 2 万票（中西部 5000 票）以上；

（3）经海关验证稽查，符合海关管理、企业经营管理和贸易安全要求；

（4）每年报送《经营管理状况报告》和会计师事务所出具的上一年度审

计报告；每半年报送《报关代理业务情况表》。

第三节　报关员管理制度

一、报关员的概念

报关员是指按照报关管理法规规定的程序和条件取得报关员从业资格，并在海关注册登记，向海关办理进出口货物报关业务的人员。为了确保报关员的素质和业务水平，世界上许多国家都实行了不同形式的报关员资格考试或考核制度。在我国，这项制度得到报关的行政管理部门——海关的采纳，首次报关员资格考试于1997年12月举行，据统计，到2001年为止，通过资格考试并在海关注册的报关员有47 528人。近几年每年的报考人数为12万人左右，每年约有1万人通过考试。

二、报关员报关资格的取得

报关员是报关工作的具体经办者。和许多国家一样，我国实行报关员资格全国统一考试制度。因此，必须考试合格才能取得报关员资格证书者，并申请报关员注册。

（一）报关员资格考试

1. 资格考试组织与管理

资格考试的组织与管理由海关负责，具体安排是：海关总署组织报关员资格全国统一考试，确定考试原则，制定考试大纲、规则，统一命题；指导、监督各地海关具体实施考试，处理考试工作中的重大问题；组织阅卷，公布考试成绩；管理各海关审核报关员资格申请、颁发报关员资格证书事宜。直属海关在海关总署指导下具体实施考试；受理、审查报关员资格申请，颁发报关员资格证书。

2. 参加报关员资格考试的条件

具有中华人民共和国国籍，年满18周岁，具有完全民事行为能力，具有大专及以上学历者均可报名参加考试。但有下列情形之一，不得报名参加考试，已经办理报名手续的，报名也属于无效。

（1）因故意犯罪，受到刑事处罚；

（2）因在报关活动中发生走私或严重违反海关规定的行为，被海关依法取消报关从业资格；

（3）因向海关工作人员行贿，被海关依法撤销报关注册登记、取消报关从业资格；

（4）曾被宣布考试成绩无效，并被撤销报关员资格、吊销资格证书，不满3年。

4. 考试方法与考试科目

报关员资格考试实行公开、平等、竞争的原则，采取全国统一报名日期、统一命题、统一时间闭卷笔试和统一评分标准、统一录取的方式进行。报关员资格考试的目的是测试从事报关工作必备的业务知识水平和能力，考试科目包括：报关业务基础、外贸业务基础和英语。海关可根据社会发展需要，调整考试科目。

上述考试完毕后，海关根据海关总署制定的实施考试要求和评分标准组织考试和阅卷工作，海关总署核定并公布全国统一合格分数线，考试分数由考试地海关负责通知。考试合格者名单，海关负责颁发报关员资格证书，并报海关总署备案。报关员资格证书是从事报关工作的专业资格证明，由海关总署统一制定，在全国范围内有效，持有资格证书者可按规定向海关申请注册成为报关员。

（二）报关员海关注册

取得报关员资格的人员必须按照海关规定的条件和程序在海关进行注册，才能实际开展报关员业务。

1. 申请报关员注册的条件

（1）具有中华人民共和国国籍；

（2）通过报关员资格全国统一考试，取得报关员资格证书；

（3）与所在报关单位建立劳动合同关系或者聘用合同关系。

首次申请报关员注册的，应当经过在一个报关单位连续3个月的报关业务实习。报关员注册有效期届满之日起连续2年未注册再次申请报关员注册的，应当经过海关报关业务岗位考核，考核合格的，可以向海关申请报关员注册。

2. 报关员注册的基本程序

报关员注册的基本程序由注册申请和颁发报关员证两个步骤组成。

（1）注册申请

申请人应当到报关单位所在地直属海关提出报关员注册申请，并提交下列文件、材料：

①"报关员注册申请书"；

②申请人所在报关单位的"中华人民共和国海关报关企业报关注册登记证书"或者"中华人民共和国海关进出口货物收发货人报关注册登记证书"复印件；

③报关员资格证书复印件；

④与所在报关单位签订的合法有效的劳动合同复印件（报关单位为非企业性质的，可以提交聘用合同复印件或者人事证明）；

⑤身份证件复印件；

⑥所在报关单位为其缴纳社会保险证明复印件，但是，法律、行政法规另有规定的，依照其规定。

首次申请报关员注册的，还应当提交报关单位出具的报关业务实习证明材料；报关员注册有效期届满之日起连续2年未注册再次申请报关员注册的，还应当提交海关报关业务岗位考核合格的证明材料；台湾居民、香港和澳门居民中的中国公民提出申请的，应当提交"台港澳人员就业证"复印件。

（2）颁发报关员证

申请人的申请符合法定条件的，海关应当依法作出准予报关员注册的决定，并应当自作出决定之日起10日内向申请人颁发报关员证，作为报关员报关执业的凭证。

三、报关员的权利、义务与法律责任

（一）报关员的权利与义务

报关员应当在一个报关单位，并在所在报关单位授权范围内执业。在报关执业过程中，报关员的权利主要体现在以下几个方面：

（1）办理报关业务。即有权以所在报关单位名义执业，办理报关业务。

（2）查询。即有权向海关查询其办理的报关业务情况。

（3）维护合法权益。即有权拒绝海关工作人员的不合法要求，合法权益因海关违法行为受到损害的，依法要求赔偿，对海关对其作出的处理决定享有陈述、申辩、申诉的权利，有依法申请行政复议或者提起行政诉讼的权利。

（4）参加执业培训。

报关员的义务包括以下各项：

（1）熟悉所申报货物的基本情况，对申报内容和有关材料的真实性、完整

性进行合理审查；

（2）提供齐全、正确、有效的单证，准确、清楚、完整填制海关单证，并按照规定办理报关业务及相关手续；

（3）海关查验进出口货物时，配合海关查验；

（4）配合海关稽查和对涉嫌走私违规案件的查处；

（5）按照规定参加直属海关或者直属海关授权组织举办的报关业务岗位考核；

（6）持报关员证办理报关业务，海关核对时，应当出示；

（7）妥善保管海关核发的报关员证和相关文件；

（8）协助落实海关对报关单位管理的具体措施。

（二）报关员的法律责任

报关员违反现行《报关员管理办法》，构成走私或者违反海关监管规定行为的，由海关依照《中华人民共和国海关法》和《中华人民共和国海关行政处罚实施条例》的有关规定予以处理；构成犯罪的，依法追究刑事责任。对于下列违规情形，海关予以警告，责令其改正，并可以处人民币2000元以下罚款：

（1）故意制造海关与报关单位、委托人之间的矛盾和纠纷；

（2）假借海关名义，以明示或者暗示的方式向委托人索要委托合同约定以外的酬金或者其他财物、虚假报销；

（3）同时在2个或者2个以上报关单位执业；

（4）私自接受委托办理报关业务，或者私自收取委托人酬金及其他财物；

（5）将报关员证转借或者转让他人，允许他人持本人报关员证执业；

（6）涂改报关员证；

（7）其他利用执业之便谋取不正当利益的行为；

（8）海关注册内容发生变更后未按照规定向海关办理变更手续。

四、报关员的计分考核

从2005年1月1日起，我国海关根据《报关员记分考核管理办法》对报关员实施计分考核管理。对记分达到规定分值的报关员，海关将中止其报关员证效力，不再接受其办理报关手续，此类报关员必须参加注册登记地海关的报关业务岗位考核，经岗位考核合格之后，方可重新上岗。海关对报关员的记分考核管理从性质上讲是一种教育和管理措施，而不是行政处罚。海关对记分达到一定分值的报关员实行岗位考核管理，目的是督促其增强遵纪守法意识，提高自身业务水平，督促报关员履行自己的法定义务。

（一）记分考核管理的对象和范围

报关员记分考核管理对象是取得报关从业资格，并按照规定程序在海关注册登记，持有报关员证件的报关员，即在职报关员。范围方面的有关规定：海关对出现报关单填制不规范、报关行为不规范以及违反海关监管规定或者有走私行为未被海关暂停执业、撤销报关从业资格的报关员予以记分、考核。但报关员因为向海关工作人员行贿或有违反海关监管规定、走私行为等其他违法行为，不适用于《报关员记分考核管理办法》，而应按照《海关行政处罚实施条例》等规定处理。

（二）记分考核的管理部门

海关企业管理部门负责对报关员记分考核的职能指导、日常监督管理以及相关协调工作。海关通关业务现场及相关业务职能部门负责具体执行记分工作。海关人员在记分时，应当将记分原因和记分分值以电子或者纸质告知单的形式告知报关员。

（三）记分考核管理标准

海关对报关员的记分考核，依据其报关单填制不规范、报关行为不规范的程度和行为性质，一次记分的分值分别为1分、2分、5分、10分、20分、30分。记分周期从每年1月1日起至12月31日止，报关员在海关注册登记之日起至当年12月31日不足1年的，按一个记分周期计算。一个记分周期期满后，记分分值累加未达到30分的，该周期内的记分分值予以消除，不转入下一个记分周期。但报关员在一个记分周期内办理变更注册登记报关单位或者注销手续，已记分分值在该记分周期内不予以消除。具体记分标准是：

（1）1分

一次记分的分值为1分的情形：

①电子数据报关单的有关项目填写不规范，海关退回责令更正；

②在海关签印放行前，因为报关员原因造成申报差错，报关单位向海关要求修改申报单证及其内容，经海关同意修改，但未对国家贸易管制政策的实施、税费征收及海关统计指标等造成危害；

③未按照规定在纸质报关单及随附单证上加盖报关专用章及其他印章或者使用印章不规范；

④未按照规定在纸质报关单及随附单证上签名盖章或者由其他人代表签名盖章的。

（2）2分

一次记分的分值为2分的情形：

①在海关签印放行前，因为报关员填制报关单不规范，报关单位向海关申请撤销申报单证及其内容，经海关同意撤销，但未对国家贸易管制政策的实施、税费征收及海关统计指标等造成危害；

②海关人员审核电子数据报关单时，要求报关员向海关解释、说明情况、补充材料或者要求提交货物样品等有关内容，海关告知后报关员拒不解释、说明、补充材料或者拒不提供货物样品等有关内容，导致海关退回报关单。

（3）5分

一次记分的分值为5分的情形：

①报关员自接到海关"现场交单"或者"放行交单"通知之日起10日内，没有正当理由未按照规定持打印出的纸质报关单，备齐规定的随附单证，到货物所在地海关递交书面单证并办理相关海关手续，导致海关撤销报关单；

②在海关签印放行后，因为报关员填制报关单不规范，报关单位向海关申请修改或者撤销报关单（因出口更换舱单除外），经海关同意且不属于走私、偷逃税等违法违规性质；

③在海关签印放行后，海关发现因为报关员填制报关单不规范，报关单币值或者价格填报与实际不符，且两者差额在100万元人民币以下；数量与实际不符，且有4位数以下差值，经海关确认不属伪报，但影响海关统计。

（4）10分

一次记分的分值为10分的情形：

①出借本人报关员证件、借用他人报关员证件或者涂改报关员证件内容。

②在海关签印放行后，海关发现因报关员填制报关单不规范，报关单币值或者价格填报与实际不符，且两者差额在100万元人民币以上；数量与实际不符，且有4位数以上差值，经海关确认不属伪报。

（5）20分

因为违反海关监管规定行为被海关予以行政处罚，但未被暂停执业、取消报关从业资格，记20分。

（6）30分

因为走私行为被海关予以行政处罚，但未被暂停执业、取消报关从业资格，记30分。

（四）岗位考核

《记分考核管理办法》规定：记分达到30分的报关员，海关中止其报关员证效力，不再接受其办理报关手续。报关员应当参加注册登记地海关的报关业务岗位考核；经岗位考核合格之后，方可重新上岗。岗位考核由报关员注册地直属海关或者直属海关委托的单位负责组织。岗位考核内容为海关法律、行政法规、报关单填制规范及相关业务知识和技能。报关员经岗位考核合格的，可以向注册登记地海关申请将原记分分值予以消除。岗位考核不合格的，应当继续参加下一次考核。

案例与习题

案例

S市某国际货物运输公司及其报关员瞒报货物

2006年，某外语院校在校大学生张某参加全国报关员统一考试并获得报关员资格。2007年大学毕业后受聘于S市某国际货物运输公司报关部，从事进出口货物报关业务。2008年1月，该运输公司接受国内一工程公司委托，将一套工程设备运往苏丹港。运输公司报关部指派张某负责工程设备的接货及出口报关业务。

工程设备以40英尺（1英尺＝0.0254米）集装箱运输。在装箱过程中，张某发现有不属于工程设备清单中的货物冰箱1台、洗衣机1台混入。张某当即向工程公司在场卸装货负责人指出，生活用品不在工程设备清单之列，不属于发票所列品名，不能进入集装箱混装出口。工程公司卸装货负责人遂请张某吃饭，张某认为海关对进出口货物的查验都是采取抽查的方式，且海关工作人员紧张，工作繁忙，抽查比例小，最终同意将生活用品装入集装箱，并指示工程公司卸装货负责人将生活用品装入集装箱里端，以减少被海关关员发现的概率。

其实，海关早就怀疑该工程公司在所装货物中作假，只是不知道具体细节，没有真凭实据。在张某报关的时候，海关决定彻查集装箱内货物，最终发现了混入的生活用品。海关认为，张某协助工程公司在集装箱中混入报关单外货物，已构成走私，只是金额不大，不构成犯罪。对张某作出取消报关从业资格的处罚。国际货物运输公司应对其聘用的报关员的行为负责,对运输公司作出警告及罚款 5000 元的处罚。工程公司另行处理。

习题

一、单项选择题

1. 进出口货物收发货人、进出境运输工具负责人、进出境物品的所有人或者他们的代理人向海关办理货物、物品或运输工具进出境手续及相关海关实务的过程叫( )。

A. 通关

B. 报关

C. 报检

D. 报税

2. 根据《中华人民共和国海关法》的规定,中华人民共和国海关是属于下述那类性质的机关( )。

A. 司法机关

B. 税收机关

C. 监察机关

D. 监督管理机关

3. 下列关于报关单位和报关员关系的理解错误的是( )。

A. 取得报关员资格证书的人员必须受聘于某个报关单位,且由其所在报关单位为其向海关办理注册登记后才能成为报关员

B. 报关单位的进出口报关事宜应由报关员代表本单位向海关办理

C. 报关员基于所在企业授权的报关行为,其法律责任应由报关员承担

D. 对脱离报关员工作岗位和被企业解聘的报关员,报关单位应及时收回其报关员证件,交海关办理注销手续,因未办理注销手续而发生的经济法律责任由报关单位负责

4. 海关对有走私嫌疑的运输工具和有藏匿走私货物、物品嫌疑的场所行使检查权时( )。

A. 不能超出海关监管区和海关附近沿海沿边规定地区的范围

B. 不受地域限制,但不能检查公民住处

C. 在海关监管区和海关附近沿海规定地区,海关人员可直接检查;超

出这个范围，只有在调查走私案件时，才能直接检查，但不能检查公民住处

  D. 在海关监管区和海关附近沿海规定地区，海关人员可直接检查；超出这个范围，只有在调查走私案件时，经直属海关关长或其授权的隶属海关关长批准才能进行检查，但不能检查公民住处

 5.《中华人民共和国海关法》的规定，报关人员向海关工作人员行贿，海关有权进行行政处罚。下列处罚正确的是（ ）。

  A. 由海关暂停其报关从业资格，并处以罚款

  B. 由海关取消其报关从业资格，并处以罚款

  C. 由海关注销其报关注册登记，并处以罚款

  D. 情节轻微，由海关责令改正，暂停其报关从业资格，并处以罚款；情节严重的，取消其报关从业资格

二、多项选择题

 1. 报关的对象有（ ）。

  A. 运输工具

  B. 货物

  C. 服务

  D. 物品

 2. 下列哪些单据属于进出境运输工具舱单（ ）。

  A. 原始舱单

  B. 预配舱单

  C. 装（乘）载舱单

  D. 仓单

 3. 下列关于进出口货物报关的表述，正确的是（ ）。

  A. 进出口货物报关是指进出口货物收发货人或其代理人向海关办理货物进出境手续及相关海关事务的过程

  B. 进出口货物报关只能在进出境地海关办理

  C. 进出口货物报关可以由进出口收发货人自行办理，也可以委托报关企业代为办理

  D. 进出口货物报关应由依法取得报关员从业资格，并在海关注册登记的报关员办理

4. 《中华人民共和国海关法》规定，中华人民共和国海关的基本任务是
（　　）。

　　A. 监督管理

　　B. 征收关税

　　C. 查缉走私

　　D. 编制统计

5. 下列项目中属于海关行政许可范围的是（　　）。

　　A. 报关员资格核准及注册登记

　　B. 报关单修改、撤销审批

　　C. 进境货物直接退运核准

　　D. 加工贸易深加工结转核准

三、判断题

1. 我国实行联合缉私、统一处理、综合治理的缉私体制，海关在打击走私
中处于主导地位并负责与有关部门的执法协调工作。

2. 海关调查人员在调查走私案件时，可以径行查询案件涉嫌单位和涉嫌人
员在金融机构、邮政企业的存款、汇款。

3. 海关规定，除进出口货物的申报外，申请办理加工贸易合同备案、变更
和核销等报关业务也应由依法取得报关员从业资格，并在海关注册登记的报关
员办理。

四、问答题

1. 报关管理制度的意义是什么？

2. 我国实施报关管理的法律依据是什么？

3. 我国的报关单位有哪几种类型？

4. 报关过程中，报关单位需办理哪些报关业务？

5. 申请注册登记许可的报关企业需具备哪些条件？

6. 有关报关专用章有哪些规定？

7. 什么是海关企业分类管理制度？企业分类的依据是什么？

8. 报关员须履行的义务是什么？

第二章 国际贸易货物的税则归类

国际贸易货物的税则归类是报关与通关工作的一项内容。与之有关的专业知识包括税则的分类、税则的结构、商品编码制度以及协调制度下的税则归类规则。

第一节 海关税则的分类与结构

一、海关税则的概念与分类

海关税则（Custom Tariff System）是国家通过一定的立法和行政管理程序制定、公布和实施的进出口货物和物品的关税税率表，是一国经济政策和关税政策的具体体现，也是海关征收进出口关税并依法实施减免退税政策的依据。

海关税则可以从不同的角度分类。

（一）按制定税则的自主性分类

1. 自主税则（Autonomous Tariff）

自主税则是指征税国根据本国经济发展的目标和需要，自行制定的海关税则，包括自主单一税则和自主多重税则等形式。自主税则的特点在于其自主性，即税则的制定，特别是税率标准的制定由征税国自行决断，不受任何国际性的协议或条约的牵制和影响。

2. 协定税则（Conventional Tariff）

协定税则是指征税国以与其他国家之间缔结的与关税与贸易有关的协约为依据而制定的海关税则。因此，税则中的税率的高低不是征税国凭单方意愿确定的，而是受到有关协约的制约，而且，税率的变动与修改也必须受协约的约束。除了自主性的程度不同外，协定税则还有一个不同于自主税则的特点，即一般只涉及协约规定范围内的商品，而不包括征税国对外贸易的所有商品。

协定税则又可以根据有关协约的缔结方式分类，分为双边协定税则、多边协定税则制度。其中，双边协定税则（Bilateral Conventional Tariff）是依据征税国与其他国家之间的双边协约而产生的，其税率只适用于两国之间的相互贸易；多边协定税则（Multilateral Conventional Tariff）是依据征税国加入的多边贸易或关税协约而制定的，如1947年关税及贸易协定就是一个典型的例子。按照国家多边协约普遍采纳的最惠国待遇原则，征税国多边税则下对某一个缔约国实行的优惠税率自然适用于与其他缔约国之间的贸易，所以，与双边税则相比，多边税则的适用范围更广。

（二）按关税的征收对象分类

1. 进口税则（Import Tariff），指只规定进口商品关税税率的海关税则。

1. 出口税则（Export Tariff），指只规定出口商品关税税率的海关税则。

2. 进出口税则（Import and Export Tariff），指在每一税目后面同时规定进口和出口税率的海关税则。

（三）按税则下税率栏目的多少分类

1. 单式税则（Single Tariff）

单式税则是指只设立一个税率栏目的海关税则。该栏目下的税率适用于来自任何国家和地区的商品。这种税则的特点是关税征收的无差别性和无歧视性，即无论进口产品来自缔约国还是非缔约国，一律按相同的关税税率征收关税。这种税则在西方国家施行资本主义制度的初期得到了比较广泛的采用，目前也有一些国家采用这种类型的税则。

2. 复式税则（Complex Tariff）

复式税则又称多栏税则，指对同一种商品设立两个或两个以上的税率栏目的海关税则。目前各国采用的复式税则通常是两栏税则或三栏税则。前者一般包括一般税率与协定税率，即通常所说的普通税率和优惠税率；后者通常包括一般税率、最惠国税率和普惠制税率。上述几种常见税率的适用情况：

（1）一般税率。适用于与征税国没有建立外交关系的国家和没有签订贸易条约或协定的国家，是各种税率中水平最高的税率。

（2）最惠国税率。又称互惠税率，是根据缔约国之间的最惠国待遇条款实施的优惠关税税率，适用于订有双边互惠和多边贸易协约的国家，其税率水平低于一般税率。

（3）普惠制税率。根据普惠制原则，由给惠的发达国家根据它们的给惠方案，向符合受惠条件的发展中国家实施的关税税率，是三种税率中水平最低的一种。

在现代海关管理制度下，复式税则是主要的税则形式，无论在经济发达国家还是在发展中国家都得到了比较普遍的采用。相对于单式税则，这种税则最主要的特点就是具有差别性。按照复式税则征收关税，对来自不同国家和地区的商品按不同档次的税率征收关税，能够充分、准确地体现国家关税政策的意图，同时也从关税的角度反映了征税国在一定时期内处理对外经济贸易关系的政策取向。

二、海关税则的结构

海关税则的基本项目包括税则号、商品名称和税率。以下以我国的海关税则为例进行说明。

（一）税则号（Tariff Number）

税则号又称商品编码，是根据一定的商品名称编码制度制定的用阿拉伯数字表示的商品名称的代码。目前，大多数国家（包括我国）采用世界海关组织《商品名称及编码协调制度》。

（二）商品名称（Description of Goods）

商品名称直接用文字表述，和税则号一起称为税则目录。在现代海关税则的编制制度下，商品名称不能随意排列，而是必须按照一定的规则归入特定的税则号，称为税则归类。因此，除了商品名称之外，有的税则的目录部分还附有对税号范围和商品分类规则的说明。

在制定海关税则时，原则上需要纳入所有应税商品，因此，海关税则（特别是进口税则）的篇幅很长。海关征税时，需要在目录中准确确定应税商品的位置，才能查询出适用税率并计算和征收关税。

（三）税率（Tariff Rate）

税率是对应税商品的关税的计征标准的规定。我国目前的出口税则采用单一税率，进口税则采用多栏税率。

第二节 商品名称与编码制度

一、商品名称与编码制度的种类

商品名称与编码制度是对国际贸易中的商品进行分类和编码的技术或方法。对海关税则内的进出口商品实行统一的商品名称和编码制度不仅是海关征税和海关统计的需要，也是发展国际贸易的客观需要。因此，统一商品名称和编码的工作一直受到各国海关、商贸等有关方面的有识之士的重视，并产生了多项成果，其中包括欧洲海关同盟研究小组在 1959 年制定的《布鲁塞尔税则目录》（Brussels Tariff Nomenclature，简称 BTN）和联合国统计委员会制定的《国际贸易标准分类目录》（Standard International Trade Classification，简称 SITC）。BTN 于 1972 年更名为《海关合作理事会商品分类目录》（Custom Co‑operation Council Nomenclature，简称 CCCN），共有 21 类，99 章，1011 个税目，主要用于海关税则，曾经得到了包括我国在内的 150 多个国家的参考和使用；SITC 共有 10 类，23 章，233 组和 3041 个基本税目，主要用于对外贸易统计。

以上两种商品名称与编码体系尽管在用途上各有侧重，但是，它们在结构、分类方法、编码方法上的不同对国际贸易和海关管理的实务操作产生了一定的负面影响。因此，联合国欧洲经济委员会于 1970 年向海关合作理事会建议成立一个研究小组，负责研究建立一套可以同时满足海关税则、海关统计和对外贸易等方面的需要的国际商品分类制度。海关合作理事会根据研究小组的意见，成立了协调制度临时委员会，负责协调制度实施前的各项工作。经过各方 13 年的努力，终于在 1983 年 5 月推出了《商品名称及编码协调制度》（The Harmonized Description and Coding System，即 HS，简称《协调制度》）。1983 年 6 月《商品名称及协调制度公约》（简称《协调制度公约》）及其附件《协调制度》在海关合作理事会第 61/62 届会议通过，并于 1988 年 1 月 1 日正式实施。目前，世界上有 100 多个国家参加《协调制度公约》，我国也于 1992 年 6 月参加《协调制度公约》。

二、《协调制度》的基本内容

《协调制度》是《协调制度公约》的附件，是一部多用途的国际商品分类目录。《协调制度公约》是对协调制度的宗旨、成员国的权利与义务等原则性问题的规定，而《协调制度》推出的则是如何按照一定的规律对商品进行分类和编码的专门技术。其核心内容包括三个部分：

（1）商品的分类方法；

（2）按分类的结构提供的类、章和子目的注释；

（3）商品的归类规则。

（一）商品分类

《协调制度》将各种各样的商品名称及规格进行分类，分别归入 21 个类，

97 个章（其中第 77 章是空章）和 5019 项。

1. "类"的划分依据

"类"基本上是按社会生产部类来划分的，即把属于同一生产部类的产品归在同一类里，如农业在第一、二类；化学工业在第六类；纺织工业在第十一类；机电制造业在第十六类；等等。

2. "章"的划分依据

"章"基本上按商品的性质或用途来分类。

（1）按商品的自然属性划分的章。包括第 1 章至第 63 章和第 67 章至第 83 章。即在第 1 章至第 83 章中，除第 64 章至第 66 章外，基本上是接商品的自然属性来分章，每章的前后顺序则是按照动、植、矿物性质来先后排列的。如第 1 章至第 5 章是活动物和动物产品；第 6 章至第 14 章是活植物和植物产品。又如第 50 章和第 51 章是蚕丝、羊毛及其他动物毛；第 52 章和第 53 章是棉花、其他植物组织纤维和纸纱线；第 54 章和第 55 章为化学纤维。

（2）按商品用途划分的章。包括第 64 章至第 66 章和第 84 章至第 96 章。如第 64 章是鞋、第 65 章是帽、第 84 章是机械设备、第 85 章是电气设备、第 86 章是汽车、第 89 章是船舶等。

3. "项目"的划分依据

"项目"的划分基本上动、植、矿物质顺序排列，其中，原材料先于成品列入项目；加工程度低的产品先于加工程度高的产品列入项目；列名具体的品种先于列名一般的品种列入项目。

以上类、章、项目采用结构性号列，作为税则商品分类时，称为税则号列。基本的税则号列是用 4 位数码来表示，前两位数字表示项目所在章，后两位数表示项目在有关章的排列次序。四位数号列的项目共有 1241 个，其中 311 个税目下未分子目，有 930 个项目被细分出若干个一级子目，用 5 位数码来表示，一级干目中又有若干个被分出二级子目，用 6 位数码表示。

（二）类注、章注和子目注释

为了限定税目或子目、类或章的范围，避免分类和归类中可能出现的误差，《协调制度》对商品的若干类、章设有注释，其中有些注释是子目注释，即对子目的解释。这些注释和商品的分类和归类规则一样，都是协调制度的一个组成部分。

（三）商品归类总规则

商品归类总规则是对《协调制度》将不同名称和属性的货物归入特定的

类、章和分章的依据和方法的说明（详见本节第四部分）。

三、我国海关税则中的进出口商品分类目录

我国海关商品分类目录是根据《协调制度》制定的。该商品分类目录分别在《中华人民共和国海关进出口税则》和《中华人民共和国海关统计商品目录》中运用。在前一种运用中，目录中的商品号列称为税目，每项税号后面列出该商品的应征税率，构成标准的海关税则。

（一）我国使用的商品编码的结构

我国海关税则中使用的商品编码位数以 8 位为主，其中，前 6 位数码及其商品名称与《协调制度》一致，后 2 位数码是根据我国海关征税、统计等方面的需要增设的。这 8 位数码中，第 1 位～第 2 位表示章，第 3 位～第 4 位表示品目，第 5 位～第 8 位分别是第 5 位至第 8 位数级子目。例如，山羊毛的商品编码 05029011 表示的内容如下所示：

05 —————— 章
02 —————— 税目
9 —————— 第 5 位数级子目
0 —————— 第 6 位数级子目
1 —————— 第 7 位数级子目
1 —————— 第 8 位数级子目

2003 年海关税则中增列了 10 位数编码，使我国商品编码的位数达到 10 位。如鲜南金枪鱼的税则号是 0302360010，冷南金枪鱼的税则号是 0302360090，等等。

（二）我国海关商品的分类

我国海关商品共分为 22 类 99 章（第 21 类下的第 98 章和第 99 章仅在海关统计中使用），分类的基本情况如表 2.1 所述。

表 2.1　　　　　　　　我国海关商品分类概况

序号	货品类别	包含的章目
第 1 类	活动物；动物产品	第 01 章～第 05 章
第 2 类	植物产品	第 06 章～第 14 章
第 3 类	动、植物油、脂及其分解产品；精制的食用油脂；动、植物蜡	第 15 章

表2.1（续）

序号	货品类别	包含的章目
第4类	食品；饮料、酒及醋；烟草、烟草及烟草代用品的制品	第16章～第24章
第5类	矿产品	第25章～第27章
第6类	化学工业及其相关工业产品	第28章～第38章
第7类	塑料及其制品；橡胶及其制品	第39章～第40章
第8类	生皮、皮革、毛皮及其制品；鞍具及挽具；旅行用品、手提包及类似品；动物肠线（蚕胶丝除外）制品	第41章～第43章
第9类	木及木制品；木炭；软木及软木制品；稻草、秸秆、针茅或其他编结材料制品；篮筐及柳条编结品	第44章～第46章
第10类	木浆及其他纤维状纤维素浆；回收（废碎）纸或纸板；纸、纸板及其制品	第47章～第49章
第11类	纺织原料及纺织制品	第50章～第63章
第12类	鞋、帽、伞、杖、鞭及其零件；已加工的羽毛及其制品；人造花；人发制品	第64章～第67章
第13类	石料、石膏、水泥、石棉、云母及类似材料的制品；陶瓷产品；玻璃及其制品	第68章～第70章
第14类	天然或养殖珍珠、宝石或半宝石、贵金属、包贵金属及其制品；仿首饰、硬币	第71章
第15类	贱金属及其制品	第72章～第83章
第16类	机器、机械器具、电器设备及其零件；录音机及放声机、电视图像、声音的录制和重放设备及其零件、附件	第84章～第85章
第17类	车辆、航空器、船舶及有关运输设备	第86章～第89章
第18类	光学、照相、电影、计量、检验、医疗或外科用仪器及设备、精密仪器及设备；钟表；乐器；上述物品的零件、附件	第90章～第92章
第19类	武器、弹药及其零件、附件	第93章
第20类	杂项制品，如家具、寝具、褥垫、弹簧床垫、软坐垫及类似的填充制品；未列名灯具及照明装置；发光标志及类似品；活动房屋；玩具、游戏品、运动用品及其零件；雕刻和模塑材料及其制品等	第94章～第96章
第21类	艺术品、收藏品及古物	第97章
第22类	特殊交易品及未分类商品	第98章～第99章

第三节 税则归类

一、协调制度下的税则归类规则

税则归类是指根据进出口货物的商品属性确定该货物在税则中的税则号列，以便对应地查寻该货物的关税税率。为便于税则归类工作的进行，《协调制度》推出了一套税则归类规则，只有正确理解这套规则，才能快速、高效地进行税则归类工作。

该税则归类总规则共有 6 条，其内容是：

规则一：

类、章及分章的标题，仅为查找方便而设。具有法律效力的归类应按品目条文和有关类注或章注确定，品目、类注或章注无其他规定，按以下规则确定。

说明：本规则的含义是，《协调制度》系统地列出了国际贸易的货品，把它们分为类、章及分章，每类、章或分章分别包括了数以千百计的商品，为了便于查找，《协调制度》给类、章和分章规定了标题。因此，设立这些标题的目的是为了查找方便，不是进行归类的法律依据。具有法律效力的归类依据是按品目条文、类注或章注确定的归类方法，因此，在进行商品归类时，必须遵循品目条文及任何与之有关的类注、章注的规定。只有在品目和类、章注释无其他规定的条件下，才能根据规则二、三、四、五的规定办理。

规则二：

（1）品目所列货品，应包括该项货品的不完整品或未制成品，只要在进口或出口时该项不完整品或未制成品具有完整品或制成品的基本特征；还应视为包括该项货品的完整品或制成品在进口或出口时的未组装件或拆散件。

（2）品目中所列材料或物质，应视为包括该种材料或物质与其他材料或物质混合或组合的物品，品目所列某种材料或物质构成的货品，应视为包括全部或部分由该种材料或物质构成的货品。由一种以上材料或物质构成的货品，应按规则三归类。

说明：本规则的两条规定扩大了货品品目的使用范围。根据（1）规定，属于一个特定品目的货品，包括：①该货品名称下的完整品或制成品，如某类已装配完整的运输工具；②该货品的不完整品或未制成品，只要它们在进出口时已具有完整品或制成品的基本特征，如缺少一些非关键性质的配件的成品；③该货品的组装件或拆散件，如能够组成某种制成品的全套零配件，经过加工装配后即可使用，这时，应当它们作为完整品或制成品看待。

同样，本规则（2）扩大了归类时适用于特定品目的材料或物质的范畴，使其包括：①品目所列明的材料或物质；②该种材料或物质与其他材料或物质混合或组合的物品，但这种混合或组合起来的物品不能失去原来商品的特征或性质。如果因为添加了另外一种材料或物质，使货品丧失了原品目号所列货品的特征或性质，则不能按本规则归类。

规则三：

当货品按规则二（2）或由于其他任何原因看起来可归入两个或两个以上品目时，应按以下规则归类。

（1）列名比较具体的品目，优先于列名一般的品目。但是，如果两个或两个以上品目都仅述及混合或组合货品所含的某部分材料或物质，或零售的成套货品中的某些货品，即使其中某个品目对该货品描述得更为全面、详细，这些货品在有关品目的列名应视为同样具体。

（2）混合物、不同材料构成或不同部件组成的组合物以及零售的成套货品，如果不能按照规则三（1）归类时，在本款可适用的条件下，应按构成货品基本特征的材料或部件归类。

（3）货品不能按照规则三（1）或（2）归类时，应按号列顺序归入其可归入的最末一个品目。

说明：根据规则二（2）或由于其他原因可归入两个或两个以上品目的货品，本规则规定了3条归类办法。运用这3条办法归类时，应遵守它们的先后顺序，也就是说，只有在不能按照本规则第（1）和第（2）两款归类时，才能运用本规则的第（3）款进行归类。

规则四：

根据上述规则无法归类的货品，应归入与其最相类似的品目。

说明：本规则的含义是，不能归入任何一个品目的货物，在需要将其归类时，应当归入与之最类似的货物的品目。显然，本规则的适用范围不仅包含已经存在但尚未纳入《协调制度》下的税则分类目录的货物，还包含各国最新问世，并进入国际货物流通领域的新成品。随着各国科技水平的发展，进入国际流通领域的新成品将不断出现，这些产品的归类应按本规则确立的原则办理。

使用本规则时，最关键的一点是要确定"最相类似货物"，而决定这种"最相类似"性质的因素有很多，包括货物的名称、结构、用途、特征等，因此，这条规则实际应用起来有一定的难度，容易引起矛盾和冲突。

规则五：

除上述规则外，本规则适用于下列货品的归类：

（1）制成特殊形状仅适用于盛装某个或某套物品并适合长期使用的，如照相机盒、乐器盒、枪套、绘图仪器盒、项链盒及类似容器，如果与所装物品同时进口或出口，并通常与所装物品一同出售的，应与所装物品一并归类。但本款不适用于本身构成整个货品基本特征的容器。

（2）除规则五（1）规定的以外，与所装货品同时进口或出口的包装材料或包装容器，如果通常是用来包装这类货品的，应与所装货品一并归类。但明显可重复使用的包装材料和包装容器不受本款限制。

说明：本规则规定适用于采用了以下种类的包装的包装货的归类方法：

①制成特定形状或形式，专门盛装某一物品或某套物品的包装；

②所装货物同时进口或出口的、通常用于包装该类货物的包装材料或包装容器，以上包装必须是能够和货物分离开来的包装，即包装本身并不构成货物的基本特征。而且，以上包装不包括重复使用的包装。

如果货物的包装满足以上条件，可以与货物一并归类；如果不能满足，则只能把包装和货物分开归类。

规则六：

货物在某一品目项下各子目的法定归类，应按子目条文或有关的子目注释以及以上各条规则来确定，但子目的比较只能在同一数级上进行。除本商品目录条文另有规定者外，有关的类注、章注也适用于本规则。

说明：本规则确定的是商品在《协调制度》子目中的归类原则。其含义是：以上规则一至规则五在进行必要的修改后，可适用于同一品目项下的各级子目的归类。在对子目归类时，应当在"同一数级"上进行子目的比较和归类（所谓"同一数级"子目是指子目属于5位数级子目或6位数级子目），具体步骤是：

（1）确定该商品的4位数的品目号；

（2）比较以上4位数的品目号所属的5位数级子目，确定所列名称中最为具体的一个，并进行第5位数级子目的归类；

（3）比较以上5位数级子目所属6位数级子目的条文，确定名称最为具体的6位数级子目，并进行归类。

进行以上税目归类时，应当注意这样一个原则：6位数级子目的货品范围不得超出其所属的5位数级子目的范围；同样，5位数级子目的范围也不得超出其所属的税目的范围。因此，只有在货品归入适当的4位数级品目后，才能依次考虑如何将其归入合适的5位数级或6位数级子目。

本规则所称"除条文另有规定的以外"，是指类、章注释与子目条文或子目注释不相一致的情况。

此外，根据《协调制度》的规定，归类方法的使用要按一定的规律和顺序进行，也就是说，对一项产品进行归类时，首先要归入适当的4位数税目项内，然后再归入该税目项下的合适的一级子目内，最后归到该一级子目项下的合适的二级子目内，这一使用归类方法的原则无例外地适用于整个协调制度。

二、税则归类的基本步骤

税则归类可按以下步骤进行：

1. 确定商品类别

海关税则的制定原则是根据商品的特性，把各种各样的商品按不同的类别，纳入按一定规律制作的商品分类目录，因此，税则归类的第一步就是确定商品的类别。要做好这项工作，必须具有全面的商品知识，充分了解拟归类商品的属性、结构、用途、成分等内容，以便对号入座。

2. 按税则归类总规则将商品归类

海关税则下的商品目录纷繁复杂，除了包含成百上千的品目外，常常还包含多个子目。因此，归类时必须熟悉特定的商品目录的归类规则。由于《协调制度》是目前国际上通用的税则商品分类目录，得到我国等诸多国家的采纳，因此，在我国的税则归类工作中，应当遵循《协调制度》的归类总规则（见本章第二节），并根据该规则完成本步骤的商品归类工作。

3. 按税则项目的排列顺序查找该商品应征税率

如本章前面各节所述，海关税则是由税则号、商品名称和税率组成的。因此，在按照《协调制度》的商品归类总规则确定了商品的税则号之后，就能够对应地查找到特定商品的应征税率。

三、进出口货物的预归类制度

预归类制度是指在一般贸易的货物的实际进出口前，申请人以海关规定的书面形式向海关提出申请并提供商品归类所需的资料，必要时提供样品，海关依法作出具有法律效力的商品归类决定的行为。通过实施预归类制度，能够有效提高进出口商品归类的准确性，给依法进出口货物经营的单位或其代理人办理海关手续提供方便，加速货物通关，因此，这种制度在国际范围内得到了比较普遍的采用。我国从 2000 年 4 月 1 日起依据中华人民共和国海关总署第 80 号令《中华人民共和国海关进出口商品预归类暂行办法》实行进出口商品预归类管理制度。根据该办法的相关规定，该制度的实施程序是：

（一）预归类申请

预归类申请人应是在海关注册的进出口货物的经营单位或其代理人。进行预归类申请时应由申请人填写《海关进出口商品预归类申请书》（以下简称《申请书》），以书面形式提交进出口地海关（包括直属海关）。《申请书》一式二份，申请人和作决定的海关各执一份。《申请书》必须加盖申请单位印章，所提供资料与申请书必须加盖骑缝章。一份预归类《申请书》只应包含一项商品；申请人对多项商品申请预归类的，应逐项提出。申请人不得就同一种商品向两个或两个以上海关提出预归类申请。申请人可在海关作出预归类决定前向海关提供新资料，并对原提供资料作出说明。申请人的权利与责任是：

（1）申请人应对其所提供资料的真实性负责，不得向海关隐瞒或向海关提供影响预归类准确性的倾向性资料。

（2）如实际进出口货物与《海关进出口商品预归类决定书》（以下简称《决定书》）所述及的商品不相符，申请人应承担法律责任，并按《海关法》的有关规定处理。

（3）申请人可向海关申请对其进出口货物所涉及的商业秘密进行保密。

（4）在预归类决定书的有效期内，申请人对归类决定持有异议，可向作出决定的海关提出复核。

（二）申请的受理

预归类申请由各直属海关受理并作出决定。海关总署负责审查由直属海关上报的疑难商品或有归类争议的商品的预归类申请并作出决定。申请预归类的商品应为申请人实际或计划进出口的货物，如所提申请与实际进出口无关，海关可不予受理。

（三）作出预归类决定

海关作出预归类决定后以《决定书》的形式通知申请人。《决定书》一式二份，一份交申请人持有，另一份由作出预归类决定的海关留存。《决定书》只限申请人在有效期和有效范围内使用。使用直属海关作出的预归类决定在本关区范围内有效，海关总署作出的预归类决定在全国范围内有效。有效期为自海关签发之日起1年。

案例与习题

案例

山东近海钻探设备公司擅自错误归类

2004年6月，山东近海钻探设备公司从美国得克萨斯州休斯敦某生产商处进口159毫米无缝天然气输送管道一批，CIF青岛的价格为50万美元。

签约之前，近海公司外贸业务员董某查海关税则得知，由于该货物不是铸铁，应归于第73章"钢铁制品"内的73.04"无缝钢铁管及空心异型材（铸铁的除外）"，159毫米的应归于7304.1020"外径超过114.3毫米，但小于215.9毫米"，最惠国进口关税为5%，进口环节增值税为17%。在"监管条件"一栏内，有"7AB"字样，查"监管证件名称代码表"，得知"7"为"自动进口许可证或重要工业品证明"，"A"为"入境货物通关单"，"B"为"出境货物通关单"。公司外贸部经理李某遂按5%关税和17%增值税核算成本和国内转卖销售价格，并和国内的用户签订了转卖合同。货物从美国起运前，李某指示美国厂家将海运提单、发票、装箱单及其他相关单据上的品名全部打为"CAST IRON PIPES"。货物通过海运到达青岛港之后，报关之前，经理李某指示业务员董某将税则号归为7303.0090，董某不从，李某遂以解雇相威胁，逼迫董某就范。董某无奈之下，按"159毫米铸铁管"的品名办理了报关手续。73.03为"铸铁管及空心异型材"，内分两项，7303.0010为"内径在500毫米及以上的圆形截面管"，7303.0090为"其他"。管子为159毫米，小于500毫米，归为7303.0090。其最惠国进口关税为4%，进口环节增值税为17%。在"监管条件"一栏内，只有"7"的字样，只提交"自动进口许可证或重要工业品证明"，不需要"入境货物通关单"。近海公司隐瞒海关，擅自错误归类，得到两方面的好处，一是减少了进口关税，二是不用办理"入境货物通关单"，减少了手续，免缴了商检费。事后，董某整天提心吊胆，坐立不安。经过几天的思想斗争，最后终于独自向海关自首。海关对近海公司和李某作出了相应的处罚，对董某作出了从轻处罚的决定。

习题

一、商品归类题

试依据 HS 制度的规则归类总规则对下述商品进行归类。

1. 普洱茶，净重 1 千克/包

2. "SKII" 洗发香波，500 毫升/瓶

3. 涤纶弹力丝（由聚酯化学纤维丝加工成变形纱线），非供零售用

4. 立体显微镜

5. 高尔夫球

6. 高速钢（一种合金钢）热轧制的圆钢，截面为实心圆形，直条状，直径 4 厘米，长 4 米

7. "达能" 草莓果粒酸奶，125 克/瓶

8. "惠普" 静电感光式多功能一体机，具有复印、扫描、打印和传真功能，可通过与电脑连接进行激光打印，与电话网连接发送传真

9. "立邦" 梦幻系列硝基木器漆，以硝酸纤维素为基本成分，加上有机溶剂、颜料和其他添加剂调制而成

10. 男式蓝色一次性浴衣（涤纶无纺织布制）

11. 一种牛津布，用尼龙短纤织成机织物，染成黑色，然后其一面（此面作为背面）薄薄地涂上聚氨基甲醛酯（肉眼可见涂层）以防止雨水渗透，用于制作箱包

12. 汽车发动机（点燃式内燃发动机）排气门用的螺旋弹簧（材料为合金钢）

13. "远洋牌" 烤鱿鱼丝，用新鲜的鱿鱼配以白砂糖、盐、味精后烤制而成，125/袋

14. 纳米隔热膜，宽 1.524 米，成卷，一种新型的汽车用隔热膜，它将氮化钛材料用真空溅射技术在优质的聚对本二甲酸二酯薄膜上形成的纳米级涂层，起隔热、放紫外线、防紫外线、防爆等效果

15. 快速吸水浴巾，由一种新型超细纤维（70% 涤纶和 30% 棉纶）织成的毛巾布制成

16. "宝马" 2.8L 轿车用的汽油滤油器

17. 硫化汞

18. 利福平胶囊，24 粒/盒，抗结核病药品

19. "摩托罗拉" G20 型手机专用天线

20. 牛奶包装盒用纸板，由漂白过的纸（每平方米重350克）与塑料薄膜复合而成，其中纸构成了基本特征，宽1.6米，成卷

二、问答题

1. 海关税则是如何进行分类的？

2. 简述我国海关税则的基本结构。

3. 简述协调制度的基本内容。

4. 试析国际上统一商品名称与编码协调制度的意义。

5. 简述税则归类的基本程序。

6. 什么是预归类制度？我国进出口货物预归类的基本程序是什么？

第三章 国际贸易货物的海关税费

依法缴纳海关税费是进出口货物经营单位的责任，也是货物通关的重要条件。与之有关的专业知识涉及海关估价、税率的确定、关税与海关代征税的计算等方面。

第一节 海关估价

一、海关估价的含义

海关估价（Customs Valuation）是指一国海关按照本国法律法规规定的估价标准，方法和程序，确定本国进出口货物的征税价格的行为。通过海关估价确定的价格是计算进出口货物应征关税（从价税）的依据，称为完税价格（Duty‑Paying Value，简称 DPV）或海关价格（Customs Value）。

二、海关估价的特点

与一般贸易环节中对商品的估价相比，海关估价具有以下特点：

1. 由海关作为估价人进行估价

由于关税的征收是海关的法定任务，因此，对完税价格的估算是由国家设立的海关进行，是海关对进出口贸易实施行政管理的一项内容。而一般贸易性质的估价可以由买卖双方的任何一方甚至第三方来进行。

2. 以征收关税为估价目的

一般估价的目的是为了最后确定成交价格，进行商品交换，而海关估价的目的是为了对商品征收关税。通过估价得出的完税价格是海关按从价税的方法计算关税税额所必需的算术指标。

3. 按照既定的估价规则进行估价

现代海关估价基本上是按照国家事先制定的估价法规，或国家申明采纳的海关估价公约来进行的。因此，海关估价的原则、方法、程序、管理规则等各个方面的问题在一定时间内（即国家按照特定的法律程序调整或修改现有的估价规则之前）是透明的、不变的和可预知的。而一般贸易性质的估价的随意性较强，没有固定的法律法规可依据。在进行贸易性质的估价时，有时需要综合考虑商品品质、市场行情、供求关系、贸易关系等诸多方面的因素，有时则只需要考虑其中的个别因素。

4. 具有强制性

海关估价依法对进出口货物进行估价，凡采用从价税计征关税的应税商品，必须经由海关估价，估价的结论为海关计收关税的法律依据，关税的法定纳税人必须接受。而一般贸易性质的估价不论由买方进行、卖方进行或其他第三方进行，估定的价格必需取得贸易双方的认可才能达成交易，并且，贸易双方在正式成交之前，还可以对估定的价格进行讨价还价。

二、海关估价方法

海关估价作为海关对进出口货物实施关税征缉管理的一项重要内容，必须以一定的法律法规为依据，有关海关估价的法律制度称为海关估价制度（Customs Valuation）。我国入世以后，海关估价规则进行了相应的调整，目前适用的最新规则是 2006 年 3 月 8 日经海关署务会审议通过，自 2006 年 5 月 1 日起施行的《中华人民共和国海关审定进出口货物完税价格办法》（以下简称《办法》）。该《办法》规定的海关估价方法分为进口货物、出口货物和特殊进口货物的估价方法三类。

（一）进口货物的完税价格的估价方法

《办法》规定了六种确定完税价格的方法，第一种方法称为按进口货物的成交价格估价，是首选的估价方法，只有在第一种方法不能使用的情况下，才能使用其他五种方法。

1. 按成交价格估价的方法

根据《办法》的相关规定，按成交价格估价的方法的含义有以下三点：

（1）海关以该货物的成交价格为基础审查确定其完税价格；

（2）成交价格中应当包括货物运抵中华人民共和国境内输入地点起卸前的运输及其相关费用、保险费。

（3）成交价格按《办法》规定的原则进行调整后才能构成进口货物的完税价格。

2. 对成交价格的调整

对成交价格的调整是指在以上成交价格的基础上加上或扣除规定的费用或价值。按照《办法》的规定，需要加上的价值和费用包括：

（1）由买方负担的除购货佣金以外的佣金和经纪费；与该货物视为一体的容器费用；包装材料和包装劳务费用。

（2）可以按照适当比例分摊的，由买方直接或间接免费提供或以低于成本价方式销售给卖方或有关方的下列货物或服务的价值。包括该货物包含的材料、部件、零件和类似货物；在生产该货物过程中使用的工具、模具和类似货物；在生产该货物过程中消耗的材料；在境外进行的为生产该货物所需的工程设计、技术研发、工艺及制图等。

（3）与该货物有关并作为卖方向中华人民共和国销售该货物的一项条件，应当由买方直接或间接支付的特许权使用费。

（4）卖方直接或间接从买方对该货物进口后转售、处置或使用所得中获得的收益。

不能计入完税价格的价值和费用包括进出口货物的价款中单独列明的以下各项：

（1）厂房、机械或者设备等货物进口后发生的建设、安装、装配、维修或者技术援助费用，但是保修费用除外；

（2）进口货物运抵中华人民共和国境内输入地点起卸后发生的运输及其相关费用、保险费；

（3）进口关税、进口环节海关代征税及其他国内税；

（4）为在境内复制进口货物而支付的费用；

（5）境内外技术培训及境外考察费用。

2. 相同货物成交价格估价方法

海关以与进口货物同时或者大约同时向中华人民共和国境内销售的相同货物的成交价格为基础，审查确定进口货物的完税价格。

3. 类似货物成交价格估价方法

海关以与进口货物同时或者大约同时向中华人民共和国境内销售的类似货物的成交价格为基础，审查确定进口货物的完税价格。

4. 倒扣价格估价方法

海关以进口货物、相同或者类似进口货物在境内的销售价格为基础，扣除境内发生的有关费用后，审查确定进口货物完税价格。

上述销售价格应当同时符合下列条件：

（1）在该货物进口的同时或者大约同时，将该货物、相同或者类似进口货物在境内销售的价格；

（2）按照货物进口时的状态销售的价格；

（3）在境内第一销售环节销售的价格；

（4）向境内无特殊关系方销售的价格；

（5）按照该价格销售的货物合计销售总量最大。

应当扣除的费用是指：

（1）同等级或者同种类货物在境内第一销售环节销售时，通常的利润和一般费用（包括直接费用和间接费用）以及通常支付的佣金；

（2）货物运抵境内输入地点起卸后的运输及其相关费用、保险费；

（3）进口关税、进口环节海关代征税及其他国内税。

5. 计算价格估价方法

计算价格估价方法是指海关以下列各项的总和为基础，审查确定进口货物完税价格的估价方法：

（1）生产该货物所使用的料件成本和加工费用；

（2）向境内销售同等级或者同种类货物通常的利润和一般费用（包括直接费用和间接费用）；

（3）该货物运抵境内输入地点起卸前的运输及相关费用、保险费。

6. 合理方法

合理方法是指当海关不能根据成交价格估价方法、相同货物成交价格估价方法、类似货物成交价格估价方法、倒扣价格估价方法和计算价格估价方法确定完税价格时，海关遵循客观、公平、统一的原则，以客观量化的数据资料为基础审查确定进口货物完税价格的估价方法。

上述六种方法应当依序采用，但纳税义务人向海关提供有关资料后，可以提出申请，颠倒上述第4和第5种方法的适用次序。

（二）出口货物的完税价格

世界各国和地区的出口商品大多数是免税出口，我国也是如此。对于少量需要征收出口关税的货物，其完税价格的估算方法是：

（1）成交价格估价方法。它是指出口货物的完税价格由海关以该货物向境外销售的成交价格为基础审查确定，并应包括货物运至中华人民共和国境内输出地点装载前的运输及其相关费用、保险费，但下列税收、费用不计入出口货物的完税价格：①出口关税；②在货物价款中单独列明的货物运至中华人民共和国境内输出地点装载后的运输及其相关费用、保险费；③在货物价款中单独列明由卖方承担的佣金。

根据上述规则，可以将出口货物的完税价格理解为货物的 FOB 价格扣除出口关税后的部分，即：

出口货物完税价格＝FOB 价 − 出口关税，或

$$出口货物的完税价格 = \frac{FOB}{1 + 出口关税税率}$$

（2）同时或大约同时向同一国家或地区出口的相同货物的成交价格。

（3）同时或大约同时向同一国家或地区出口的类似货物的成交价格。

（4）根据境内生产相同或类似货物的成本、利润和一般费用、境内发生的运输及其相关费用、保险费计算所得的价格。

（5）按照合理方法估定的价格。

成交价格估价方法是首选的估价方法，如果不能确定出口货物的成交价格，海关可以依次使用其他四种估价方法。

（三）特殊进口货物的完税价格

特殊进口货物是指按一般贸易方式以外的方式进口入境的货物。确定这些货物的完税价格的方法因入境货物的性质的不同而各不相同。

1. 加工贸易项下的进口货物

加工贸易项下的进口料件及其制成品需征税或内销补税的，海关按照以上征收确定进口货物完税价格的办法审定完税价格。其成交价格依情况的不同分别按申报进口时的价格、进口时的价格和申报内销时的价格处理。具体规定如表 3.1 所示：

表 3.1　　　　　　　　加工贸易项下进口货物的估价价格

入境货物的性质	估价时使用的价格
进口时需征税的进料加工进口料件	申报进口时的价格
内销的进料加工进口料件或其制成品	进口时的价格
内销的来料加工进口料件或其制成品	申报内销时的价格
出口加工区内的加工企业内销的制成品	申报内销时的价格
保税区内的加工企业内销的进口料件或其制成品	申报内销时的价格
加工贸易加工过程中产生的边角料	申报内销时的价格

2. 保税区内的加工企业内销的进口料件或者其制成品

保税区内的加工企业内销的进口料件或者其制成品（包括残次品），海关以接受内销申报的同时或者大约同时进口的相同或者类似货物的进口成交价格为基础审查确定完税价格。从保税区、出口加工区、保税物流园区、保税物流中心等区域、场所进入境内，需要征税的货物，海关应当参照《办法》有关进口货物完税价格的审定规定，以从上述区域、场所进入境内的销售价格为基础审查确定完税价格。

3. 复运入境的货物

运往境外修理的机械器具、运输工具或者其他货物，出境时已向海关报明，并在海关规定的期限内复运进境的，应当以境外修理费和料件费为基础审查确定完税价格。

4. 暂准进口货物

经海关批准的暂时进境货物，应当缴纳税款的，由海关按照《办法》有关进口货物完税价格的审定规定审查确定完税价格。经海关批准留购的暂时进境货物，以海关审查确定的留购价格作为完税价格。

5. 租赁方式进口的货物

按照下列方法审查确定完税价格：

（1）以租金方式对外支付的租赁货物，在租赁期间以海关审查确定的租金作为完税价格，利息应当予以计入；

（2）留购的租赁货物以海关审查确定的留购价格作为完税价格；

（3）纳税义务人申请一次性缴纳税款的，可以选择申请按照《办法》有关进口货物完税价格的审定规定列明的方法确定完税价格，或者按照海关审查确定的租金总额作为完税价格。

6. 应当补税的减免税进口货物

以海关审查确定的该货物原进口时的价格，扣除折旧部分价值作为完税价格。

7. 易货贸易、寄售、捐赠、赠送等不存在成交价格的进口货物

海关与纳税义务人进行价格磋商后，按照成交价格以外的方法进行估价的原则和方法审查确定完税价格。

8. 进口载有专供数据处理设备用软件的介质

具有下列情形之一，应当以介质本身的价值或者成本为基础审查确定完税价格：

（1）介质本身的价值或者成本与所载软件的价值分列；

（2）介质本身的价值或者成本与所载软件的价值虽未分列，但是纳税义务人能够提供介质本身的价值或者成本的证明文件，或者能提供所载软件价值的证明文件。

（四）完税价格的申报与审定

1. 申报

进出口货物收发货人应当向海关如实申报进出口货物的成交价格，提供包括发票、合同、装箱清单及其他证明申报价格真实、完整的单证、书面资料和电子数据。海关认为必要时，进出口货物的收发货人还应当向海关补充申报反映买卖双方关系和成交活动的情况以及其他与成交价格有关的资料。

2. 审核

海关为审查申报价格的真实性和准确性，可以行使下列职权：

（1）查阅、复制与进出口货物有关的合同、发票、账册、结付汇凭证、单据、业务函电和其他反映买卖双方关系及交易活动的书面资料和电子数据；

（2）向进出口货物的收发货人及与其有资金往来或有其他业务往来的公司、企业调查与进出口货物价格有关的问题；

（3）对进出口货物进行查验或提取货样进行检验或化验；

（4）进入进出口货物收发货人的生产经营场所、货物存放场所，检查与进出口活动有关的货物和生产经营情况；

（5）向有关金融机构或税务部门查询了解与进出口货物有关的收付汇资料或缴纳国内税的情况。

海关在行使前款规定的各项职权进行价格核查时，进出口货物的收发货人及有关单位、部门应当如实反映情况，提供账簿、单证等有关书面资料和电子数据，不得拒绝、拖延和隐瞒。

3. 质疑

海关对申报价格的真实性或准确性有疑问时，应当书面将怀疑的理由告知进出口货物的收发货人，要求其以书面形式做进一步说明，并提供相关资料或其他证据。自海关书面通知发出之日起 15 日内，进出口货物的收发货人未能提供进一步说明，或海关审核所提供的资料或证据后仍有理由怀疑申报价格的真实性或准确性时，海关可以不接受其申报价格，并按照《办法》的相关规定估定完税价格。

4. 通知估价结果

海关就如何确定其进出口货物的完税价格作出书面说明，将估价理由及估价方法书面告知进出口货物的收发货人。

第二节　税率的确定

一、确定关税税率的主要因素

关税税率是计算关税时必须采用的数据指标。确定关税税率需要考虑的主要因素有以下几项：

1. 货物的流向

货物的流向是指根据货物是输出还是输入确定汇率，即进口货物适用进口税率，出口货物适用出口税率。

2. 货物的性质

由于不同性质的货物适用的不同的计征标准，海关税则规定按从价税征税的货物适用从价税税率，按从量税、复合税、滑准税等方法征税的货物分别适用从量税税率、复合税税率或滑准税税率，因此，需要根据货物的性质确定计征关税的标准。

3. 贸易国国别

由于世界各国的海关税则（特别是进口税则）一般是采用两栏或多栏税率的复式税则，因此，需要根据货物的来源（即贸易国国别）确定适用的税率栏目，其依据就是原产地规则。

二、原产地规则的概念

原产地规则是指国家或贸易集团为了确定进出口商品的原产国和地区而制定的法律、规章或行政命令。如前文所述，原产地规则在关税税率的确定方面的运用，是指国家根据进口货物的原产地确定适用的关税税率。

原产地规则中有关原产地的确定方法的规定称为原产地标准（Origin Criterion），一般分为完全原产标准和非完全原产标准两类。

（一）完全原产地标准

完全原产地标准指出口货物的生产过程中使用的原材料、零部件、生产技术等全部来自出口国。包括从该国领土或海床开采的矿产品；从该国收获的植物产品；在该国繁殖和饲养的活动物；由该国活动物制得的产品等情况。有关原产地规则中将详细列明符合完全原产地标准的情况。

（二）非完全原产标准

非完全原产标准又称含有进口成分的产品，指出口货物的生产过程中虽然使用了其他国家的（包括来源不明的）原材料或零部件，但经过出口国的充分加工或制造后，产品的性质发生了实质性的改变，这时，加工生产这种货物国家或地区将被视为该出口货物的原产地。确定出口货物是否是受惠国原产货物的关键是产品是否发生了实质性变化。各国常用的判断标准包括以下几类：

1. 加工标准（Process Criterion）

如果经过加工，使出口货物在海关税则中的税目发生改变，即视为已经发生了实质性的变化。有的国家直接按照这个简单的原则确定货物是否已经进行了实质性的加工，有的则在使用加工标准时由于税目号的改变并非在所有情况下都准确地附加了一些补充条件，如规定原材料的种类，规定加工工序的数量、规定进口成分的比例等，称为"加工清单"。这时，加工制成品除了具有与进口成分不同的税则号之外，还必须满足加工清单的规定，否则，将被视为未发生实质性的改变。

2. 百分比标准（Percentage Criterion）

百分比标准是指货物的进口成分在货物价值或价格中比例满足给惠国的规定时，即可认为货物已经发生实质性变化。给惠国在采用这一标准时，需要在原产地规则中规定进口成分占货物价值的具体百分比，并规定相应的计算公式或计算方法。

3. 最小加工标准

给惠国在原产地规则中规定含进口成分的货物的加工程度。如果货物未达到该加工程度，不论税目号有无变化，都不能视为进行了实质性的加工，不能取得普惠制原产品资格。

4. 给惠国成分标准

规定受惠国出口货物中包含的给惠国成分（即货物的加工制造中使用的来自给惠国的原材料或零部件）视为受惠国本国成分。

5. 累计原产地标准

在审定受惠国产品的外国成分时，将若干个受惠国，甚至将所有受惠国都视为一个经济整体，来自该整体内的其他国家的原材料、零部件将视为加工国的本国成分，无须记作外国成分。

三、我国的原产地规则

我国现行的原产地规则包括根据 2004 年颁布，2005 年 1 月 1 日起施行的《中华人民共和国进出口货物原产地条例》（以下简称《条例》）以及我国政府签订的各类优惠贸易协定下的原产地规则。根据《条例》，我国在实施最惠国待遇、反倾销和反补贴、保障措施、原产地标记管理、国别数量限制、关税配额等非优惠性贸易措施以及进行政府采购、贸易统计等活动对进出口货物原产地的确定方法是：完全在一个国家（地区）获得的货物，以该国（地区）为原产地；两个以上国家（地区）参与生产的货物，以最后完成实质性改变的国家（地区）为原产地。其中，完全在一个国家（地区）获得的货物是指：

（1）在该国（地区）出生并饲养的活的动物；

（2）在该国（地区）野外捕捉、捕捞、搜集的动物；

（3）从该国（地区）的活的动物获得的未经加工的物品；

（4）在该国（地区）收获的植物和植物产品；

（5）在该国（地区）采掘的矿物；

（6）在该国（地区）获得的除本条第（1）项至第（5）项范围之外的其他天然生成的物品；

（7）在该国（地区）生产过程中产生的只能弃置或者回收用作材料的废碎料；

（8）在该国（地区）收集的不能修复或者修理的物品，或者从该物品中回收的零件或者材料；

（9）由合法悬挂该国旗帜的船舶从其领海以外海域获得的海洋捕捞物和其他物品；

（10）在合法悬挂该国旗帜的加工船上加工本条第（9）项所列物品获得的产品；

（11）从该国领海以外享有专有开采权的海床或者海床底土获得的物品；

（12）在该国（地区）完全从本条第（1）项至第（11）项所列物品中生产的产品。

实质性改变的确定标准，以税则归类改变为基本标准；税则归类改变不能反映实质性改变的，以从价百分比、制造或者加工工序等为补充标准。

我国实施优惠性贸易措施对进出口货物原产地的确定不依《条例》规定的办法。具体办法依照中华人民共和国缔结或者参加的国际条约、协定的有关规定另行制定。

第三节　关税的计算与征收

一、进口关税税额的计算

进口关税是各国海关关税征收工作的重点。税额的计算，需要结合商品的税则号，按海关税则规定的征收方法来确定，包括从价税、从量税和复合税。

（一）从价税

从价税税额的计算适用于海关税则规定的按完税价格的一定比例（即关税税率）征收关税的商品。从价税税负水平比较公正，便于贸易商核算进出口成本和收益，但完税价格的审定程序比较复杂。从我国和世界上大多数国家的海关管理现状来看，从价税是主要的征税方式。大多数商品的进出口关税是按照这一方法征收的。其计算公式是：

$$从价税 = 完税价格 \times 适用税率$$

根据海关估价的方法，进口货物的完税价格基本等同于进口商品的 CIF 价格，因此，以上公式又可表述为：

$$进口货物从价税 = CIF 价 \times 进口关税税率$$

（二）从量税

从量税税额的计算适用于海关税则规定按进口数量征收关税的商品。我国海关自 1997 年 7 月 1 日起对啤酒、石油原油和部分感光胶片试行从量关税，其计算公式是：

$$从量关税税额 = 商品进口数量 \times 从量关税税率$$

（三）复合税

复合税税额需要将同一种商品的从价税税额和从量税税额加总计算才能得出。中华人民共和国海关自 1997 年 7 月 1 日起对录（放）像机和摄像机等试行复合关税。计算公式是：

$$复合关税税额 = 商品进口数量 \times 从量关税税率 + 完税价格 \times 从价关税税率$$

二、出口关税税额的计算

（一）出口应税货物的范围

对部分商品征收出口税，是增加国家财政收入的需要，也是调节出口商品结构，保护国内资源或满足国内生产所需的需要，国家征收出口关税的货物通常包括以下类型：

（1）出口国的资源性产品，特别是不可再生的资源性产品。

（2）出口国在国际市场上拥有垄断优势的产品。

（3）出口国工业生产的必需品。

（4）出口国人民生活的必需品。

我国出口关税的征收历程比较典型地说明了"征收范围"这个问题。1951年《进出口税则》只对花生油、花生、桐油、猪鬃、薄荷油、薄荷脑6种商品征收出口税，随后，于1952年和1953年对桐油、猪鬃停征出口税，1980年对其余4种商品全部停征出口税；1982年6月1日起，除了从出口许可制度上加强行政管理外，对34种出口利润较大的商品重新开征出口关税；1992年1月5日起实施的新税则已将出口税则单独分开，对40个税目的27种商品征收出口关税；1997年10月1日起，我国对鳗鱼苗、骨粉、铅、锌、锡、钨矿砂、钽铌矿砂、锑、磷、氟祖酸钾、苯、山羊板皮、生铁、锰铁、硅铁、铬铁、钢铁废碎料、铜及铜材、镍、铝及铝材、锌、锑金属等76个税目的商品征收出口关税，税率分别为20%、25%、30%、40%、50%共5个税级。1997年以来的应税出口商品的类别显示，目前我国的出口应税商品主要是作为生产资料使用的资源性产品和五金制品，由此可以看出我国出口关税政策在保护资源和调节出口商品结构方面的倾向。

（二）出口关税的计算

出口关税税额以离岸价（FOB）为完税价格进行计算。由于FOB价格中已经包含了出口税，因此，在计算出口货物的完税价格时必须扣除出口关税税额。即：

$$出口货物完税价格 = FOB - 出口关税税额$$

$$出口关税税额 = 完税价格 \times 出口关税税率$$

$$= （FOB - 出口关税税额） \times 出口关税税率$$

整理上式后得出出口关税税额的计算公式如下：

$$出口关税税额 = \frac{FOB}{1 + 出口关税税率} \times 出口关税税率$$

三、关税的征收

（一）关税的纳税人

《中华人民共和国海关法》第五十四条规定："进口货物的收货人、出口货物的发货人、进出境物品的所有人，是关税的纳税义务人。"按照我国现行的外贸经营权管理制度和海关管理制度的相关规定，符合纳税人资格的公司、企业或单位主要包括以下各类①：

（1）外贸专业进出口总公司及其子公司和所属省、自治区。直辖市（包括扩权市）级分公司，经批准有进出口经营权的外贸分支公司；

（2）有进出口经营权的工贸（农贸、技贸）公司；

（3）有进出口经营权或部分经营权的其他全国性和地方性的各类进出口公司；

（4）有进出口经营权的生产企业、企业联合体、外贸企业和生产企业的联合公司；

（5）信托投资公司、经济技术开发公司、技术引进公司和租赁公司；

（6）中国成套设备出口公司，各地区、各部门的国际经济技术合作公司，对外承包工程公司；

（7）中外合资企业、中外合作经营企业、外商独资企业；

（8）免税品公司、友谊商店、外汇商店、侨汇商店；

（9）各类保税工厂、保税仓库（油库）、外国商品维修服务中心及其附设的零部件寄售仓库；

（10）经海关认可，直接办理进出口手续的经营对外加工装配和中短型补偿贸易企业；

（11）接受外国组织、外国政府或非政府组织无偿援助项目，并在相当时期内常有进出口物资的单位；

（12）其他经常有进出口业务的企业（如某些进出口服务公司、展览公司、中国电影合作制片公司等）。

上述公司、企业或单位如果进行了国家规定需要缴纳关税的进出口贸易，就必须向海关申报和缴纳关税。

（二）纳税人交纳关税的时间与程序

进出口货物的纳税义务人缴纳关税的时间是海关填发税款缴款书之日起15日内；逾期海关将对纳税人征收滞纳金。缴纳关税的基本程序是：

1. 取得海关填发的"税款缴纳书"

纳税人在向海关申报进出口并取得批准后，即可取得海关填发的"税款缴

---

① 宋永明. 如何计算和缴纳关税. 北京：中国人民大学出版社，2000：35－36.

纳书"。

2. 在规定时间内缴纳关税

即在取得税款缴纳书的 15 天内（星期日和法定节假日除外），向指定银行缴纳税款。

3. 取得纳税收据

纳税后，纳税人应当取得纳税收据，作为已经依法完税的凭证。该凭证还是纳税人计账、对进口商品定价时需要参考的重要文件，在出现关税缴纳方面的争议，需要向海关申请复议，甚至向人民法院申请诉讼时，该收据也是一份重要的凭证。收据格式由海关总署规定。

以上程序是缴纳关税的常规程序。除了这种程序之外，为了缩短货物通关时间，简化通关手续，防止因关税缴纳手续的耽误对纳税人用货或发货的影响，我国海关还采用了一些灵活的关税缴纳方法，如对于鲜活商品、时令商品、急需物资等，采取先通关、后纳税的做法，即所谓的"关税后纳制"；对于进出口（特别是进口）业务频繁的企业，采取即时通关，定期纳税的做法，即所谓的"定期纳税制"。但是，以上做法限于资信良好的纳税人，并需在事先经过海关的审批。必要时，海关还可要求纳税人提供担保或抵押。

（三）关税征收的保全措施

为了保障关税收入，防止纳税人通过转移财产等手段逃避缴税，海关如果发现进出口货物的纳税义务人在规定的纳税期限内有明显的转移、藏匿其应税货物以及其他财产迹象，可以采取以下保全措施：

（1）责令纳税义务人提供担保。纳税义务人（担保人）可以用作担保的权利或财产包括人民币、可自由兑换货币；汇票、本票、支票、债券、存单；银行或者非银行金融机构的保函以及海关依法认可的其他财产、权利。

（2）如果纳税义务人不能提供纳税担保，经直属海关关长或者其授权的隶属海关关长批准，海关可以：①书面通知纳税义务人开户银行或者其他金融机构暂停支付纳税义务人相当于应纳税款的存款；②扣留纳税义务人价值相当于应纳税款的货物或者其他财产。

如果纳税义务人在规定的纳税期限内缴纳税款，海关必须立即解除税收保全措施；期限届满仍未缴纳税款的，经直属海关关长或者其授权的隶属海关关长批准，海关可以书面通知纳税义务人开户银行或者其他金融机构从其暂停支付的存款中扣缴税款，或者依法变卖所扣留的货物或者其他财产，以变卖所得抵缴税款。

如果采取税收保全措施不当，或者纳税义务人在规定期限内已缴纳税款，海关未立即解除税收保全措施，致使纳税义务人的合法权益受到损失的，海关应当依法承担赔偿责任。

（四）拒绝缴纳关税的法律后果

如果纳税义务人、担保人超过三个月仍未缴纳关税，海关可以采取下列强制措施：

（1）书面通知其开户银行或者其他金融机构从其存款中扣缴税款；

（2）将应税货物依法变卖，以变卖所得抵缴税款；

（3）扣留并依法变卖其价值相当于应纳税款的货物或者其他财产，以变卖所得抵缴税款。

以上措施必须经直属海关关长或者其授权的隶属海关关长批准后才能施行。

四、关税的减免

在特定情况下，进出口货物可以减免关税。根据《海关法》、《进出口关税条例》等法律法规中有关关税减免的原则和规定，我国进出口货物的关税减免分为法定减免、特定减免和临时减免三种类型。

（一）法定减免

关税的法定减免是指现行法律法规专门列项规定的减免，是关税减免的主要形式。我国《进出口关税条例》规定，以下货物的进口或出口关税，可依法减免：

（1）关税税额在人民币10元以下的一票货物；

（2）无商业价值的广告品和货样；

（3）外国政府、国际组织无偿赠送的物资；

（4）进出境运输工具装载的途中必需的燃料、物料和饮食用品。

（5）因故退还的我国出口货物，由原发货人或者他们的代理人申报进境，并提供原出口单证，经海关审查核实，可以免征进口关税。但是，已征收的出口关税，不予退还。

（6）因故退还的境外进口货物，由原收货人或者他们的代理人申报出境，并提供原进口单证，经海关审查核实，可以免征出口关税。但是，已征收的进口关税，不予退还。

（7）中华人民共和国缔结或者参加的国际条约规定减征、免征关税的货物、物品，海关应当按照规定予以减免关税。

（8）经海关核准暂时进境或者暂时出境并在6个月内复运出境或者复运进境的货样、展览品、施工机械、工程车辆、工程船舶、供安装设备时使用的仪器和工具、电视或者电影摄制器械、盛装货物的容器以及剧团服装道具，在货物收发货人向海关缴纳相当于税款的保证金或者提供担保后，准予暂时免纳关税。

此外，对以下货物，海关可以酌情减免关税：

（1）在境外运输中或者在起卸时，遭受损坏或者损失的；

（2）起卸后海关放行前，因不可抗力遭受损坏或者损失的；

（3）海关查验时已经破漏、损坏或者腐烂，经证明不是保管不慎造成的。

对以上货物实施减免时，不需要按减免税商品的类别向有关的主管部门报批。海关只需审验和确定申报减免关税的货物确实属于法定减免的范畴即可实施关税的减免。

（二）特定减免

关税的特定减免是对特定地区、特定企业或特定用途的产品实施的减免。我国《海关法》第五十七条规定，国务院有权规定对特定地区、特定企业或者有特定用途的进出口货物减征或者免征关税，特定减税或者免税的范围和办法由国务院规定。

我国在改革开放初期，出于发展沿海开放地区的对外贸易，鼓励各种形式的外商直接投资等原因，曾经制定和实施过诸多特定关税减免政策。1994年以来，先后对已有的特定减免进行了较大规模的清理，原来对沿海开放地区、外商投资企业和特殊贸易形式（指各种形式的加工贸易）的特定关税减免政策已经取消。目前仍保留的特定减免关税措施主要是对特定产品的减免，包括对进口科教用品、进口残疾人专用物品实施进口关税减免，对残疾人企业生产出口应征出口税的商品实施出口关税的减免，对外国和港澳台非官方组织和个人捐赠的救灾物资的关税减免；对远洋渔业企业运回自捕水产品进口关税的减免；等等。

与法定减免不同的是，关税的特定减免需要经过一定的申报和审批程序才能实施。例如，以上救灾捐赠物资的关税减免，一般应由民政部（中国国际减灾十年委员会）提出申请，或香港、澳门特别行政区以及台湾地区的红十字会和妇女联合会提出申请，由海关总署依照规定进行审定后实施；以上远洋渔业企业运回的自捕水产品进口关税的减免，需要向农业部提出申请，经该部渔业局审核汇总后，报经海关总署、财政部、国家税务总局审批后才能下达给当地企业办理减免税手续。

特定减免的关税减免的范围是"特定"的，即只能用于特定地区、特定企业或者特定用途的进出口货物，未经海关核准并补缴关税，不得移作他用。

（三）临时减免

关税的临时减免又称特案减免，是指根据纳税人的申请，海关总署或由海关总署会同财政部根据国务院有关规定批准临时实施的关税减免。我国《进出口关税条例》第三十四条规定："收发货人或者他们的代理人，要求对其进出口货物临时减征或者免征进出口关税的，应当在货物进出口前书面说明理由，并附必要的证明和资料，向所在地海关申请。所在地海关审查属实后，转报海关总署，由海关总署或者海关总署会同财政部按照国务院的规定审查批准。"上述规定应视为临时减免的主要法律依据。

临时减免的临时性体现在这种减免一般不需要国家制定专项法规为关税减免提供法律依据，而是由海关总署审核决定。减免的实施一般也是一案一批，只适用于当次审批的进出口货物，而不普遍适用于类似情况的关税减免。因此，这种减免还具有灵活性，海关总署等审批部门可以根据国内生产、消费和其他方面的情况的变化决定是否实施减免以及减免幅度的大小。运用得当的化，能够较好地发挥关税的调节作用。

五、关税的退补

纳税人缴纳关税后，如果海关实征关税超过应征关税税额，纳税人可向海关申请退还；如果纳税人纳税金额不足，海关有权要求纳税人补交。

（一）多征关税的退还

多征关税通常是由于实际进出口数量与纳税人报关纳税时申明的进出口数量不符而造成的。从国际贸易合同的履行程序来看，无论进口还是出口，都是办妥通关手续并照章纳税在先，装运出口货物或提取进口货物在后。其间，由于各种国际贸易风险因素的存在，意外变故时常发生，可能出现出口人缴纳进出口关税后，货物在装运前毁损等情况，或进口货物短卸等情况，从而造成关税多征。此外，海关在计算关税税额的过程中如有疏忽，也可能造成多征。因此，《关税条例》第二十五条明确规定，在下列情况下，海关将退还多征关税：

（1）纳税人因海关误征而多纳税款；

（2）海关核准免验进口的货物，在完税后出现短卸，并经海关审查认可；

（3）已征出口关税的货物，因故未装运出口，申报退关，并经海关查验属实。

在海关多征关税时，纳税人（包括进出口货物的收发货人或者他们的代理人）应当自缴纳税款之日起1年内，向海关提供书面申请，声明退还多征关税的理由，并同时提交原纳税收据。以上时间是申请退还关税的有效时间，纳税人必须遵守，逾期海关将不予受理退还关税事宜。

海关应当自受理退税申请之日起30日内作出书面答复，并通知退税申请人。只要申请退税的理由充分，并符合以上程序，海关将依法退还多征关税。

（二）关税的补交

关税的补交是指海关要求纳税人补交少征或漏征的关税。《关税条例》第二十六条规定："进出口货物完税后，如发现少征或者漏征税款，海关应当自缴纳税款或者货物放行之日起1年内，向收发货人或者他们的代理人补征。因收发货人或者他们的代理人违反规定而造成少征或者漏征的，海关在3年内可以追征。"

无论引起关税的漏征或少征的原因是什么，在海关提供证据要求纳税人补交时，纳税人应当服从和配合，否则将承担拒缴关税的法律后果。

第四节 海关代征税与进口货物总税款

进口货物在进口国国内流通，应当和其他国内产品一样，缴纳国内税。由海关征收进出口商品的国内环节税是许多国家的共同做法。我国各地海关在行政上隶属国务院下设的海关总署，独立管理全国海关和海关业务，不隶属财政部门，但是，由海关代征进出口商品（特别是进口商品）的国内税费比较方便，有利于节省费用，提高效率和减少误差。因此，我国也采纳了由海关代征进出口商品国内税的做法。目前海关代征的国内税费包括代国家税务局征收的消费税和增值税以及代交通部征收船舶吨税。进出口货物的报关工作中涉及的是消费税和增值税。

一、海关代征消费税

1994—2008年，我国海关征收消费税以该年份开始实行的《中华人民共和国消费税暂行条例》为法律依据。从2009年1月1日起，我国海关按2008年

11 月 5 日国务院修订通过的《中华人民共和国消费税暂行条例》对进口应税货物代征消费税。

（一）纳税人、纳税时间

进口的应税消费品，由进口人或者其代理人报关时向海关申报纳税。并在海关填发海关进口消费税专用缴款书之日起 15 日内缴纳税款。

（二）纳税商品的范围

我国的消费税制度属于选择性消费税制度，即国家不是对全部商品征收消费税，而是有选择地对部分商品征税。使用选择性消费税的主要目的是为了正确引导消费结构，减少不当消费的猛增对人民生活和国家经济发展的负面影响。因此，我国消费税的应税商品主要包括以下类型：

（1）对人民身体健康、社会秩序、生态环境等有一定危害的特殊消费品，如烟、酒、鞭炮、焰火等；

（2）价格昂贵的非生活必需品，例如珠宝、玉器、高档首饰、化妆品等；

（3）高能耗的消费品，如小轿车、摩托车等；

（4）石油类消费品，如汽油、柴油等。

（三）消费税的计算方法

进口商品的消费税率分从价税、从量税和复合税三种类型，因此，消费税的计算方法也相应地分为三种。

1. 从价税的计算方法

小汽车、摩托车、轮胎、烟、化妆品等商品按从价税计算应纳税额。计算税额时应当按照组成计税价格计算纳税。计算公式是：

组成计税价格 =（关税完税价格 + 关税）÷（1 - 消费税税率）

消费税 = 组成计税价格 × 消费税税率

2. 从量税的计算方法

啤酒、黄酒等商品按从量税计算应征税额。计算公式是：

消费税 = 进口数量 × 从量税率

3. 复合税的计算方法

威士忌酒、烟草制的卷烟等按复合税计算应征税额，计算公式是：

消费税 = 从价税 + 从量税

= 组成计税价格 × 消费税从价税率 + 进口数量 × 消费税从量税率

二、海关代征增值税

（一）纳税人和纳税时间

进口货物的纳税人是指进口货物的单位或个人，纳税手续应当由进口人或其代理人向报关地海关申报纳税，并自海关填发税款缴纳证的次日起 7 日内缴纳税款。

（二）增值税税率

我国进口货物的增值税按商品的不同分为两类，并适用不同的税率。第一类主要是人民生活用品和农业生产物资，按 13% 的税率征收，包括：

（1）粮食、食用植物油；

（2）自来水、暖气、冷气、热水、煤气、石油液化气、天然气、沼气、居民用煤炭制品；

（3）图书、报纸、杂志；

（4）饲料、化肥、农药、农机、农膜；

（5）国务院规定的其他货物。

除了上述货物之外，其他进口货物将按 17% 的增值税率征税。

（三）增值税的计算

对进口货物征收增值税按照组成计税价格和规定的增值税税率计算税额。组成计税价格由关税的完税价格、关税税额和消费税组成，计算公式是：

$$组成计税价格 = 关税完税价格 + 关税 + 消费税$$

增值税的计算公式是：

$$增值税税额 = 组成计税价格 \times 增值税税率$$

三、进口货物总税款的计算

进口货物总税款由关税、增值税和消费税组成。可以通过直接将三税相加的方法计算，也可以根据进口关税与进口环节代征税计税常数表、进口关税与消费税计税常数表计算。

（一）进口货物总税款的基本计算公式

进口货物总税款可以通过直接将关税、增值税和消费税相加进行计算，计算公式是：

进口货物总税款 = 关税 + 增值税 + 消费税

$$= 完税价格 \times \frac{进口关税税率 + 消费税率 + 增值税率 + 进口关税税率 \times 增值税率}{1 - 消费税率}$$

（二）进口货物总税款的常数计算法

为便于计算，海关征税过程中可以直接使用进口关税与进口环节代征税（消费税与增值税）计税常数表。该常数表是以进口商品的法定增值税税率为17%计算的，因此省略了增值税税率栏目，但表内所列常数均已包括增值税在内。常数表的使用方法是：先确定进口商品的关税税率和消费税税率，然后在表内找出这两个税率对应交叉地的常数，用进口商品的到岸价格乘以该常数，所得之积为应缴关税、消费税和增值税的总额。即：

$$常数 = \frac{进口关税税率 + 消费税率 + 增值税率 + 进口关税税率 \times 增值税率}{1 - 消费税率}$$

$$进口货物总税款 = 完税价格 \times 常数$$

案例与习题

案例（一）

成都某医疗设备进口公司配合海关价格质疑

2000年，成都某医疗设备进口公司从德国进口肾脏透析设备4台。在向成都海关报关时，海关认为进口成交价格低于四川地区一些医院进口的同生产厂家同型号设备的价格，且幅度较大。海关调查发现，该进口公司是德国生产厂家在中国西南地区的经销商。遂向该医疗设备进口公司发出"中华人民共和国海关价格质疑通知书"，要求进口公司，说明其同德国厂家的关系；解释成交价格较大幅度低于其他进口人的理由。

进口公司收到"海关价格质疑通知书"后，将经销关系如实告诉海关，并解释，较低的价格实际上是拿到了生产厂家的批量购买价格，自然要比零星购买要低很多，第一批货为4台，数量不大，但同德国厂家的合同是一个长期合同，还会有很多后续的进口。海关认为经销关系也是一种特殊关系，要求进口公司提供证据证明特殊关系未对进口设备的成交价格产生影响。进口公司收集了除中国西南地区以外的其他国家和地区的批量进口价格，作为证据提供给海关，证明此特殊关系没有对成交价格产生影响。

在以上价格质疑过程中，进口公司按海关估价计算的关税和增值税的金额向海关提交担保金，将货物取出转卖。最后，海关认为医疗设备进口公司在海关价格质疑程序中，积极配合海关，提供有效证据，海关认定该批货物的价格没有受到进出口双方特殊关系的影响，价格处于合理的范围，决定以货物成交价格为基础计算完税价格。进口公司交税后，海关退还了担保金。

案例（二）

福州某进出口公司一般贸易进口泰国龙眼

2004 年 10，福州某进出口公司同泰国某出口公司签订进口泰国龙眼 50 公吨的合同，每公吨 CIF 福州价格为 490 美元，总值 24 500 美元。冷藏船舶于 2004 年 12 月 24 日到达福州港。此时，该进出口公司股东之间发生股权纠纷，危及管理层利益，拖欠职工工资，业务员基本流失，致使货物卸入海关监管仓库后，无人办理报关手续。至 2005 年 1 月 7 日，仍未报关。一般情况下，进口货物自装载货物的运输工具申报进境之日起超过 3 个月仍未向海关申报的，海关才提取货物并依法变卖。鉴于部分龙眼已逐渐腐烂，海关遂于 10 日提前提取货物并变卖。变卖所得人民币 10 万元。进出口公司于 2 月 8 日向海关申请退还变卖款。海关在进出口公司按要求办理相关手续后，扣除仓储费以下税费，将余款退还给了进出口公司。扣除项目：

1. 滞报金

该批货物的完税价格为 CIF 福州价格转换为人民币的金额。计征汇率为该批货物适用税率之日的上一个月第三个星期三中国人民银行公布的外币对人民币的基准汇率。因超过规定期限未申报而由海关依法变卖的进口货物，其税款计征税率适用装载该货物的运输工具申报进境之日实施的税率。汇率适用日期为 2004 年 12 月 24 日。其上一个月的第三个星期三为 11 月 17 日，该日中国人民银行公布的美元对人民币的基准汇率为 1：8.2765。进口货物的完税价格 = 24 500 美元 × 8.2765 = 202 774.25（人民币元）。进口货物的申报期限为自装载货物的运输工具申报进境之日起 14 日内。该批货物于 2004 年 12 月 24 日进境，最迟申报日期是 2005 年 1 月 7 日，从 8 日开始计算滞报天数，到 10 日货物变卖日截止，起始日和截止日均计入滞报期间，为 3 日。

滞报金额 = 进口货物完税价格 × 0.5‰ × 滞报天数

滞报金额 = 202 774.25 元 ×0.5‰ ×3 天 = 304.16（元）

2. 进口关税

汇率适用日期为 2004 年 12 月 24 日。由于当时我国刚加入 WTO，泰国进口龙眼的进口关税已从 2002 年的从价税 21% 降为 12%，查找海关税则本为 12%。

应征进口关税税额 = 进口货物完税价格 × 进口从价税税率

应征进口关税税额 = 202 774.25 元 ×12% = 24 332.91（元）

3. 进口环节增值税

查找海关税则本，泰国进口龙眼增值税税率为 13%。

增值税组成计税价格 = 进口关税完税价格 + 进口关税税额 + 消费税税额

由于泰国进口水果不征消费税，只计算前两项。

增值税组成计税价格 = 202 774.25 + 24 332.91 = 227 107.16（元）

增值税应纳税额 = 增值税组成计税价格 × 增值税税率

增值税应纳税额 = 227 107.16 元 ×13% = 29 523.93（元）

习题

一、单项选择题

1. 下列哪些进口产品属于征收低税率增值税（13%）的范围（　　）。

　A. 机械设备

　B. 高尔夫球具

　C. 粮食

　D. 木质一次性筷子

2. 某公司从德国进口一套机械设备，发票列明：设备价款 CIF 天津 USD300 000，设备进口后的安装及技术服务费用 UDS10 000，买方佣金 USD1000，卖方佣金 1500。该批货物经海关审定后的成交价格应为（　　）。

　A. USD311 000

　B. USD301 500

　C. USD301 000

　D. USD291 500

3. 当进口货物的完税价格不能按照成交价格确定时，海关应当依次使用相应的方法估定完税价格，依次使用的正确顺序是（　　）。

A. 相同货物成交价格方法……类似货物成交价格方法……倒扣价格方法……计算价格方法……合理方法

B. 类似货物成交价格方法……相同货物成交价格方法……倒扣价格方法……计算价格方法……合理方法

C. 相同货物成交价格方法……类似货物成交价格方法……合理方法……倒扣价格方法……计算价格方法

D. 倒扣价格方法……计算价格方法……相同货物成交价格方法……类似货物成交价格方法……合理方法

4. 进口货物的收货人自运输工具进境之日起超过 3 个月未向海关申报的,其进口货物由海关提取依法变卖处理。变卖所得价款在优先拨付变卖处理实际支出的费用后,其他费用和税款的扣除顺序是( )。

A. 运输、装卸、储存等费用——进口关税——进口环节税——滞报金

B. 进口关税——进口环节税——滞报金——运输、装卸、储存等费用

C. 滞报金——进口关税——进口环节税——运输、装卸、储存等费用

D. 运输、装卸、储存等费用——滞报金——进口关税——进口环节税

5. 海关于 2004 年 7 月 9 日(星期五)填发税款缴款书,纳税义务人最迟应于哪一天缴纳税款,才可避免滞纳( )。

A. 7 月 23 日

B. 7 月 24 日

C. 7 月 25 日

D. 7 月 26 日

二、多项选择题

1. 关税的作用有( )。

A. 保护国内经济

B. 实施财政政策

C. 调整产业结构

D. 发展进出口贸易

2. 2008 年,我国对以下哪些产品征收进口从量关税( )。

A. 冻鸡

B. 石油原油

C. 啤酒

　　D. 胶卷

3. 下列关于进出口货物报关的表述，正确的是（　　）。

　　A. 进出口货物报关是指进出口货物收发货人或其代理人向海关办理货物进出境手续及相关海关事务的过程

　　B. 进出口货物报关只能在进出境地海关办理

　　C. 进出口货物报关可以由进出口收发货人自行办理，也可以委托报关企业代为办理

　　D. 进出口货物报关应由依法取得报关员从业资格，并在海关注册登记的报关员办理

4. 下列关于进口税率适用的表述正确的是（　　）。

　　A. 按照普通税率征税的进口货物，不适用进口货物暂定税率

　　B. 对于无法确定原产国别的货物，按普通税率征税

　　C. 配额内税率只适用最惠国待遇的国家和地区

　　D. 适用最惠国税率、协定税率、特惠税率的进口货物，暂定税率确定以后，按暂定税率征税

5. 关于进出口税率的计算，下列表述正确的是（　　）。

　　A. 税款的起征点为人民币 50 元

　　B. 完税价格计算至元，元以下四舍五入

　　C. 税额计算至分，分以下四舍五入

　　D. 进出口货物的成交价格及有关费用以外币计价的，海关应当按照填发税款缴款书之日公布的汇率中间价折合成人民币

三、问答题

1. 什么是海关估价？其基本特点是什么？

2. 我国进口货物海关估价的方法有哪几种？

3. 按成交价格估价方法中的成交价格与国际贸易合同中的成交价格的区别是什么？

4. 如何估算出口货物的完税价格？

5. 如何正确选择适当的税率计算关税？

6. 完全原产标准与非完全原产标准的区别是什么？

7. 简述我国出口关税税额的计算方法。

8. 简述我国进口货物海关总税费的计算方法。

第四章　报关单证

报关单证是向海关申报进出口货物出入境的文件。对于海关，报关单证是其实施监管、征税、统计、稽查和调查等方面的行政管理职能的重要依据，对于报关单位和报关员，规范填制和提交报关单证是货物报关通关的必要条件。

第一节　报关单的分类

一、进出口货物报关单

进出口货物的报关单是指按照海关总署制定的《海关进出口货物报关单填制规范》规定的报关单格式，按商品流向分为《中华人民共和国海关进口货物报关单》（以下简称进口货物报关单）和《中华人民共和国海关出口货物报关单》（以下简称出口货物报关单）。进口货物报关单和出口货物报关单均采用一式多联的形式，分别在海关专业、进出口收汇核销等不同工作中使用。其中，进口货物报关单包括海关作业联、海关留存联、企业留存联、海关核销联、进口付汇证明联等一式五联。出口货物报关单一式六联，分别是：海关作业联、海关留存联、企业留存联、海关核销联、出口收汇证明联和出口退税证明联。

此外，还根据海关对来料加工、补偿贸易等特殊性质的进出口贸易的监管需要，划分出以下类别：

（1）进料加工专用进口货物报关单；

（2）进料加工专用出口货物报关单；

（3）来料加工和补偿贸易专用进口货物报关单；

（4）来料加工和补偿贸易专用出口货物报关单；

（5）外商投资企业专用进口货物报关单；

（6）外商投资企业专用出口货物报关单等不同用途的报关单。

二、其他进出境报关单

除了上述《海关进出口货物报关单填制规范》规定的报关单格式以外，海关管理中还涉及特定区域、特定货物和物品、特定运输方式下使用的进出境报关单（证）。其中，较为常见的包括以下各类：

（一）保税区货物备案清单

保税区货物备案清单分为《中华人民共和国海关保税区进境货物备案清单》和《中华人民共和国海关保税区出境货物备案清单》，前者适用于保税区从境外进口的货物的报关，包括加工贸易料件、转口货物和仓储货物；后者适用于从保税区运往境外的出口货物的出口报关。上述报关单由海关总署规定统一格式，由保税区企业或其代理人填制，并向保税区海关提交，是海关对出、入保税区货物进行审单、查验、放行、核销等管理工作的重要凭证。

（二）出口加工区货物备案清单

出口加工区货物备案清单分为《中华人民共和国海关出口加工区入境货物备案清单》和《中华人民共和国海关出口加工区出境货物备案清单》，适用于出口加工区实际进出境货物（简称"加工区进出境货物"）、出入出口加工区与国内其他地区之间的非实际进出境货物（简称"加工区进出区货物"）以及同一出口加工区内或不同出口加工区之间的企业结转（调拨）货物（简称"加工区结转（调拨）货物"）。其中，在办理"加工区进出区货物"的报关手续时，区外企业除填制《出口加工区备案清单》外，还应同时填制进口货物报关单或出口货物报关单，向出口加工区海关申报进出口。出口加工区货物备案清单由海关总署规定统一格式，由出口加工区企业或其代理人填制并提交给出口加工区海关，是海关对出入出口加工区货物进行审核、查验、放行、核销等海关管理工作的重要凭证。

（三）过境货物报关单

过境货物报关单是指过境货物经营人向海关递交的申请过境货物进境和出境的报关文件，是海关依法监管过境货物进境和复运出境的重要凭证。《中华人民共和国海关对过境货物监管办法》的规定，过境货物进境时，过境货物经营人应当填制《过境货物报关单》一式4份，随附运输单证、商业单证以及海关需要的其他单证，向进境地海关申报过境。海关审核无误后，将两份报关单制作关封，在关封和运单上分别加盖"海关监管货物"专用章，并将上述文件交给过境货物的经营人或代理人。后者应当负责将关封完整、及时地带交出境地海关，向出境地海关递交进境地海关签发的关封，申报出境。

（四）暂准进口单证册

暂准进口单证册是指世界海关组织通过的《货物暂准进口公约》及其附约A和《关于货物暂准进口的ATA单证册海关公约》中规定的用于替代各缔约方海关暂准进出口货物报关单和税费担保的国际统一通用的海关报关单证，简称《ATA单证册》。目前我国只加入了展览品暂准进口使用ATA单证册的有关国际公约，因此，我国目前使用的ATA单证册项下的暂准进口货物，限于我国加入的上述公约及附约中规定的展览会、交易会、会议或类似活动项下的货物。根据我国现行有效的法规，中国国际商会为我国ATA单证册的担保协会和出证协会，并负责向中国海关报送ATA单证册的中文电子文本。海关总署在北京海关设立ATA单证册核销中心，负责对ATA单证册的进出口凭证进行汇总、核销、统计及追索，并对全国海关ATA单证册的有关核销业务进行协调和管理。凡属ATA单证册项下的过境、转运、通运货物，必须持合法有效的ATA单证册才能向海关办理报关手续。报关时中国海关接受用中文或英文填写的ATA单证册的申报。对于用英文填写的ATA单证册，海关可要求提供中文译本。用其他文字填写的ATA单证册必须附有忠实原文的中文或英文译本。

（五）进出境快件报关单

进出境快件报关单适用于以快件运输方式运送进出境的货物、物品的报关。根据《中华人民共和国海关对进出境快件监管办法》的规定，进出境快件分为以下4类：

（1）A类：海关现行法规规定予以免税的无商业价值的文件、资料、单证、票据；

（2）B类：海关现行法规规定限值内予以免税的物品；

（3）C类：超过海关现行法规规定限值，但不超过人民币5000元的应税物品，但不包括国家法律、行政法规限制进出口的商品和国家实施配额管理的商品；

（4）D类：前3类以外的物品。

以上各类货物或物品分别适用以下格式的报关单：

（1）A 类快件：适用《KJ1 报关单》；

（2）B 类快件：适用《KJ2 报关单》；

（3）C 类快件：适用《KJ3 报关单》；

（4）D 类快件：适用一般进出口货物中使用的《进口货物报关单》或《出口货物报关单》快件运营人在向海关提交上述报关单时，还要随附总运单、分运单、发票或其他海关规定的单证。

三、报关单的填交方式

根据我国海关法规的规定，进出口货物报关单可以采用"纸质报关单"和"电子数据报关单"两种形式，二者具有同等的法律效力。如果申报人同时采用纸质报关单和电子数据报关单向海关申报，必须注意使两种形式的报关单在内容上保持一致。

第二节 报关单的内容与填制

在各类报关单中，进出口货物报关单最具有代表性。进出口货物收发货人或其代理人向海关申请办理货物通关手续时，应当按照海关总署公布的填制规范填报与货物有关的进出口货物报关单，并对所申报内容的真实性、准确性承担法律责任。

一、进出口货物报关单格式

进出口货物报关单由海关制定，格式如表4.1、表4.2所示：

表 4.1　　　　　　　　　　中华人民共和国进口货物报关单

预录入编号：　　　　　　　　　　　　　　　　　海关编号：

进口口岸		备案号	进口日期	申报日期
经营单位		运输方式	运输工具名称	提运单号
收货单位		贸易方式	征免性质	征税比例
许可证号		起运国（地区）	装货港	境内目的地
批准文号	成交方式	运费	保费	杂费
合同协议号	件数	包装种类	毛重（公斤）	净重（公斤）
集装箱号	随附单据	提单　发票　箱单　合同		用途
标记唛码及备注				
项号　商品编号　商品名称、规格型号　数量及单位　原产国（地区） 单价　总价　币值　征免				
税费征收情况				
录入员	录入单位	兹证明以上申报无讹并 承担法律责任	海关审单批注及放行日期（签章）	
			审单	审价
报关员				
单位地址		申报单位（签章）	征税	统计
邮编　　电话		填制日期	查验	放行

表 4.2　　　　　　　　　中华人民共和国海关出口货物报关单

预录入编号：　　　　　　　　　　　　　　　　海关编号：

出口海岸		备案号		出口日期		申报日期	
经营单位		运输方式	运输工具名称		提运单号		
发货单位		贸易性质	征免性质		结汇方式		
许可证号		运抵国（地区）	指运港		境内货源地		
批准文号	成交方式	运费	保费		杂费		
合同协议号	件数	包装种类	毛重（公斤）		净重（公斤）		
集装箱号	随附单据			生产厂家			

标记唛码及备注

项号	商品编号	商品名称、规格型号	数量及单位	最终目的国(地区)	单价	总价	币制	征免

税费征收情况

录入员　　　录入单位	兹声明以上申报无讹并承担法律责任	海关审单批注及放行日期(签章)	
报关员		审单	审价
	申报单位（签章）	征税	统计
单位地址		查验	旅行
邮编　　　电话　　　填制日期			

二、进出口货物报关单的内容与填制

根据海关总署制定并公布的《进出口货物报关单填制规范》，进出口货物报关单各栏目的内容和填制方法如下所述：

（一）预录入编号

指预录入单位预录入报关单的编号，用于申报单位与海关之间引用其申报后尚未接受申报的报关单。

预录入编号由接受申报的海关决定编号规则。报关单录入凭单的编号规则由申报单位自行决定。

（二）海关编号

指海关接受申报时给予报关单的编号，应标识在报关单的每一联上。

1. H883/EDI 通关系统

报关单海关编号为9位数码，其中第1位~第2位为接受申报海关的编号（《关区代码表》中相应海关代码的后2位），第3位为海关接受申报公历年份4位数字的最后1位，后6位为顺序编号。

进口报关单和出口报关单应分别编号，确保在同一公历年度内，能按进口和出口唯一地标识本关区的每一份报关单。

2. H2000 通关系统

报关单海关编号为18位数字，其中第1位~第4位为接受申报海关的编号（《关区代码表》中相应海关代码），第5位~第8位为海关接受申报的公历年份，第9位为进出口标志（"1"为进口，"0"为出口），后9位为顺序编号。

在海关 H883/EDI 通关系统向 H2000 通关系统过渡期间，后9位的编号规则同 H883/EDI 通关系统的要求。

（三）进口口岸/出口口岸

指货物实际进出我国关境口岸海关的名称。

本栏目应根据货物实际进出关境的口岸海关填报《关区代码表》中相应的口岸海关名称及代码。

进口转关运输货物应填报货物进境地海关名称及代码，出口转关运输货物应填报货物出境地海关名称及代码。按转关运输方式监管的跨关区深加工结转货物，出口报关单填报转出地海关名称及代码，进口报关单填报转入地海关名称及代码。

在不同出口加工区之间转让的货物，填报对方出口加工区海关名称及代码。

其他无实际进出境的货物，填报接受申报的海关名称及代码。

（四）备案号

指进出口企业在海关办理加工贸易合同备案或征、减、免税审批备案等手续时，海关给予《进料加工登记手册》、《来料加工及中小型补偿贸易登记手册》、《外商投资企业履行产品出口合同进口料件及加工出口成品登记手册》、电子账册及其分册（以下均简称《加工贸易手册》）、《进出口货物征免税证明》（以下简称《征免税证明》）或其他有关备案审批文件的编号。

一份报关单只允许填报一个备案号。备案号栏目为 12 位字符，其中第 1 位是标记代码。

无备案审批文件的报关单，本栏目免予填报。

具体填报要求如下：

（1）加工贸易合同项下货物填报《加工贸易手册》编号，除少量低价值辅料按规定不使用《加工贸易手册》外。

（2）涉及征、减、免税备案审批的报关单，填报《征免税证明》编号。

（3）出入出口加工区的保税货物，应填报标记代码为"H"的电子账册备案号；出入出口加工区的征免税货物、物品，应填报标记代码为"H"、第六位为"D"的电子账册备案号。

（4）使用异地直接报关分册和异地深加工结转出口分册在异地口岸报关的，本栏目应填报分册号；本地直接报关分册和本地深加工结转分册限制在本地报关，本栏目应填报总册号。

（5）加工贸易成品凭《征免税证明》转为享受减免税进口货物的，进口报关单填报《征免税证明》编号，出口报关单填报《加工贸易手册》编号。

（6）对减免税设备及加工贸易设备之间的结转，转入和转出企业分别填制进、出口报关单，在报关单"备案号"栏目分别填报《加工贸易手册》编号、《征免税证明》编号或免予填报。

（7）优惠贸易协定项下实行原产地证书联网管理的货物，应填报原产地证书代码"Y"和原产地证书编号；未实行原产地证书联网管理的货物，本栏目免予填报。

（五）合同协议号

本栏目应填报进（出）口货物合同（协议）的全部字头和号码。

（六）进口日期/出口日期

（1）进口日期。指运载所申报货物的运输工具申报进境的日期。本栏目填报的日期必须与相应的运输工具进境日期一致。

进口申报时无法确知相应的运输工具的实际进境日期时，本栏目免予填报。

（2）出口日期。指运载所申报货物的运输工具办结出境手续的日期。本栏目供海关打印报关单证明联用，在申报时免予填报。

无实际进出境的报关单填报办理申报手续的日期，以海关接受申报的日期为准。

（3）在 H883/EDI 通关系统中，本栏目为 6 位数，顺序为年、月、日各 2 位；在 H2000 通关系统中，本栏目为 8 位数字，顺序为年（4 位）、月（2 位）、日（2 位）。

（七）申报日期

指海关接受进出口货物的收、发货人或受其委托的报关企业申请的日期。

以电子数据报关单方式申报的，申报日期为海关计算机系统接受申报数据时记录的日期。以纸质报关单方式申报的，申报日期为海关接受纸质报关单并对报关单进行登记处理的日期。

在 H883/EDI 通关系统中，本栏目为 6 位数，顺序为年、月、日各 2 位；在 H2000 通关系统中，本栏目为 8 位数字，顺序为年（4 位）、月（2 位）、日（2 位）。

（八）经营单位

经营单位指对外签订并执行进出口贸易合同的中国境内企业、单位或个体工商户。

本栏目应填报经营单位名称及经营单位编码。

经营单位编码是经营单位在海关办理注册登记手续时，海关给予的注册登记 10 位编码。

特殊情况下确定经营单位原则如下：

（1）援助、赠送、捐赠的货物，填报直接接受货物的单位。

（2）进出口企业之间相互代理进出口的，填报代理方。

（3）外商投资企业委托进出口企业进口投资设备、物品的，填报外商投资企业，并在标记唛码及备注栏注明"委托某进出口企业进口"。

（4）有代理报关权的进出口企业在本企业进出口或代理其他企业进出口

时，填报本企业的经营单位编码；代理其他企业办理进出口报关手续时，填报委托方经营单位编码。

（九）收货单位/发货单位

（1）收货单位指已知的进口货物在境内的最终消费、使用单位，包括：①自行从境外进口货物的单位；②委托进出口企业进口货物的单位。

（2）发货单位指出口货物在境内的生产或销售单位，包括：①自行出口货物的单位；②委托进出口企业出口货物的单位。

（3）备有海关注册编号或加工生产企业编号的收、发货单位，本栏目必须填报其经营单位编码或加工生产企业编号；否则填报其中文名称。加工贸易报关单的收、发货单位应与《加工贸易手册》的"货主单位"一致；减免税货物报关单的收、发货单位应与《征免税证明》的"申请单位"一致。

（十）申报单位

申报单位指对申报内容的真实性直接向海关负责的企业或单位。自理报关的，应填报进（出）口货物的经营单位名称及编码；委托代理报关的，应填报经海关批准的报关企业名称及编码。

本栏目还包括报关单左下方用于填报申报单位有关情况的相关栏目，包括报关员、报关单位地址、邮政编码和电话号码等栏目。

（十一）运输方式

运输方式指载运货物进出关境所使用的运输工具的分类，包括实际运输方式和海关规定的特殊运输方式。

本栏目应根据实际运输方式按海关规定的《运输方式代码表》选择填报相应的运输方式。

特殊情况下运输方式的填报原则如下：

（1）非邮政方式进出口的快递货物，按实际运输方式填报。

（2）进出境旅客随身携带的货物，按旅客所乘运输工具填报。

（3）进口转关运输货物，按载运货物抵达进境地的运输工具填报；出口转关运输货物，按载运货物驶离出境地的运输工具填报。

（4）出口加工区与区外之间进出的货物，区内企业填报"9"，区外企业填报"Z"。

（5）其他无实际进出境的，根据实际情况选择填报《运输方式代码表》中运输方式"0"（非保税区运入保税区和保税区退区）、"1"（境内存入出口监管仓库和出口监管仓库退仓）、"7"（保税区运往非保税区）、"8"（保税仓库转内销）或"9"（其他运输）。

（6）同一出口加工区内或不同出口加工区的企业之间相互结转、调拨的货物、出口加工区与其他海关特殊监管区域之间、不同保税区之间、同一保税区内不同企业之间、保税区与出口加工区等海关特殊监管区域之间转移、调拨的货物，填报"9"（其他运输）。

（十二）运输工具名称

运输工具名称指载运货物进出境的运输工具的名称或运输工具编号。

本栏目填报内容应与运输部门向海关申报的载货清单所列相应内容一致。

一份报关单只允许填报一个运输工具名称。

具体填报要求如下：

1. 直接在进出境地办理报关手续的报关单具体填报要求

（1）H883/EDI 通关系统

①江海运输填报船名或船舶呼号（来往港澳小型船舶为监管簿编号）＋"/"＋航次号。

②汽车运输填报该跨境运输车辆的国内行驶车牌号＋"/"＋进出境日期〔8 位数字，顺序为年（4 位）、月（2 位）、日（2 位），下同〕。

③铁路运输填报车次（或车厢号）＋"/"＋进出境日期。

④航空运输填报航班号＋进出境日期＋"/"＋总运单号。

⑤邮政运输填报邮政包裹单号＋"/"＋进出境日期。

⑥其他运输填报具体运输方式名称，例如：管道、驮畜等。

（2）H2000 通关系统

①江海运输填报船舶编号（来往港澳小型船舶为监管簿编号）或者船舶英文名称。

②汽车运输填报该跨境运输车辆的国内行驶车牌号，深圳提前报关模式填报国内行驶车牌号＋"/"＋"提前报关"（4 个汉字）。

③铁路运输填报车厢编号或交接单号。

④航空运输填报航班号。

⑤邮政运输填报邮政包裹单号。

⑥其他运输填报具体运输方式名称，例如：管道、驮畜等。

⑦对于"清单放行，集中报关"的货物填报"集中报关"（4 个汉字）。

2. 转关运输货物报关单填报要求

进口：

（1）H883/EDI 通关系统

①江海运输。直转填报"@"+16 位转关申报单预录入号（或 13 位载货清单号）；中转填报进境英文船名（必须与提单、转关单填写完全一致）+"/"+"@"+进境船舶航次。

②铁路运输。直转填报"@"+16 位转关申报单预录入号；中转填报车厢编号+"/"+"@"+8 位进境日期。

③航空运输。直转填报"@"+16 位转关申报单预录入号；中转填报 8 位分运单号，无分运单的免予填报。

④公路及其他各类运输。填报"@"+16 位转关申报单预录入号（或 13 位载货清单号）。

⑤以上各种运输方式使用广东地区载货清单转关的提前报关填报"@"+13 位载货清单号；其他地区提前报关免予填报。

（2）H2000 通关系统

①江海运输。直转、提前报关填报"@"+16 位转关申报单预录入号（或 13 位载货清单号）；中转填报进境英文船名。

②铁路运输。直转、提前报关填报"@"+16 位转关申报单预录入号；中转填报车厢编号。

③航空运输。直转、提前报关填报"@"+16 位转关申报单预录入号（或 13 位载货清单号）；中转填报"@"。

④汽车及其他运输。填报"@"+16 位转关申报单预录入号（或 13 位载货清单号）。

⑤以上各种运输方式使用广东地区载货清单转关的提前报关货物填报"@"+13 位载货清单号；其他地区提前报关货物免予填报。

出口：

（1）H883/EDI 通关系统

①江海运输。出口非中转填报"@"+16 位转关申报单预录入号（或 13 位载货清单号）；中转，境内江海运输填报驳船船名+"/"+"驳船航次"；境内铁路运输填报车名〔4 位关别代码+"TRAIN"（英文单词）〕+"/"+6 位启运日期；境内公路运输填报车名〔4 位关别代码+"TRUCK"（英文单

词）〕＋"／"＋6位启运日期；境内公路运输填报车名〔4位关别代码＋
"TRUCK"（英文单词）〕＋"／"＋6位启运日期。

上述"驳船船名"、"驳船航次"、"车名"、"日期"均须事先在海关备案。

②铁路运输。填报"@"＋16位转关申报单预录入号；多张报关单需要
通过一张转关单转关的，填报"@"。

③其他运输方式。填报"@"＋16位转关申报单预录入号（或13位载货
清单号）。

上述规定以外无实际进出境的，本栏目为空。

（2）H2000通关系统

①江海运输。非中转填报"@"＋16位转关申报单预录入号（或13位载
货清单号）。如多张报关单需要通过一张转关单转关的，运输工具名称字段填
报"@"。中转，境内江海运输填报驳船船名；境内铁路运输填报车名〔主管
海关4位关别代码＋"TRAIN"（英文单词）〕；境内公路运输填报车名〔主管
海关4位关别代码＋"TRUCK"（英文单词）〕。

②铁路运输。填报"@"＋16位转关申报单预录入号（或13位载货清单
号），如多张报关单需要通过一张转关单转关的，填报"@"。

③航空运输。填报"@"＋16位转关申报单预录入号（或13位载货清单
号），如多张报关单需要通过一张转关单转关的，填报"@"。

④其他各类出境运输方式。填报"@"＋16位转关申报单预录入号（或
13位载货清单号）。

3. 无实际进出境货物报关单

（1）H883/EDI通关系统。加工贸易深加工结转及料件结转货物，加工贸
易成品凭《征免税证明》转为享受减免税进口的货物，保税区与区外之间进出
的货物、同一保税区内或不同保税区的企业之间转移（调拨）的货物、出口加
工区与区外之间进出的货物，同一出口加工区内或不同出口加工区的企业之间
相互结转、调拨的货物，应先办理进口报关，并在出口报关单本栏目填报转入
方关区代码（前两位）及进口报关单号，即"转入ＸＸ（关区代码）ＸＸＸ
ＸＸＸＸＸＸ（进口报关单/备案清单号）"。按转关运输货物办理结转手续的，
按转关运输有关规定填报。

（2）H2000通关系统，本栏目免予填报。

上述规定以外无实际进出境的，本栏目免予填报。

（十三）航次号

航次号指载运货物进出境的运输工具的航次编号。本栏目仅限 H2000 通关系统填报，使用 H883/EDI 通关系统的，本栏目内容与运输工具名称合并填报。具体填报要求如下：

1. 直接在进出境地办理报关手续的报关单

（1）江海运输。填报船舶的航次号。

（2）汽车运输。填报该跨境运输车辆的进出境日期〔8 位数字，顺序为年（4 位）、月（2 位）、日（2 位），下同〕。

（3）铁路运输。填报进出境日期。

（4）航空运输。免予填报。

（5）邮政运输。填报进出境日期。

（6）其他各类运输方式。免予填报。

2. 转关运输货物报关单

进口：

（1）江海运输。中转转关方式填报"@"＋进境干线船舶航次。直转、提前报关免予填报。

（2）公路运输。免予填报。

（3）铁路运输。"@"＋进出境日期。〔8 位数字，顺序为年（4 位）、月（2 位）、日（2 位）〕。

（4）航空运输。免予填报。

（5）其他各类运输方式。免予填报。

出口：

（1）江海运输。非中转货物免予填报。中转货物，境内江海运输填报驳船航次号；境内铁路、公路运输填报 6 位启运日期，顺序为年、月、日各 2 位。

（2）铁路拼车拼箱捆绑出口。免予填报。

（3）航空运输。免予填报；

（4）其他运输方式。免予填报。

3. 上述规定以外无实际进出境的，本栏目免予填报。

（十四）提运单号

提运单号指进出口货物提单或运单的编号。

本栏目填报的内容应与运输部门向海关申报的载货清单所列相应内容一致。一份报关单只允许填报一个提运单号，一票货物对应多个提运单时，应分

单填报。具体填报要求如下:

1. 直接在进出境地办理报关手续的报关单

（1）H883/EDI 通关系统

①江海运输。填报进口提单号。

②汽车运输。免予填报。

③铁路运输。填报运单号。

④航空运输。填报分运单号，无分运单的填报总运单号。

⑤邮政运输。免予填报。

⑥无实际进出境的，本栏目免予填报。

（2）H2000 通关系统

①江海运输。填报进出口提运单号。如有分提运单的，填报进出口提运单号 + "＊" + 分提运单号。

②汽车运输。免予填报。

③铁路运输。填报运单号。

④航空运输。填报总运单号 + "＿"（下划线）+ 分运单号，无分运单的填报总运单号。

⑤邮政运输填报邮运包裹单号。

⑥无实际进出境的，本栏目免予填报。

2. 转关运输货物报关单

进口:

（1）H883/EDI 通关系统

①江海运输。直转、中转填报提单号，提前报关免予填报。

②铁路运输。直转货物直转货物填报 11 位总运单号 + "／" + 8 位分运单号，无分运单号的填报 11 位总运单号，中转填报 "@" + 总运单号，提前报关免予填报。

③航空运输。直转货物填报 11 位总运单号 + "／" + 8 位分运单号，无分运单号的填报 11 位总运单号；中转填报 "@" + 总运单号，提前报关免予填报。

④其他运输方式，本栏目免予填报。

⑤以上各种运输方式进境货物，在广东省内用公路运输转关的，填报车牌号。

（2）H2000 通关系统

①江海运输。直转、中转填报提单号，提前报关免予填报。

②铁路运输。直转、中转填报铁路运单号，提前报关免予填报。

③航空运输。直转、中转货物填报总运单号 + "＿" + 分运单号、提前报关免予填报。

④其他运输方式，本栏目免予填报。

⑤以上各种运输方式进境货物，在广东省内用公路运输转关的，填报车牌号。

出口：

（1）H883/EDI 通关系统

①江海运输。中转货物填报提单号；非中转货物免予填报；广东省内提前报关的转关货物填报车牌号。

②其他运输方式。广东省内提前报关的转关货物填报车牌号；其他地区免予填报。

（2）H2000 通关系统

①江海运输。中转货物填报运单号；非中转免予填报；广东省内提前报关的转关货物填报车牌号。

②其他运输方式。广东省内提前报关的转关货物填报车牌号；其他地区免予填报。

（十五）贸易方式（监管方式）

本栏目应根据实际情况按海关规定的《贸易方式代码表》选择填报相应的贸易方式简称或代码。

出口加工区内企业填制的《出口加工区进（出）境货物备案清单》应选择填报适用于出口加工区货物的监管方式简称或代码。

一份报关单只允许填报一种贸易方式。

加工贸易报关单特殊情况填报要求如下：

（1）少量低值辅料（即 5000 美元以下，78 种以内的低值辅料）按规定不使用《加工贸易手册》的，辅料进口报关单填报"低值辅料"。使用《加工贸易手册》的，按《加工贸易手册》上的贸易方式填报。

（2）外商投资企业按内外销比例为加工内销产品而进口的料件或进口供加工内销产品的料件，进口报关单填报"一般贸易"。

外商投资企业为加工出口产品全部使用国内料件的出口合同，成品出口报关单填报"一般贸易"。

（3）加工贸易料件结转或深加工结转货物，按批准的贸易方式填报。

（4）加工贸易料件转内销货物（及按料件补办进口手续的转内销成品、残次品、半成品）应填制进口报关单，本栏目填报"（来料或进料）料件内销"；加工贸易成品凭《征免税证明》转为享受减免税进口货物的，应分别填制进、出口报关单，本栏目填报"（来料或进料）成品减免"。

（5）加工贸易出口成品因故退运进口及复出口、加工贸易进口料件因换料退运出口及复运进口的，填报与《加工贸易手册》备案相应的退换监管方式简称或代码。

（6）备料《加工贸易手册》中的料件结转入加工出口《加工贸易手册》的，填报相应的来料或进料加工贸易方式。

（7）保税工厂加工贸易进出口货物，根据《加工贸易手册》填报相应的来料或进料加工贸易方式。

（8）加工贸易边角料内销和副产品内销，进口报关单应填报"（来料或进料）边角料内销"。

（9）加工贸易料件或成品放弃，进口报关单应填报"（进料料件或成品）放弃"。

（十六）征免性质

征免性质指海关对进出口货物实施征、减、免税管理的性质类别。

本栏目应按照海关核发的《征免税证明》中批注的征免性质填报，或根据实际情况按海关规定的《征免性质代码表》选择填报相应的征免性质简称或代码。

加工贸易报关单本栏目应按照海关核发的《加工贸易手册》中批注的征免性质填报相应的征免性质简称或代码。特殊情况填报要求如下：

（1）保税工厂经营的加工贸易，根据《加工贸易手册》填报"进料加工"或"来料加工"。

（2）外商投资企业按内外销比例为加工内销产品而进口料件，填报"一般征税"或其他相应征免性质。

（3）加工贸易转内销货物，按实际应享受的征免性质填报（如一般征税、科教用品、其他法定等）。

（4）料件退运出口、成品退运进口货物填报"其他法定"（代码0299）。

（5）加工贸易结转货物本栏目为空。

一份报关单只允许填报一种征免性质。

（十七）征税比例/结汇方式

1. 征税比例

征税比例仅用于"非对口合同进料加工"（代码 0715）贸易方式下进口料件的进口报关单，填报海关规定的实际应征税比率，例如 5% 填报"5"，15% 填报"15"。

2. 结汇方式

出口报关单应填报结汇方式，即出口货物的发货人或其代理人收结外汇的方式。本栏目应按海关规定的《结汇方式代码表》选择填报相应的结汇方式名称或代码。

（十八）许可证号

应申领进（出）口许可证的货物，必须在此栏目填报商务部及其授权发证机关签发的进（出）口货物许可证的编号。

一份报关单只允许填报一个许可证号。

（十九）起运国（地区）/运抵国（地区）

起运国（地区）指进口货物直接运抵或者在运输中转国（地）未发生任何商业性交易的情况下运抵我国的起始发出国家（地区）。

运抵国（地区）指出口货物离开我国关境直接运抵或者在运输中转国（地）未发生任何商业性交易的情况下最后运抵的国家（地区）。

对发生运输中转的货物，如中转地未发生任何商业性交易，则起、抵地不变，如中转地发生商业性交易，则以中转地作为起运/运抵国（地区）填报。

本栏目应按海关规定的《国别（地区）代码表》选择填报相应的起运国（地区）或运抵国（地区）中文名称或代码。

无实际进出境的，本栏目填报"中国"（代码 0142）。

（二十）装货港/指运港

装货港指进口货物在运抵我国关境前的最后一个境外装运港。

指运港指出口货物运往境外的最终目的港；最终目的港不可预知的，可按尽可能预知的目的港填报。

本栏目应根据实际情况按海关规定的《港口航线代码表》选择填报相应的港口中文名称或代码。

无实际进出境的，本栏目填报"中国境内"（代码 0142）。

（二十一）境内目的地／境内货源地

境内目的地指已知的进口货物在国内的消费、使用地或最终运抵地。

境内货源地指出口货物在国内的产地或原始发货地。

本栏目应根据进口货物的收货单位、出口货物生产厂家或发货单位所属国内地区，并按海关规定的《国内地区代码表》选择填报相应的国内地区名称或代码。

（二十二）批准文号

出口报关单本栏目用于填报《出口收汇核销单》编号。

（二十三）成交方式

本栏目应根据实际成交价格条款按海关规定的《成交方式代码表》选择填报相应的成交方式代码。

无实际进出境的，进口填报 CIF 价，出口填报 FOB 价。

（二十四）运费

本栏目用于成交价格中不包含运费的进口货物或成交价格中含有运费的出口货物，应填报该份报关单所含全部货物的国际运输费用。可按运费单价、总价或运费率三种方式之一填报，同时注明运费标记，并按海关规定的《货币代码表》选择填报相应的币种代码。

运保费合并计算的，运保费填报在本栏目。

运费标记"1"表示运费率，"2"表示每吨货物的运费单价，"3"表示运费总价。

1. H883／EDI 通关系统

（1）运费率。直接填报运费率的数值，如5%的运费率填报为"5"。

（2）运费单价。填报运费币值代码＋"／"＋运费单价的数值＋"／"＋运费单价标记，如：24 美元的运费单价填报为"502／24／2"。

（3）运费总价。填报运费币值代码＋"／"＋运费总价的数值＋"／"＋运费总价标记，如：7000 美元的运费总价填报为"502／7000／3"。

2. H2000 通关系统

（1）运费标记填写在运费标记处。

（2）运费价格填写在运费价格处。

（3）运费币制填写在运费币制处。

（二十五）保费

本栏目用于成交价格中不包含保险费的进口货物或成交价格中含有保险费

的出口货物，应填报该份报关单所含全部货物国际运输的保险费用。可按保险费总价或保险费率两种方式之一填报，同时注明保险费标记，并按海关规定的《货币代码表》选择填报相应的币种代码。

运保费合并计算的，运保费填报在运费栏目中，本栏目免予填报。

保险费标记"1"表示保险费率，"3"表示保险费总价。

1. H883/EDI 通关系统

（1）保费率。直接填报保费率的数值，如：3‰的保险费率填报为"0.3"。

（2）保费总价。填报保费币值代码 + "/" + 保费总价的数值 + "/" + 保费总价标记，如：10000 港元保险费总价填报为"110/10000/3"。

2. H2000 通关系统

（1）保费标记填写在保费标记处。

（2）保费总价填写在保费总价处。

（3）保费币制填写在保费币制处。

（二十六）杂费

杂费指成交价格以外的、按照《中华人民共和国进出口关税条例》相关规定应计入完税价格或应从完税价格中扣除的费用，可按杂费总价或杂费率两种方式之一填报，同时注明杂费标记，并按海关规定的《货币代码表》选择填报相应的币种代码。

应计入完税价格的杂费填报为正值或正率，应从完税价格中扣除的杂费填报为负值或负率。

杂费标记"1"表示杂费率，"3"表示杂费总价。

1. H883/EDI 通关系统

（1）杂费率。直接填报杂费率的数值，如：应计入完税价格的 1.5% 的杂费率填报为"1.5"；应从完税价格中扣除的 1% 的回扣率填报为"-1"。

（2）杂费总价。填报杂费币值代码 + "/" + 杂费总价的数值 + "/" + 杂费总价标记，如：应计入完税价格的 500 英镑杂费总价填报为"303/500/3"。

2. H2000 通关系统

（1）杂费标记填写在杂费标记处。

（2）杂费总价填写在杂费总价处。

（3）杂费币制填写在杂费币制处。

（二十七）件数

本栏目应填报有外包装的进（出）口货物的实际件数。特殊情况填报要求如下：

（1）舱单件数为集装箱的，填报集装箱个数。

（2）舱单件数为托盘的，填报托盘数。

本栏目不得填报为零，裸装货物填报为"1"。

（二十八）包装种类

本栏目应根据进出口货物的实际外包装种类，按海关规定的《包装种类代码表》选择填报相应的包装种类代码。

（二十九）毛重（公斤）

毛重（公斤）指货物及其包装材料的重量之和。

本栏目填报进（出）口货物实际毛重，计量单位为公斤，不足1公斤的填报为"1"。

（三十）净重（公斤）

净重（公斤）指货物的毛重减去外包装材料后的重量，即商品本身的实际重量。

本栏目填报进（出）口货物的实际净重，计量单位为公斤，不足1公斤的填报为"1"。

（三十一）集装箱号

集装箱号是在每个集装箱箱体两侧标示的全球唯一的编号。

本栏目用于填报和打印集装箱编号及数量。集装箱数量四舍五入填报整数，非集装箱货物填报为"0"。

1. H883/EDI 通关系统

一个集装箱号 + "＊" +集装箱数 + "（折合标准集装箱数）"。

如：TEXU3605231 ＊ 1 （1），表示 1 个标准集装箱。TEXU3605231 ＊ 2 （3），表示 2 个集装箱，折合为 3 个标准集装箱，其中一个箱号为 TEXU3605231。

在多于一个集装箱的情况下，其余集装箱编号打印在备注栏或随附清单上。

2. H2000 通关系统

填报在集装箱表中，一个集装箱填一条记录，分别填报集装箱号、规格和自重。

（三十二）随附单据

随附单据指随进（出）口货物报关单一并向海关递交的单证或文件。合同、发票、装箱单、进出口许可证等必备的随附单证不在本栏目填报。

1. H883/EDI 通关系统

本栏目按海关规定的《监管证件名称代码表》选择填报相应证件的代码，证件编号填报在"标记唛码及备注"栏后半部分。

2. H2000 通关系统

本栏目分为随附单据代码和随附单据编号两项，其中代码栏应按海关规定的《监管证件名称代码表》选择填报相应证件的代码填报；编号栏应填报许可证件编号。

3. 优惠贸易协定项下进出口货物

"Y"为原产地证书代码。优惠贸易协定代码选择"01"、"02"、"03"或"04"。

（1）"01"为"曼谷协定及中巴优惠贸易安排"项下的进口货物；

（2）"02"为"中国与东盟全面经济合作框架协定项下'早期收获'方案"（简称"中国东盟早期收获"），包括"中泰蔬菜水果协定"项下的进口货物以及对原产于老挝、柬埔寨、缅甸的进口货物；

（3）"03"为"内地与香港紧密经贸关系安排"（香港 CEPA）项下的进口货物；

（4）"04"为"内地与澳门紧密经贸关系安排"（澳门 CEPA）项下的进口货物。

具体填报要求如下：

（1）实行原产地证书联网管理的，H2000 通关系统下，在本栏随附单证代码项下填写"Y"，在随附单证编号项下的"< >"内填写优惠贸易协定代码。例如香港 CEPA 项下进口商品，应填报为："Y"和"<03 >"；H883/EDI 系统下，此栏不填报原产地证书相关内容。

（2）未实行原产地证书联网管理的，H2000 通关系统下，在报关单"随附单据"栏随附单证代码项下填写"Y"，在随附单证编号项下"< >"内填写优惠贸易协定代码 + "："+ 需证商品序号。例如《曼谷协定》项下进口报关单中第 1 项到第 3 项和第 5 项为优惠贸易协定项下商品，应填报为："<01：1 - 3，5 >"；H883/EDI 通关系统下，此栏不填报原产地证书相关内容。

优惠贸易协定项下出口货物，本栏目填报原产地证书代码和编号。

（三十三）用途/生产厂家

进口货物填报用途，应根据进口货物的实际用途按海关规定的《用途代码表》选择填报相应的用途代码，如"以产顶进"填报"13"。

生产厂家指出口货物的境内生产企业。本栏目供必要时手工填写。

（三十四）标记唛码及备注

1. H883/EDI 通关系统

本栏目上部用于打印以下内容，具体填报如下：

（1）标记唛码中除图形以外的文字、数字。

（2）受外商投资企业委托代理其进口投资设备、物品的进出口企业名称。

（3）加工贸易结转货物及凭《征免税证明》转内销货物，其对应的备案号应填报在本栏目，即"转至（自）ＸＸＸＸＸＸＸＸＸＸＸＸ手册"。

（4）实行原产地证书联网管理的优惠贸易协定项下进口货物，填写"＜"＋"协"＋"优惠贸易协定代码"＋"＞"，例如香港 CEPA 项下进口报关单应填为："＜协 03 ＞"；未实行原产地证书联网管理的优惠贸易协定项下进口货物，填写"＜"＋"协"＋"优惠贸易协定代码"＋"："＋"需证商品序号"＋"＞"，例如《曼谷协定》项下进口报关单中第 1 项到第 3 项和第 5 项为优惠贸易协定项下商品，应填为："＜协 01：1 - 3，5 ＞"。

（5）其他申报时必须说明的事项。

本栏目下部供填报随附单据栏中监管证件的编号，具体填报如下：

（1）监管证件代码＋"："＋监管证件号码。一份报关单多个监管证件的，连续填写。

（2）一票货物多个集装箱的，在本栏目打印其余的集装箱号（最多 160 字节，其余集装箱号手工抄写）。

2. H2000 通关系统

（1）标记唛码中除图形以外的文字、数字。

（2）受外商投资企业委托代理其进口投资设备、物品的进出口企业名称。

（3）与本报关单有关联关系的，同时在业务管理规范方面又要求填报的备案号，如加工贸易结转货物及凭《征免税证明》转内销货物，其对应的备案号应填报在"关联备案"栏。

（4）与本报关单有关联关系的，同时在业务管理规范方面又要求填报的报关单号，应填报在"关联报关单"栏。

加工贸易结转类的报关单，应先办理进口报关，并将进口报关单号填入出口报关单的关联报关单号栏。

（三十五）项号

本栏目分两行填报及打印。

第一行打印报关单中的商品排列序号。

第二行专用于加工贸易等已备案的货物，填报和打印该项货物在《加工贸易手册》中的项号。

加工贸易合同项下进出口货物，必须填报与《加工贸易手册》一致的商品项号，所填报项号用于核销对应项号下的料件或成品数量。特殊情况填报要求如下：

（1）深加工结转货物，分别按照《加工贸易手册》中的进口料件项号和出口成品项号填报。

（2）料件结转货物（包括料件、成品和半成品折料），出口报关单按照转出《加工贸易手册》中进口料件的项号填报；进口报关单按照转进《加工贸易手册》中进口料件的项号填报。

（3）料件复出货物（包括料件、边角料、来料加工半成品折料），出口报关单按照《加工贸易手册》中进口料件的项号填报；料件退换货物（包括料件、不包括半成品），出口报关单按照《加工贸易手册》中进口料件的项号填报。

（4）成品退运货物，退运进境报关单和复运出境报关单按照《加工贸易手册》原出口成品的项号填报。

（5）加工贸易料件转内销货物（及按料件补办进口手续的转内销成品、半成品、残次品）应填制进口报关单，本栏目填报《加工贸易手册》进口料件的项号。加工贸易边角料、副产品内销，本栏目填报《加工贸易手册》中对应的料件项号。当边角料或副产品对应一个以上料件项号时，填报主要料件项号。

（6）加工贸易成品凭《征免税证明》转为享受减免税进口货物的，应先办理进口报关手续。进口报关单本栏目填报《征免税证明》中的项号，出口报关单本栏目填报《加工贸易手册》原出口成品项号，进、出口报关单货物数量应一致。

（7）加工贸易料件、成品放弃，本栏目应填报《加工贸易手册》中的项号。半成品放弃的应按单耗折回料件，以料件放弃申报，本栏目填报《加工贸易手册》中对应的料件项号。

（8）加工贸易副产品退运出口、结转出口或放弃，本栏目应填报《加工贸易手册》中新增的变更副产品的出口项号。

（9）经海关批准实行加工贸易联网监管的企业，对按海关联网监管要求企业需申报报关清单的，应在向海关申报货物进出口（包括形式进出口）报关单前，向海关申报"清单"。一份报关清单对应一份报关单，报关单商品由报关清单归并而得。加工贸易电子账册报关单中项号、品名、规格等栏目的填制规范比照《加工贸易手册》。

优惠贸易协定项下实行原产地证书联网管理的报关单分两行填写。第一行填写报关单中商品排列序号，第二行填写对应的原产地证书上的"商品项号"。

（三十六）商品编号

商品编号指按商品分类编码规则确定的进出口货物的编号。此栏目分为商品编号和附加编号两栏，其中商品编号栏应填报《中华人民共和国海关进出口税则》8 位税则号列，附加编号栏应填报商品编号附加的第 9、10 位附加编号。《加工贸易手册》中商品编号与实际商品编号不符的，应按实际商品编号填报。

（三十七）商品名称、规格型号

本栏目分两行填报及打印。第一行打印进出口货物规范的中文商品名称，第二行打印规格型号，必要时可加注原文。具体填报要求如下：

（1）商品名称及规格型号应据实填报，并与所提供的商业发票相符。

（2）商品名称应当规范，规格型号应当足够详细，以能满足海关归类、审价及许可证件管理要求为准。根据商品属性，本栏目填报内容包括：品名、牌名、规格、型号、成分、含量、等级、用途、功能等。

（3）加工贸易等已备案的货物，本栏目填报录入的内容必须与备案登记中同项号下货物的名称与规格型号一致。

（4）对需要海关签发《货物进口证明书》的车辆，商品名称栏应填报"车辆品牌＋排气量（注明 cc）＋车型（如越野车、小轿车等）"。进口汽车底盘可不填报排气量。车辆品牌应按照《进口机动车辆制造厂名称和车辆品牌中英文对照表》中"签注名称"一栏的要求填报。规格型号栏可填报"汽油型"等。

（5）同一收货人使用同一运输工具同时运抵的进口货物应同时申报，视为同一报验状态，据此确定其归类。成套设备、减免税货物如需分批进口，货物实际进口时，应按照实际报验状态确定归类。

（6）加工贸易边角料和副产品内销，边角料复出口，本栏目填报其报验状态的名称和规格型号。属边角料、副产品、残次品、受灾保税货物且按规定需加以说明的，应在本栏目中填注规定的字样。

（三十八）数量及单位

数量及单位指进出口商品的实际数量及计量单位。

本栏目分三行填报及打印。

具体填报要求如下：

（1）进出口货物必须按海关法定计量单位填报，法定第一计量单位及数量打印在本栏目第一行。

（2）凡海关列明第二计量单位的，必须报明该商品第二计量单位及数量，打印在本栏目第二行。无第二计量单位的，本栏目第二行为空。

（3）成交计量单位及数量应当填报并打印在第三行。

（4）法定计量单位为"公斤"的数量填报，特殊情况下填报要求如下：

①装入可重复使用的包装容器的货物，按货物的净重填报，如罐装同位素、罐装氧气及类似品等，应扣除其包装容器的重量；

②使用不可分割包装材料和包装容器的货物，按货物的净重填报（即包括内层直接包装的净重重量），如采用供零售包装的酒、罐头、化妆品及类似品等；

③按照商业惯例以公量重计价的商品，应按公量重填报，如未脱脂羊毛、羊毛条等；

④采用以毛重作为净重计价的货物，可按毛重填报，如粮食、饲料等价格较低的农副产品。

⑤成套设备、减免税货物如需分批进口，货物实际进口时，应按照实际报验状态确定数量。

⑥根据 HS 归类规则，零部件按整机归类的，法定第一数量填报"0.1"，有法定第二数量的，按照货物实际净重申报。

⑦具有完整品或制成品基本特征的不完整品、未制成品，按照 HS 归类规则应按完整品归类的，申报数量按照构成完整品的实际数量申报。

（5）加工贸易等已备案的货物，成交计量单位必须与《加工贸易手册》中同项号下货物的计量单位一致，加工贸易边角料和副产品内销、边角料复出口，本栏目填报其报验状态的计量单位。

（三十九）原产国（地区）/最终目的国（地区）

原产国（地区）指进口货物的生产、开采或加工制造国家（地区）。

最终目的国（地区）指已知的出口货物的最终实际消费、使用或进一步加工制造国家（地区）。

本栏目应按海关规定的《国别（地区）代码表》选择填报相应的国家（地区）名称或代码。

加工贸易报关单特殊情况填报要求如下：

（1）料件结转货物，出口报关单填报"中国"（代码0142），进口报关单填报原料件生产国。

（2）深加工结转货物，进出口报关单均填报"中国"（代码0142）。

（3）料件复运出境货物，填报实际最终目的国；加工出口成品因故退运境内的，填报"中国"（代码0142），复运出境时填报实际最终目的国。

（4）加工贸易转内销时，最终目的国（地区）需区分两种情况：

① 料件内销时，原产国（地区）按料件的生产国（即料件进口时的原产国）填报；

②加工成品转内销时，填报"中国"（代码0142）。

（5）料件内销货物，属加工成品、半成品、残次品、副产品状态内销的，进口报关单本栏目均填报"中国"（代码0142）。属剩余料件状态内销的，进口报关单填报原料件生产国。

（四十）单价

本栏目应填报同一项号下进出口货物实际成交的商品单位价格。

海关估价时，应在 H2000 通关系统"海关单价"栏修改。

无实际成交价格的，本栏目填报货值。

（四十一）总价

本栏目应填报同一项号下进出口货物实际成交的商品总价。

海关估价时，应在 H2000 通关系统"海关总价"栏修改。

无实际成交价格的，本栏目填报货值。

（四十二）币制

币制指进出口货物实际成交价格的币种。

本栏目应根据实际成交情况按海关规定的《货币代码表》选择填报相应的货币名称或代码，如《货币代码表》中无实际成交币种，需转换后填报。

（四十三）征免

征免指海关对进出口货物进行征税、减税、免税或特案处理的实际操作方式。

本栏目应按照海关核发的《征免税证明》或有关政策规定，对报关单所列每项商品选择填报海关规定的《征减免税方式代码表》中相应的征减免税方式。

加工贸易报关单应根据《加工贸易手册》中备案的征免规定填报。

《加工贸易手册》中备案的征免规定为"保金"或"保函"的，不能按备案的征免规定填报，而应填报"全免"。

（四十四）税费征收情况

本栏目供海关批注进（出）口货物税费征收及减免情况。

（四十五）录入员

本栏目用于记录预录入操作人员的姓名并打印。

（四十六）录入单位

本栏目用于记录并打印电子数据报关单的录入单位名称。

（四十七）填制日期

指报关单的填制日期。电子数据报关单的填制日期由计算机自动打印。

在 H883/EDI 通关系统中，本栏目为 6 位数，顺序为年、月、日各 2 位。

在 H2000 通关系统中，本栏目为 8 位数字，顺序为年（4 位）、月（2位）、日（2 位）。

（四十八）海关审单批注栏

本栏目指供海关内部作业时签注的总栏目，由海关关员手工填写在预录入报关单上。

其中"放行"栏填写海关对接受申报的进出口货物作出放行决定的日期。

本规范所述尖括号（＜＞）、逗号（，）、连接符（－）、冒号（：）等标点符号及数字都必须使用非中文状态下的半角字符。

以上栏目的填制中涉及的报关代码（又称海关业务参数）见本教材的附件。

三、报关单的填制要求

报关单位在填制报关单时应当满足以下要求：

1. 以真实的贸易背景为依据填写报关单

报关单是对货物进出口贸易的基本情况的描述和记载，因此，报关单位在填制报关单时应当注意三个"一致"，一是"单货一致"，即报关单对货物的描述要与进出口货物的真实情况一致；二是"单同一致"，即报关单的内容要与国际货物买卖合同的有关条款保持一致；三是"单单一致"，即报关单的内容要与合同项下进出口单据的内容保持一致。

2. 按标准规范填写

报关单各栏目的填写必须规范，即必须按照上述《进出口货物报关单填制规范》的规定和要求填写，在需要填写代码的栏目，必须正确填写规范代码。

3. 明确、完整、整洁

各栏目的内容必须明确、肯定，不可含糊其辞；所有应当由报关单位填报的栏目必须全部填写，不可有所遗漏；报关单的表面应当整洁，不得随意涂改或添加其他未要求的项目。

4. 正确使用代码

在进出口报关单的填制过程中，诸多栏目涉及代码的使用。各类代码由海关总署负责制定、调整和公布。了解并正确填写代码，避免漏填和错填，直接关系到报关单是否有效，进而关系到货物通关的时间和速度以及海关管理通关货物的效率，是填制报关单必须注意的重要问题。

四、报关单的修改

如果报关单位在向海关填交进出口货物报关单之后，发现填报的内容有误，应当及时向海关递交要求修改报关单的书面申请，经海关审核批准后，按海关规定的程序和方法办理更正手续。进行更正时必须注意，对某一栏目进行更改，不能影响其他栏目的正确性，否则，必须相应地调整有关栏目的内容。例如，如果更改的栏目是货物的数量或单价，更改时必须同时对其他有关项目，如货物的总价进行相应的更改。

此外，海关接受申报并放行后的出口货物，如果由于种种原因不能全部或部分地装上原申报的运输工具运输出境，出口货物发货人应向海关递交书面的更改申请，要求更改出口货物报关单。

第三节　附属报关单证

在办理进出口货物的报关手续时，除正确填写并提交报关单之外，往往还需要根据海关的要求提交一些附属报关单证，如进出口许可证、商业发票、运输单据，等等。

一、进出口许可证（Import & Export License）

进出口许可制度是世界上许多国家管理进出口贸易的手段，也是我国对外贸易管理制度的重要内容之一。纳入进出口许可证管理范畴的进出口货物，必须凭进出口许可证办理进出口，进出口货物的收、发货人在报关时应向海关交验进出口许可证，海关审核无误后，凭以放行货物。

进出口许可证作为国家批准经营者进出口某些商品的证明文件，限于规定的使用人在进出口规定的进出口货物时使用。在使用人方面，由于进出口许可证是国家批准特定企业、单位进出口货物的文件，因此，进出口许可证不得转让、伪造或买卖；在使用范围方面，进出口许可证是允许进出口特定货物的文件，其中包括品名、数量、规格、成交价格、贸易方式、贸易国别等内容。因此，进出口企业必须严格按照许可证规定的贸易方式进出口特定货物。

二、发票（Invoice）

1. 商业发票（Commercial Invoice）

商业发票是出口商对进口商开立的发货价目清单，是装运货物的总说明。发票全面反映了合同的内容，是进口商凭以收货、支付货款和作为进出口商记账、报关交税的依据。其作用是：

（1）用于核对货物是否符合合同条款的规定。发票是一笔交易的全面叙述，它详细列明了货物名称、数量、单价、总值、重量和规格等内容，它能使进口商识别所装的货物是否属于某笔订单，出口商是否按照合同的内容和要求装运货物等。进口商可以按照出口商提供的发票，逐点逐条与合同核对，了解出口商的履约情况。

（2）作为出口商和进口商本身记账的依据。发票是销售货物的凭证，进出口方均须根据发票的内容，逐笔登记入账。

（3）在出口地和进口地作为报关交税的计算依据。

（4）作为制作其他单据的依据。运输单据、保险单据、检验单据等出口单据上与商业发票内容相同的栏目，一般都是参照商业发票填制的。

（5）在不使用汇票的交易中，商业发票还可以用作资金单据，作为收取货款的凭证。

2. 海关发票（Customs Invoice）

海关发票是进口国海关提供的一种固定格式的发票，由出口商填制，供进口商凭以报关的一种特殊的发票。目前常用的海关发票有美国进口纺织品、鞋类和钢材的海关发票，分别为（Special Customs Invoice Form 5519 、Form 5523 和 Form 5520）；加拿大海关发票（Canada Customs Invoice）；新西兰海关发票（Certificate of Origin for Export to New Zealand，简称 Form 59A）；加勒比海共同市场海关发票（Caribbean Common Market Custom Invoice）；牙买加海关发票（Invoice & Declaration of Value required for Shipment to Jamaica，简称 C23）等。

进口国要求提供海关发票的目的首先在于为进口国海关提供进口统计的依据及对货物估价完税的依据；其次，海关发票上的原产地栏目反映进口商品的产地来源，便于进口国根据货物的不同产地，征收不同税率的关税，从而对进口商品实施差别税率政策；此外，海关发票还能反映商品在出口国市场的销售价格，是进口国确定进口货物是否有低价倾销的现象，是否对其征收反倾销税的依据。

3. 领事发票（Consular Invoice）

有些国家的法令规定，进口货物必须要领取进口国在出口国领事签证的发票，作为进口报关和征收进口货物关税的依据之一。有的领事发票是由进口国领事馆制定并提供的，出口人填写完毕之后，交与领事馆，由领事签章证实。有的国家不制定专门的领事发票，而是由领事直接在商业发票上签证。领事发票和商业发票是平行的单据。在实际工作中，比较多的情况是有些国家规定其领事在商业发票上认证，其目的是证实商品的产地，收取认证费。在计算出口价格时，应将这部分费用考虑进去。

4. 厂商发票（Manufacturer Invoice）

厂商发票是厂方出具给出口商的销售货物的凭证。该类发票的主要作用是作为进口国估价、课税及反倾销的依据。制作厂商发票时应注意，凡与商业发票有关内容相同的栏目，应与商业发票保持一致。

5. 形式发票（Proforma Invoice）

出口商有时应进口商的要求，发出一份列有出售货物的名称、规格、单价等项目的非正式参考性发票，供进口商向本国贸易当局申请进口许可证或批准给予外汇等之用，这种发票叫做形式发票。形式发票不是一种正式发票，它所列的单价等项目，也仅仅是出口商根据当时情况所作的估计，对双方都无最终的约束力，因此形式发票只是一种估价单，正式成交还要另外重新缮制商业发票。

6. 样品发票（Sample Invoice）

出口商为了说明推销商品的品质、规格、价格，在交易前发送实样，以便顾客挑选。此种样品发票不同于商业发票，只是便于顾客了解商品的价值、费用等，便于向市场推销，便于报关取样。对于样品的价款，有的是免费赠送的，有的是减半收款，有的是全收。不论何种情况，都应在发票上注明。至于是向客户直接收取，或要求汇款偿付，还是通过银行托收，根据不同商品、不同贸易情况而定。

7. 联合发票（Combined Invoice）

联合发票是一种对港澳地区出口时习惯使用的发票格式，通常包括商业发票、装箱单、重量单、产地证和保险单的内容，但商检证书不能包括在内。使用时需特别注意其使用范围，除货物的目的港是港澳或来证注明接受联合发票外，不能使用联合发票。

三、国际货物运输单据（International Transportation Documents）

运输单据是承运方收到承运货物的收据，又是承运方与托运方之间运输契约的证明。按照运输方式不同，主要可以分为海运提单（Marine/ocean B/L），航空运单（Airway Bill），铁路运单（Railway Bill）等多种类型。

（一）海运提单（Ocean Bill of Lading）

海运提单是指承运人在收到货物之后向托运人签发的表示已经收到有关货物，并承诺将它运输到指定目的地的单据。具有货物收据、运输合同的证明和可转让的物权凭证等性质。由于海上运输是国际贸易中运用最广的运输方式，海运提单因此也成为运用最广的运输单据。

（二）航空运单（Airway Bill）

航空运单是由承运的航空公司或其代理人签发的运输单据。它是货物收据，也是托运人与承运人之间的契约证明，但不具有物权凭证的性质。收货人不是凭航空运单提货，而是凭航空公司的提货通知单提货，因此，航空运单是不可转让的，在航运的收货人栏内必须详细填写收货人的全称和地址，而不得做成指示性抬头。航空运单的主要作用是：

（1）作为运输合同

航空运单一旦签发，即作为签署运输合同的一个书面证据。该运输合同必须由发货人或其代理人与承运人或其代理人签署后方能生效。如果代理人既是承运人的代理，又是发货人的代理，则需在货运单上签署两次。

（2）作为承运人承运货物的证明

当发货人将其货物托运后，承运人或其代理人即将航空运单的第一份正本交给发货人，作为承运人承运货物的证明。

（3）作为报关单证

第三份运单正本由航空公司随机带交收货人，收货人凭其核收货物，同时作为向海关报关的基本单证和海关验收的主要凭证。

（三）铁路运单（Railway Bill）

国际铁路联运是指由铁路部门负责办理两个或两个以上国家铁路全程运送的货物运输，具有稳定性强、风险小、运输速度较快、费用较低（和航空运输相比）的特点。在国际铁路联运过程中，由一国铁路部门向另一国铁路部门移交货物无需发货人、收货人参加，仅使用同一份统一的国际联运单据，即铁路运单。铁路运单具有运输合约和货物收据的性质，但不是物权凭证，因此，铁路运单一律记名，不得转让。货物到达目的地后凭记名收货人出示身份证明后交付。

四、国际货物运输保险单据（Insurance Documents）

保险公司在接受投保后签发保险证书，作为保险人与被保险人之间订立的保险合同。在被保险人受到保险凭证所列责任范围内的损失时，保险证书是被保险人向保险人索赔和保险人理赔的主要依据。在 CIF 和 CIP 等出口人办理国际货物运输保险的交货条件中，它也是卖方必须向买方提供的出口单据之一。

五、检验证书（Inspection Certificate）

商检机构对进出口商品实施检验或鉴定后，对受验货物的实际检验结果签发的证明文件称作检验证书。根据证明内容或检验方式的不同，检验证书分为若干种类，主要包括：

1. 品质检验证书（Inspection Certificate of Quality）

品质检验证书也称质量检验证书，是证明进出口商品的品质、规格、等级、成份、性能等是否符合有关规定的文件。主要内容包括抽样过程、检验依据、检验结果和评定意见等。对评定和合格的出口商品所签发的品质检验证书，是交接货物、银行结汇和办理通关手续的主要单证之一；对评定不合格的进口商品所签发的品质检验证书，是订货公司对外办理索赔的重要证件。有时成交合同或信用证要求商检机构签发规格证书，分析证书或成分证书，等等，实际上也属品质检验证书的范畴。

2. 兽医检验证书（Veterinary Inspection Certificate）

兽医检验证书是证明出口动物产品经过检疫合格的证书。证明的主要内容一般为产品所用的畜、食系来自安全非疫区，经过宰前、宰后检验，未发现检疫对象等。证书由主任兽医签发，是对外交货、银行结汇和进口国通关输入的重要证件。

3. 卫生检验证书（Sanitary Inspection Certificate）

卫生检验证书也称健康机构证书，是证明出口动物产品、食品等经过卫生检验或检疫合格的文件。证书上一般证明产品符合卫生要求，适合于人类食用或使用。肉类食品的卫生证书由主任兽医签发，其他食品由主任检验员签发。是对外交货、银行结汇和通关验放的有效证件。

4. 消毒检验证书（Inspection Certificate of Disinfection）

消毒检验证书是证明出口动物产品已经经过消毒处理的检验证书，由主任兽医签发，是对外交货、银行结汇、国外通关的凭证。

5. 熏蒸检验证书（Inspection Certificate of Fumigation）

熏蒸检验证书是证明出口粮谷、油籽、豆类、皮张等商品以及包装用木材与植物性填充物等已经经过熏蒸灭虫的证书。主要证明使用的药物、熏蒸的时间等情况，是交货、结汇、通关的凭证。如国外不需要单独出证，可将熏蒸内容列入品质证书中。

6. 重量或数量检验证书（Inspection Certificate of Weight or Quality）

重量或数量检验证书是证明进出口商品重量或数量的证件。证明的内容为货物经过何种计量方法而得出实际重量或数量，是对外贸易关系人交接货物、报关纳税、结算货款和运费、装卸费以及索赔的有效证件。

7. 包装检验证书（Inspection Certificate of Packing）

包装检验证书是证明进出口商品包装情况的证书。可按合同或信用证规定单独出证，或在品质检验证书、重量检验证书中同时证明包装的情况。

8. 衡量证书（Certificate of Measurement or Weight）

衡量证书是证明进出口商品重量、体积的证书。主要证明货物的体积吨位和重量吨位。是承运人计算运输费用和制定装货计划的依据，也是国外报关计税的依据。

9. 船舱检验证书（Inspection Certificate of Hold /Tank）

船舱检验证书是证明承运出口商品的船舱情况的证书。主要证明船舱清洁、密固、冷藏效能及其他技术条件符合保护承载商品的质量、数量与安全的要求，是承运人履行运输契约及对外贸易关系人进行货物交接和处理货损事故的依据。

10. 集装箱检验证书（Inspection Certificate on Container）

集装箱检验证书是证明承运出口商品的集装箱状况的证书。主要证明集装箱内清洁、无异味、无残留有害物质，集装箱箱体、箱门或冷藏效能、其他技术条件适宜装运出口商品等。是承运人履行运输契约及对外贸易关系人进行交接和处理货损事故的依据。

11. 残损检验证书（Inspection Certificate on Damage or Damage Cargo）

残损检验证书是证明进口商品残损情况的证书。主要证明进口商品发生渗、短、渍、毁等情况，估定损失程度，判断致损原因。作为向发货人或保险人等有关责任方索赔的有效证件。

12. 价值证明书（Certificate of Value）

价值证明书是证明出口商品价值的证书。主要证明发票所列商品的单价、总值等是否真实正确。是买卖双方交接结算和国外通关计税的凭证。

案例与习题

案例

四川某出口公司向泰国出口石油钻井液添加剂

2001 年 7 月 24 日，四川某出口公司同泰国某石油公司签订了一份石油钻井液添加剂出口合同。合同规定以陆海联运的方式从成都运往泰国曼谷。出口公司于 2001 年 9 月 18 日向成都海关报关。该批货物分为 9 个品种，总称石油钻井液添加剂，分装于 1869 个塑料袋加纸袋的双层袋和 18 个铁桶内，共计 1887 件包装物。这 1887 件货物又分装于 4 个 20 英尺的集装箱内。出口公司向海关提交的基本单证有商业发票和装箱单等单证，提交的特殊单证有贸易合同等单证。商业发票、装箱单、贸易合同如下：

1. 商业发票

四川省××出口公司

××××Export Corporation of Sichuan Province

No. ××, ×× Road. , Chengdu, Sichuan, P. R. China 6100×× 中国四川成都××路××号

Fax 传真:(028) ×××××××, ××××××× Tel 电话:86 - 28 - ×××××××

E - mail: ××××@ mail. sc. cninfo. net

发   票

INVOICE

发票号 Invoice No.: SCE01 - JW4F 合同号 S/C No.: SCE01 - JW4 日期 Date: September 14, 2001

致 To: ××××××××× Petroleum INC.

Address: ××××××××××××××, Bangkok 10110, Thailand

Tel: 0066 - 2 - ×××××××   Fax: 0066 - 2 - ×××××××

由 From Chengdu, Sichuan, China 至 To Bangkok, Thailand 运输工具 Per conveyance Train and vessel

装运日期 Shipping Dated September 20, 2001

Commodity Name: Petroleum Drilling Fluid Additives (石油钻井液添加剂)

Item	Material name	Specifications	Quantity (Ton)	Unit price (USD/Ton)	Amount
1	FA - 367	Drilling fluid viscostier	1. 00	X	X
2	XY - 27	Drilling fluid inhibitor	1. 00	X	X
3	FT - 1	Prevent collapse agent	13. 50	X	X
4	Ca - HPAN	Polymer water loss reducer	9. 00	X	X
5	PAC - L	Anti - salt water loss reducer	3. 70	X	X
6	SMP - a	Anti - high Temper Water loss reducer	13. 00	X	X
7	RH - 3	Drilling fluid lubricant	10. 98	X	X
8	RH - 4	Drilling Fluid Clean Agent	3. 60	X	X
9	CSW - 1	Clay Inhibitor	4. 00	X	X
Total in USD CIP Bangkok (INCOTERMS 2000)			X		59. 78

四川省××出口公司

××××Export Corporation of Sichuan Province

经理签字   Manager Sign:

2. 装箱单

四川省××出口公司
××××Export Corporation of Sichuan Province

No. ××, ×× Road. , Chengdu, Sichuan, P. R. China 6100×× 中国四川成都××路××号
Fax 传真: (028) ×××××××, ××××××× Tel 电话: 86 - 28 - ×××××××
E - mail: ××××@ mail. sc. cninfo. net

装　箱　单
PACKING LIST

共4页 第1页

日期 Date: September 14, 2001

发票号 Invoice No.: SCE01 - JW4F

致 To: ××××××× Petroleum INC.
Address: ××××××××××××××, Bangkok 10110, Thailand
Tel: 0066 - 2 - ×××××××　　　　Fax: 0066 - 2 - ×××××××

Commodity Name: Petroleum Drilling Fluid Additives（石油钻井液添加剂）

Item	Material name	Quantities (Ton)	Net Weight per Package (kg)	Number of Packages	Packings	Gross Weight
1	FA - 367	1	25	40	Poly and Paper Bags	1.01
2	XY - 27	1	25	40	Poly and Paper Bags	1.01
3	FT - 1	13.5	25	540	Poly and Paper Bags	13.635
4	Ca - HPAN	9	25	360	Poly and Paper Bags	9.09
5	PAC - L	3.7	25	148	Poly and Paper Bags	3.737
6	SMP - a	13	25	520	Poly and Paper Bags	13.13
7	RH - 3	10.98	180	61	Poly and Paper Bags	11.0898
8	RH - 4	3.6	200	18	Iron Drums	3.636
9	CSW - 1	4	25	160	Poly and Paper Bags	4.04
Total		59.78		1887		60.3778
Total Measurement (M^3)		90M^2				

Packed in poly and paper bags and iron drums.

四川省××出口公司

×××× Export Corporation of Sichuan Province

经理签字

Manager Sign:

四川省××出口公司
××××Export Corporation of Sichuan Province

No. ××, ×× Road., Chengdu, Sichuan, P. R. China 6100×× 中国四川成都××路××号
Fax 传真：(028) ×××××××, ×××××××　Tel 电话：86 – 28 – ×××××××
E – mail：××××@ mail. sc. cninfo. net

装　箱　单　　　　　　　　共 4 页 第 2 页
PACKING LIST

日期 Date：September 14, 2001　　　　发票号 Invoice No.：SCE01 – JW4F

致 To：×××××××× Petroleum INC.
Address：×××××××××××××, Bangkok 10110, Thailand
Tel：0066 – 2 – ×××××××　　　　　　Fax：0066 – 2 – ×××××××

Item	Material	Container and Net Weight						Total	
	1	2	3	4	Tonage	Package		
1	FA – 367	Tonage			0. 6	0. 4	1	
		package			24	16		40
2	XY – 27	Tonage			0. 325	0. 675	1	
		package			13	27		40
3	FT – 1	Tonage	8. 4			5. 1	13. 5	
		package	336			204		540
4	Ca – HPAN	Tonage		2. 25	2. 5	4. 25	9	
		package		90	100	170		360
5	PAC – L	Tonage		3. 7			3. 7	
		package		148				148
6	SMP – a	Tonage	1. 775		3. 65	7. 575	13	
		package	71		146	303		520
7	RH – 3	Tonage	3. 96	7. 02			10. 98	
		package	22	39				61
8	RH – 4	Tonage	3. 6				3. 6	
		package	18					18
9	CSW – 1	Tonage		4			4	
		package		160				160
Total		Tonage	17. 735	16. 97	7. 075	18	59. 78	
		package	447	437	283	720		1887

四川省××出口公司
×××× Export Corporation of Sichuan Province
经理签字
Manager Sign：

四川省××出口公司
×××× Export Corporation of Sichuan Province

No. ××, ×× Road. , Chengdu, Sichuan, P. R. China 6100×× 中国四川成都××路××号

Fax 传真: (028) ×××××××, ××××××× Tel 电话: 86 - 28 - ×××××××

E - mail: ××××@ mail. sc. cninfo. net

装 箱 单
PACKING LIST

共 4 页 第 3 页

日期 Date: September 14, 2001

发票号 Invoice No. : SCE01 - JW4F

致 To: ×××××××× Petroleum INC.

Address: ××××××××××××××, Bangkok 10110, Thailand

Tel: 0066 - 2 - ××××××× Fax: 0066 - 2 - ×××××××

Serial Number	Container Numbers
1	POCU050785 [1] 22G1
2	PONU078725 [2] 22G1
3	POCU065018 [4] 22G1
4	POCU029669 [8] 22G1

四川省××出口公司

×××× Export Corporation of Sichuan Province

经理签字

Manager Sign:

四川省××出口公司

×××× Export Corporation of Sichuan Province

No. ××, ×× Road., Chengdu, Sichuan, P. R. China 6100×× 中国四川成都××路××号
Fax 传真: (028) ×××××××, ××××××× Tel 电话: 86 - 28 - ×××××××
E - mail: ××××@ mail. sc. cninfo. net

装 箱 单   共4页 第4页
PACKING LIST

日期 Date: September 14, 2001   发票号 Invoice No. : SCE01 - JW4F

致 To: ×××××××× Petroleum INC.
Address: ×××××××××××××, Bangkok 10110, Thailand
Tel: 0066 - 2 - ×××××××   Fax: 0066 - 2 - ×××××××

品名中英文名	
Petroleum Drilling Fluid Additives	
石油钻井液添加剂	
规格中英文名	
Item	Material name
1	FA - 367	两性离子聚合物包披剂
2	XY - 27	两性离子聚合物释粘剂
3	FT - 1	磺化沥青钠盐
4	Ca - HPAN	水解聚丙烯腈钙盐
5	PAC - L	聚阴离子纤维素 - 低粘
6	SMP - a	磺化酚醛树脂
7	RH - 3	润滑剂
8	RH - 4	清洗剂
9	CSW - 1	小阳离子

四川省××出口公司
×××× Export Corporation of Sichuan Province
经理签字
Manager Sign:

3. 买卖合同

CONTRACT

Contract No. SCE01 - JW4

Chengdu Date: July 24th, 2001

The Sellers: × × × × Export Corporation of Sichuan Province
No. × ×, × × Road. , Chengdu, Sichuan, P. R. China 6100 × ×
Fax: (028) × × × × × × ×, × × × × × × ×   Tel: 86 - 28 - × × × × × × ×
E - mail: × × × ×@ mail. sc. cninfo. net

The Buyers: × × × × × × × × Petroleum INC.
Address: × × × × × × × × × × × × × × ×, Bangkok 10110, Thailand
Tel: 0066 - 2 - × × × × × × ×   Fax: 0066 - 2 - × × × × × × ×
E - mail: × × × ×@ × × × ×. th. com

The contract is made by and between the buyers and the sellers, whereby the buyers agree to buy and the sellers agree to sell the under - mentioned commodities according to the terms and conditions stipulated below:

1. Commodity: Petroleum Drilling Fluid Additives

2. Quantity, Unit Price, Total Amount:

Item	Material name	Specifications	Quantity (Ton)	Unit price (USD/Ton)	Amount
1	FA - 367	Drilling fluid viscostier	1.0	X	X
2	XY - 27	Drilling fluid inhibitor	1.0	X	X
3	FT - 1	Prevent collapse agent	13.5	X	X
4	Ca - HPAN	Polymer water loss reducer	9.0	X	X
5	PAC - L	Anti - salt water loss reducer	3.7	X	X
6	SMP - a	Anti - high Temper Water loss reducer	13.0	X	X
7	RH - 3	Drilling fluid lubricant	10.8	X	X
8	RH - 4	Drilling Fluid Clean Agent	3.6	X	X
9	CSW - 1	Clay Inhibitor	4.0	X	X
Total in USD CIP Bangkok (INCOTERMS 2000)			59.6		X

3. Country of Origin and Manufacturers: China

4. Time of Shipment: Latest before September 20, 2001.

5. Port of Shipment: Chengdu, Sichuan, China

6. Port of Destination: Bangkok, Thailand

7. Insurance: To be effected by the Sellers, covering overland and marine transportation all risks.

8. Packing: Suitable for long distance transportation.

9. Shipping Marks:

10. Terms of Payment:

Payment by T/T: Payment to be effected by the buyers not later than 15 days after the goods arrives Thailand.

11. Documents:

The sellers shall present the following documents to the buyers:

(1). Full set of clean multimodal transportation bills of lading marked "FREIGHT PREPAID" and blank endorsed.

(2). Insurance policy or certificate, covering all risks including TPND, breakage and leakage irrespective of percentage.

(3). Invoice in quintuplicate, indicating contract numbers and shipping marks.

(4). Packing list in duplicate with indication of both gross and net weights, measurements and quantity of each item packed.

12. Arbitration:

All disputes in connection of the contract or the execution thereof shall be settled through friendly negotiations. In case no settlement can be reached through negotiation, the case should then be submitted for arbitration to the Foreign Trade Arbitration Commission of the China Council for the Promotion of International Trade, Beijing, in accordance with the "Provisional Rules of Procedure of the Foreign Trade Arbitration Commission of the China Council for the Promotion of International Trade".
The arbitration shall take place in Beijing and the decision rendered by the commission shall be final and binding upon both parties; neither party shall seek recourse to a law court or other authorities for revising the decision. The arbitration fee shall be borne by the losing part.

13. Remarks:

This contract is made out in two original copies, one copy to be held by each party in witness thereof.

The buyers:

× × × × × × × × Petroleum INC.

The sellers:

× × × × Export Corporation of Sichuan Province

习题

一、单项选择题

1. 某外贸公司以一般贸易方式从境外订购一批进口货物，在如实申报、接受查验、缴纳进口税费后由海关放行，该公司应凭下列哪种单据到海关监管仓库提取货物（　　）。

    A. 由海关签发的"进（出）口货物证明书"

    B. 由海关加盖了"放行章"的货运单据

    C. 由海关签发的"税款缴纳证"

    D. 由海关签发的进口收汇核销专用报关单

2. 进口许可证原则上实行"一批一证"制度，对不实行一批一证的商品，发证机关在签发进口许可证时必须在备注栏中注明："非一批一证"字样，该证在有效期内可使用（　　）。

    A. 12 次

    B. 8 次

    C. 6 次

    D. 无次数限制

3. 进口许可证如有特殊情况需要跨年度使用时，其有效期最长不得超过次年的（　　）。

    A. 1 月 31 日

    B. 2 月底

    C. 3 月 31 日

    D. 4 月 30 日

4. 某企业经营单位编码"312254xxxx"表示其所在市内经济区划是（　　）。

    A. 保税区

    B. 物流园区

    C. 出口加工区

    D. 经济技术开发区

5. 关于报关单的修改和撤销，以下表述正确的是（　　）。

    A. 海关发现进出口货物报关单需要进行修改或者撤销的，海关可以直接进行修改或撤销

B. 海关发现进出口货物报关单需要进行修改或者撤销的，收发货人或其代理人应当提交进出口货物报关单修改/撤销申请表

C. 收发货人或其代理人要求修改或者撤销报关单的，应当提交进出口货物报关单修改/撤销确认书

D. 因修改或者撤销进出口货物报关单导致需要变更、补办进出口许可证件的，进出口货物收发货人或者其代理人应当向海关提交相应进出口许可证件

二、多项选择题

1. 按海关监管方式分类，报关单的类别有（　　）。

A. 进料加工进（出）口货物报关单

B. 服务贸易进（出）口报关单

C. 来料加工及补偿贸易进（出）口货物报关单

D. 一般贸易及其他贸易进（出）口货物报关单

2. 纸质进口货物报关单一式五联，包括（　　）。

A. 付汇证明联

B. 收汇证明联

C. 企业留存联

D. 海关作业联

3. 下列哪些项目属于结汇方式代码表中的内容（　　）。

A. 信用证

B. 信汇

C. 现金

D. 赊销

4. 下列报关单证中为国家有关法律、法规规定进出境管理的特殊单证包括（　　）。

A. 进出口商检证

B. 进出口许可证

C. 海关签发的减免税证明

D. 货物的原产地证书

5. 下列关于进出口货物报关单填制要求的表述，正确的是（　　）。

A. 同一批货物中贸易方式不同的商品，应分单填报

B. 同一批货物中商品编码不同的商品，应分项填报

C. 同一种商品成交计量单位与海关法定计量单位不一致的，应分行填报

D. 同一批货物中征免性质不同的商品，应分单填报

三、问答题

1. 我国进出口货物报关单各联的作用是什么？

2. 除一般进出口货物报关单外，我国还有哪些类型的报关单？

3. 填制进出口货物报关单时，应当注意哪些问题？

4. 简述进出口许可证概念与分类。

5. 简述发票的概念与分类。

6. 简述运输单据和保险单据的概念与分类。

7. 简述商检证书的概念与分类。

第五章　一般进出口货物的报关与通关

第一节　一般进出口货物概述

一、一般进出口货物的概念

在报关业务中，海关对不同货物有着不同的监管要求，办理手续上也有不同的方法，因而产生了不同的海关监管方式，主要有一般进出口货物监管方式、保税货物监管方式、暂准进出口货物监管方式、特定减免税货物监管方式等。这一章仅对一般进出口货物的报关与通关进行介绍。

（一）一般进出口货物定义

一般进出口货物是指在进出境环节缴纳了相应的进出口税费，并办结所有必要的海关手续，海关放行后不再进行监管的货物。

一般进出口货物和一般贸易进出口货物，是基于不同划分角度的两个概念。一般进出口货物是指基于海关监管方式划分的，是相对于保税货物、暂准进出口货物、特定减免税货物而言的一种制度。而一般贸易进出口货物是基于国际贸易方式划分的，也就是说是国际贸易方式中一般贸易下的进出口货物，区别于补偿贸易、进料加工、来料加工、寄售、拍卖等方式下的进出口货物。一般进出口货物可以是一般贸易方式进口，也可以以其他贸易方式进口。一般贸易进出口货物可以是一般进出口货物，按"一般进出口"监管方式报关；也可以经海关批准保税，按"保税"监管方式报关；也可以申报减免税优惠，按"特定减免税"监管方式报关。

（二）一般进出口货物范围

一般进出口货物具体包括以下适用范围：

（1）一般贸易方式进出口货物（不包括享受特定减免税和准予保税进口的货物）。

（2）易货贸易、补偿贸易、寄售代销贸易方式进出口货物（准予保税进口的寄售代销货物除外）。

（3）承包工程项目实际进出口货物。

（4）边境小额贸易进出口货物。

（5）外国旅游者小批量订货出口的商品。

（6）外国驻华机构进口陈列用的样品。

（7）随展览品进境的非卖品。

（8）租赁进出口货物。

（9）进口货样广告品（不包括暂时进出口的货样广告品）。

（10）免费提供的进口货物。具体包括：外商在经济贸易活动中赠送的进口货物；外商在经济贸易活动中免费提供的试车材料、消耗性物品；外国在境外的企业、机构向国内赠送的进口货物。

由于一般贸易方式进出口货物占我国进出口货物比重较大，因此也就成为一般进出口货物监管方式的主要监管对象。本章将基于一般贸易方式对一般进出口货物的报关通关监管方式进行介绍，其他类别货物的报关通关监管方式将在以后章节进行阐释。

二、我国一般贸易的发展状况

我国的对外贸易方式分为一般贸易、加工贸易和其他贸易。一般贸易是指我国境内有进出口经营权的企业单边进出口货物的交易形式，是我国进口一国利用自己的原材料生产的商品或者出口利用自己的原料和技术生产的产品；加工贸易则主要包括进料加工、来料加工、来件组装和协作生产四种形式，是指国内企业从境外保税进口全部或部分原辅材料、零部件、元器件、配套件、包装物料等，经加工或装配后，将成品或半成品复出口的交易形式；其他贸易包括易货贸易和保税仓库进出境货物等，在对外贸易中所占比重很小。

通常来讲，一个国家总是更多地鼓励一般贸易出口，这是由一般贸易的特点所决定的。首先，一般贸易能够带动整个生产链的发展。一般贸易采用国内原辅材料生产出口产品，能带动该产品上游各个生产环节的发展，增加劳动就业，拉动经济增长。其次，一般贸易增值率高。相对于加工贸易企业而言，一般贸易不仅获得了加工费，还能实现产品增值。最后，一般贸易创汇多。一般贸易采用国内原辅材料，不占用外汇，出口直接实现创汇，有利于国家外汇储备。一般贸易出口体现了一个国家和地区的基础产业水平、科技发展水平、劳动生产率水平和国际竞争力，可以利用国外市场消费拉动经济发展，直接经济效益高，因此扩大一般贸易出口对我国对外贸易发展有着相当重要的作用。

在 20 世纪 80 年代，我国对外贸易主要以一般贸易为主，加工贸易所占比重较低，到了 90 年代初，由于外商投资企业对外贸易的迅速扩大，以来料加工和进料加工为主的加工贸易得到很大发展，一般贸易和加工贸易所占比重相当。1995 年加工贸易更是首次超过一般贸易，此后加工贸易便一直占据了我国主要贸易方式的位置。尽管如此，一般贸易在我国进出口贸易中仍然占据十分重要的地位，贸易规模逐年上升，2007 年达到 96 723 000 万美元（详见表5.1），基于一般贸易的进出口报关业务十分频繁。

表 5.1　　　　　　　　　一般贸易所占对外贸易总额比例

年份	对外贸易总额 单位：万美元	一般贸易总额 单位：万美元	一般贸易比重 百分比（％）
1992	16 552 539	7 729 254	46.70
1993	19 570 299	8 925 983	45.61
1994	23 661 996	10 090 073	42.64
1995	28 086 311	12 197 401	43.43
1996	28 988 031	10 218 679	35.25
1997	32 516 202	11 704 310	36.00
1998	32 404 588	11 787 437	36.38
1999	36 062 998	14 617 697	40.53
2000	47 429 628	20 526 072	43.28
2001	50 965 109	22 533 660	44.21
2002	62 076 607	26 529 783	42.74
2003	85 098 757	36 965 711	43.44
2004	115 479 000	49 189 000	42.60
2005	142 212 000	59 481 000	41.83
2006	176 069 000	74 950 000	42.57
2007	217 384 000	96 723 000	44.49

（资料来源：《中国对外经济统计年鉴》，1993—2008 年）

第二节 一般进出口货物的报关通关程序

一、一般进出口货物的报关通关程序概述

一般进出口货物的报关通关是指进出口货物的收发货人或者其代理人向海关办理进出境手续的过程。进出口货物的发货人或其代理人必须在海关规定的期限内，采用纸质报关单和电子数据报关单相结合的形式向海关申告其进出口货物的情况，并随附有关货运与商业单据，申请海关查验放行。

（一）一般出口货物的报关通关程序

一般出口货物的报关通关程序可以大体分为四个流程：申报—查验—缴税—放行。具体步骤如下：

（1）申报前准备工作。当进口人接到运输或邮递公司寄交的"提货通知单"，出口人备齐货物后，就应立即向海关办理报关手续，或者委托专业或代理报关企业办理报关手续。需准备的报关单证包括基本单证、特殊单证和预备单证。报关员根据原始单据信息手工填制报关单预录入凭单。

（2）检验检疫。对于需要检验检疫的货物，要提前向口岸检验检疫机构报检。

（3）报关单预录入。报关员按要求录入填制好的报关单预录入凭单，并认真核对，复核是否与原始单据一致，核对无误后通过网络将电子数据发送到海关通关管理处审单中心。

（4）电子审单。海关收到报关单电子数据后，利用计算机系统对电子报关数据进行资格认证和自动审核，并及时向报关员通报审核结果。

（5）接收回执。申报后，报关员可通过海关信息查询系统查"回执"，根据海关审单结果，或现场交单，或者退回修改，继续申报。

（6）现场交单。申报人到海关接单窗口递交书面单证，办理单证审核手续。

（7）海关接单。海关检验申报人员报关资格，并通过计算机系统确认报关单电子数据已经通过电子审单后，接单办理审核手续。

（8）单证审核。海关接收纸质报关单并进行"单单相符""单机相符"审核。

（9）缴纳税费。海关接单人员核定税额，发出通知，报关员领取专用票据缴纳税费。

（10）现场查验。报关员持《查验通知单》、报关单备用联等单据，到现场海关查验受理部门办理查验计划，接受海关现场实物查验。

（11）单证放行。现场接单员对电子报关数据、书面单证及批注情况进行复核，如情况正常，直接办理单证放行手续。

（12）实物放行。运输工具到港后，报关员持提货单及报关单备用联到口岸放行部门，根据提示办理放行手续。

（13）签发报关单证明联。报关员到业务现场申请报关单证明联，进口业务继以办理付汇核销，出口业务继以办理出口退税、外汇核销等。

一般出口货物的报关通关流程如图5.1所示。

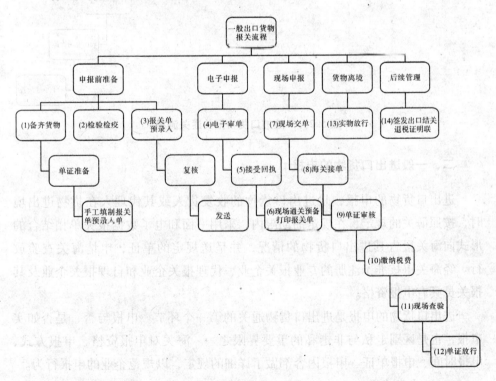

图5.1 一般出口货物报关通关流程

（二）一般进口货物的报关通关流程

进口货物报关程序和出口货物报关程序稍有不同，具体流程如图5.2所示：

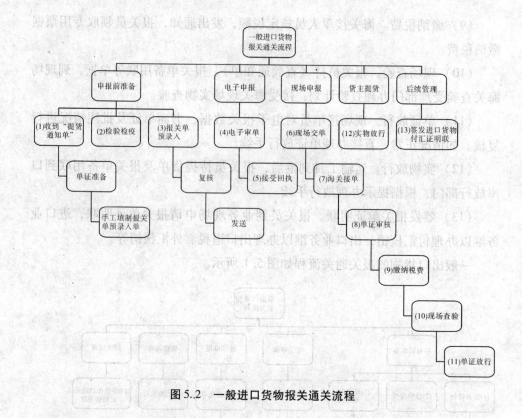

图 5..2　一般进口货物报关通关流程

二、一般进出口货物的申报

　　进出口货物的申报，是进出口货物的收发货人或其代理人在货物进出境时，按照海关的规定，在规定的期限内，采用书面和电子数据报关单相结合的形式向海关报告其进出口货物的情况，并呈送规定的单证，申请海关查验放行。经海关审核准予注册的专业报关企业、代理报关企业和自理报关企业及其报关员具有申报资格。

　　进出口货物的申报是进出口货物通关的第一个环节。申报与否、是否如实申报，也是区别走私与非走私的重要界限之一。海关对申报资格、申报方式、申报时间、申报单证、申报内容都做了详细的规定，以规范企业的申报行为。

　　（一）申报方式

　　我国海关目前采用电子数据报关单申报和纸质报关单申报相结合的形式，电子数据报关单和纸质报关单均具有法律效力。

　　通常情况下，进出口货物的收发货人、受委托的报关企业应当以电子数据报关单形式向海关申报，与随附单证一并递交的纸质报关单的内容应当与电子数据报关单一致；特殊情况下经海关同意，允许先采用纸质报关单形式申报，电子数据事后补报，补报的电子数据应当与纸质报关单内容一致。在向未使用海关信息化管理系统作业的海关申报时，可以采用纸质报关单申报形式。在实行无纸通关项目的海关，当事人也可以单独以电子数据报关单形式向海关申报。

（二）申报地点、期限

1. 申报地点

进口货物收货人或其代理人应当在货物的进境地海关进行申报；出口货物发货人或其代理人在货物的出境地海关进行申报。经进出口人申请，海关审核同意，进口人可以在设有海关的指运地，出口人可在设有海关的启运地，办理申报手续，也就是转关运输货物。

2. 申报期限

（1）进口货物的报关期限。进口货物的收货人、受委托的报关企业应自运输工具申报进境之日起 14 日内向海关申报。申报期限的最后一天是法定节假日或者休息日的，顺延至法定节假日或休息日后的第一个工作日。进口货物的收货人或其代理人超过 14 天期限未向海关申报的，海关征收滞报金。进口货物自装载货物的运输工具进境之日起超过 3 个月仍未向海关申报的，货物将由海关按照《海关法》的规定提取变卖处理。对属于不宜长期保存的货物，海关可以根据情况提前处理。变卖后所得的价款在扣除运输、装卸、储存等费用后尚有余款，自货物变卖之日起 1 年内，经收货人申请，可予以发还；其中属于国家限制管制货物的，还应当提交许可证件，不能提供的，不予发还；逾期无人申请或按规定不予发还的则上缴国库。确属误卸或溢卸的进境货物收发货人自该运输工具卸货之日起 3 个月内，可向海关办理退运或进口手续；必要时，经海关批准，可以延期 3 个月。逾期未办理相关手续的，由海关按上述规定处理。

（2）出口货物的报关期限。出口货物的发货人除海关特准外，应当在货物运抵海关监管区后装货的 24 小时之前向海关申报。在规定期限之前没有向海关申报的，海关可以拒绝接收通关申请。为避免影响装运，若违反合同，发货人或其代理人应及早向海关办理申报手续。

3. 滞报金

滞报金的征收对象是进口货物的收货人。进口货物是申报期限为 14 天，若超过 14 天仍未向海关申报，则由海关征收滞报金。滞报金的日征收金额为进口货物到岸价格的 0.5‰,起征点为人民币 10 元,不足 10 元的免征。进境货物滞报金的起征日期为运输工具申报进境之日起第 15 日;邮运的货物滞报金的起征日期为收件人收到邮局通知之日起第 15 日。转关运输货物的滞报金起征日期有两个:一是运输工具申报进境之日起第 15 日;二是货物运抵指运地之日起第 15 日。两个条件中只要具备一个,即征收滞报金,如果两个条件均具备则要征收两次滞报金。如果进口货物的收货人或其代理人对海关滞报金的决定不服,可以向作出决定的海关提出异议,但必须先交纳滞报金。

(三)申报单证

报关员进行申报时,必须向海关提供齐全、有效、合法的单证。申报单证可以分为主要单证和随附单证。

主要单证就是报关单,由报关员按照海关规定格式填制。

随附单证包括基本单证、特殊单证、预备单证三类。基本单证指与进出口货物直接相关的商业单证和货运单证,主要包括发票、装箱单、提(装)货凭证(或运单、包裹单)、出口收汇核销单、进出口货物征免税证明。特殊单证指国家有关法律法规实行特殊管理的证件,主要包括进出口许可证、配额许可管理证和其他各类特殊管理证件。预备单证指海关认为必要时查阅或收取备案的证件,主要包括贸易合同、进出口企业工商执照等有关证明文件。

1. 进口货物的报关单证

(1)由报关员自行填写或由自动化报关预录员录入后打印的进口货物报关单。进出口货物的收、发货人或其代理人向报关员提供所需单证,报关员审核后据此填制报关单。

(2)货运单据,例如提货单或装货单(海运)、空运单(空运)、包裹单(邮运)、领货凭证(陆运)等。

(3)商业发票两份(须报关单位盖章)。

(4)货物装箱单一份(散装货物或单一品种,且包装内容一致的件装货物可免交)。

(5)减税、免税或免检的证明。

(6)国家商检机构签发的证件。属于列入国家"实施检验进、出口商品种类表"的商品需要提交商检证书或在《进口货物报关单》上加商检印章。

(7)进口货物许可证。如果申报物品属于列入许可证管理范围,应交验对外经济贸易管理部门签发的进口货物许可证或其他批准文件。

(8)列入动植物检疫、药物检疫、文物鉴定、食品卫生检验或其他受管制的进口货物还应交验规定级别有关主管部门签发的证件。

（9）海关认为必要时还需交验贸易合同、货物原产地证明书、委托单位的工商执照证书、账册等资料。

2. 出口货物的报关单证

出口货物报关时所需提供的单证与进口货物报关单证要求大致相同，具体单证要求如下：

（1）由报关员自行填写或由自动化报关预录人员录入打印的报关单一式多份，其所需份数根据各部门需要而定，出口退税时加填一份黄色出口退税专用报关单。

（2）货物发票、装箱清单、贸易合同等。

（3）商检证书或免检证明。

（4）出口货物许可证。出口货物属于国家限制出口或配额出口的应提供许可证或其他证明文件。

（5）出口收汇核销单。创汇企业在出口货物报关时，应交验外汇管理部门加盖"监督收汇"章的出口收汇核销单，并将核销编号填在每张出口报关单的右上角处。

（6）对方要求的原产地证明和海关认为必要的其他文件。

（四）申报程序

一般进出口货物申报程序可以分为：申报准备、填制报关单、报关单预录入、海关接单、单证审核五个程序。

1. 申报准备

进口货物的收货人或代理人接到运输公司或邮递公司寄交的"提货通知单"，即表示欲进口的货物已达进口口岸（包括港口、机场、车站或邮局等），收货人应立即准备向海关办理报关手续，或委托专业或代理报关企业向海关申请办理报关手续。出口货物的发货人根据合同规定备齐出口货物后，即应向运输公司办理租船订舱手续，准备向海关办理报关手续或委托专业或代理报关企业办理报关手续。没有报关资格的进出口货主在货物进出口之前，应就近委托专业或代理报关企业办理报关手续，并出具报关委托书。委托书应载明委托人和被委托人双方的企业名称、海关注册登记编码、地址、法定代理人姓名及代理事项、期限、权限、双方责任等内容，并加盖双方单位公章。

此外，在向海关办理报关手续之前，应准备好报关必备的单证（一般进出口货物进出口报关所需单证见第四章）。

2. 填制报关单

进出口货物报关单是向海关报告进出口货物情况，申请海关审查、放行货物的法律文书，是海关依法监管货物进出口的重要凭证。报关单的填写质量直接关系到报关效率、企业的经济效益和海关的工作效率。

报关单有纸质报关单和电子数据报关单两种。报关单的填制必须真实、准确、齐全、清楚，做到"单证相符"、"单货相符"。电子数据报关单必须与原始报关单完全一致，严防录错。

除由于计算机技术等方面的原因导致电子数据错误，或由于装运配载等原因造成原申报货物部分或全部退关之外，报关单位不得随意修改或撤销申报内容。向海关申报的进出口货物报关单，若事后由于各种原因，填写的内容与实际进出口货物有出入，必须立即向海关办理更正手续，填写报关单更正单。对于海关接受申报并放行后的出口货物，由于运输工具配载等原因，全部或部分未能装载上原申报工具的，出口货物发货人应向海关递交《出口货物报关单更改申请》。

3. 报关单预录入

在实行计算机报关的口岸，专业报关单位、代理报关单位和自理报关单位或者保管员应当负责将报关单上的数据录入电子计算机，并将数据、内容传送到海关报关自动化系统后，海关方予接受申报。报关预录入工作要满足两个条件：①报关单位和报关数据录入服务单位须经海关批准方可负责电子计算机数据录入工作；②数据录入单位对录入电子计算机的报关单据的完整性和准确性承担责任。

4. 海关接单

海关现场接收申报单证之前，首先要对报关企业和报关员进行资格认证。通过计算机自动审核程序，所有的报关数据按先后步骤接受各业务职能部门预先设定的相关审单参数数据的审核和筛选，通过审核的数据，计算机自动接受申报，并记录接受申报时间，此项处理构成报关员向海关申报及海关接受申报的法律行为。海关接受申报后及时向报关员通报审核结果，报关员自接到海关"现场交单"或"放行交单"通知之日起10日内，持打印的纸质报关单，备齐规定的随附单证并签名盖章，到海关现场交单，办理单证审核手续。

5. 单证审核

海关人员接受报关员递交的纸质单证后，检查判断进出口货物是否符合《海关法》和国家其他有关法律法规。海关审核主要进行以下几方面的工作：

（1）纸质单证审查：审查报关单及其随附单证是否齐全、有效、真实；

（2）单单相符审查：审查随附单证内容与报关单填制内容是否相符；

（3）单机相符审查：审核纸质报关单内容与电子报关单数据是否相符；

（4）税费符合：按商品归类、价格及原产地等计税要素核定完税价格是否相符；

（5）纠正错误：属于单证不齐或者有误的，要求其补充修改，怀疑有走私行为的，进行人工查验布控；

（6）选择查验：根据通关风险预警提示，采取随机查验布控；

（7）纸质单证批注、签章：对报关单等相关文件进行批注、签章，按规定退还报关人员或由海关存档；

（8）保管单证流转：纸质报关单应通过内部渠道在海关各作业环节流转，确有必要由海关代为传递时，应制作关封以确保单证安全。

海关审核无误的，关员在纸质报关单上签章；对申报价格、商品归类等项目需进行复核的进行批注；对报关单证不齐或有差错的且无走私违规嫌疑的，退回给报关员请其补齐所缺单证或重新提供正确单证。

三、一般进出口货物的查验

海关查验，指海关接受申报后，对进出口货物进行实际核查，以确定货物的性质、原产地、数量、规格等是否与报送单证所列一致。

海关通过查验，核实有无伪报、瞒报和申报不实等走私违法行为，为征税、统计和后续管理提供可靠的监管依据。此外，通过查验货物才能保证关税的依率计征，确定税则分类是否恰当，避免国家或进口厂商蒙受损失。

查验前，进出口收发货人或其代理人，应持"查验通知单"、报关单备用联、站场收据、海运提单、发票、装箱单复印件等到现场海关查验受理部门办理查验计划，做好查验准备。查验时，进口货物的收货人、出口货物的发货人或其代理人应当到场，并按海关的要求负责办理货物的搬移、拆装箱和货物的包装等工作；如实回答海关检查员的询问，提供海关查验货物所需的资料；协助海关提取需要作进一步检验、化验或鉴定的货样，收取海关出具的"取样清单"。查验结束后，要认真阅读查验员填写的"海关进出境货物查验记录单"，注意检查开箱具体情况、货物残损情况以及造成的原因、提取货样情况、查验结论等内容的记录是否符合实际，并当场签字。

（一）查验范围和方法

一般进出口货物包括除海关总署特准免检的之外，都应接受海关查验。

海关查验主要采用彻底查验、抽查、外形查验、机验四种方法进行。彻底查验，即对货物逐件开箱、开包查验，对货物品种、规格、数量、重量、原产地、货物状况等逐一与申报的数据进行核对。抽查是按一定比例，对货物有选择的开箱、开包查验。外形查验，即对货物的包装、唛头等进行查验，主要用于大型机械设备、大宗原料等不易搬运、移动，但堆放整齐、比较直观的货物以及包装简单，通过外形查验就可以完成查验要求的货物。机验是使用 H986X 光机集装箱检查设备对集装箱进行不开箱查验，对于机验不能确定货物性质、数量，需要通过现场卸货查验的，要与其他检验方法配合使用。

海关认为必要时，可以依法对已经完成查验的货物进行第二次查验，即复验。复验时，进出口货物的收发货人也应到场。海关也可在货物收发货人不在场的情况下，依法行使"径行查验"的权利，自行开拆货物进行查验。但此时，海关应当通知货物存放场所的管理人员或其他见证人到场，并由其在海关的查验记录上签字。

（二）查验地点

海关查验一般在海关监管区内的进出口口岸码头、车站、机场、邮局或海关的其他监管场所内进行。对于某些特殊性质的货物，例如散装货物（原油、原木、矿砂等）、大宗货物（化肥、水泥、钢材等）、危险品和鲜活商品等，为了加速验放，也可在船边进行现场查验。对于成套设备、精密仪器、贵重物资、急需急用物资和"门对门"运输的集装箱货物等，在海关规定地区进行查验。对于有困难的，经进出口货物收发货人的申请，海关可以派员到监管区以外的地方查验货物，海关按规定收取规费。

（三）查验的时间和期限

查验时间由海关决定，并将查验决定以书面通知的形式告知进出口货物的收发货人或其代理人，约定查验时间。查验时间一般约定在海关正常工作时间内，但在一些进出口业务繁忙的口岸，海关也可能应进出口货物收发货人的请求，在海关正常工作时间以外安排查验作业。对进出口鲜活商品、危险品、易腐或易变质货物，及其他因特殊事由需要紧急验放的货物、物品，经当事人的申请，海关可以优先安排查验。

海关查验部门自查验受理起，到实施查验结束、反馈查验结果，最多不得超过 48 小时，出口货物应于查验完毕后半个工作日内予以放行。查验过程中，发现有涉嫌走私、违规等情况的，不受此时限限制。

（三）货物损坏赔偿

1. 赔偿的形式与范围

为保护申报人的合法权益，海关查验进出境货物时，损坏了被查验的货物，应当赔偿实际损失。赔偿的方式通常有金钱赔偿、恢复原状、返还原物以及消除影响、恢复名誉和赔礼道歉等。海关的赔偿范围包括由于海关官员责任造成被查验货物、物品损坏的直接经济损失，其金额由被损坏的货物、物品及其部件受损程度或修理费用决定。

2. 赔偿手续

海关官员在查验货物、物品时损坏被查验货物、物品的，应如实填写《中华人民共和国海关查验货物、物品损坏报告书》一式两份，由查验官员和当事人双方签字，一份交当事人，一份留海关存查。海关依法进行开验、复验或者提取货样时，应当会同有关货物、物品保管人员共同进行。如造成货物、物品损坏，查验人员应当请在场的保管人员作为见证人在报告书上签字，并及时通知当事人。

实施查验的海关应当自损坏被查验的货物、物品之日起两个月内确定赔偿金额，并填制《海关损坏货物、物品赔偿通知单》送达当事人。当事人自收到通知单之日起三个月内凭通知单向海关领取赔款，或将银行账号通知海关划拨。逾期无正当理由不向海关领取赔款、不将银行账号通知海关划拨的，不再赔偿。当事人对赔偿有异议的，可以在收到通知单之日起 60 日内向作出赔偿决定的海关的上一级海关申请行政复议，对复议决定不服的，可以在收到复议决定之日起 15 日内向人民法院提起诉讼；也可以自收到通知单之日起三个月内直接向人民法院提起诉讼。

3. 不予赔偿的情形

根据《中华人民共和国海关行政赔偿办法》的相关规定，有下列情形之一，海关不承担赔偿责任：

（1）属于海关工作人员与行使职权无关的个人行为；因公民、法人和其他组织自己的行为致使损害发生；因不可抗力造成损害后果；法律规定的其他情形。

（2）由于当事人或其委托人的搬移、开拆、重封包装或保管不善造成的损失。

（3）易腐、易失效货物、物品在海关正常工作程序所需要时间内（含代保管期间）所发生的变质或失效，当事人事先未向海关声明或者海关已经采取了适当的措施仍然不能避免。

（4）海关正常检查产生的不可避免的磨损和其他损失。

（5）在海关查验之前所发生的损坏和海关查验之后所发生的损坏。

（6）海关为化验、取证等的目的而提取的货样。

四、一般进出口货物的征税和放行

（一）海关征税

进出口货物由海关依法征收关税。除海关特准之外，进出口货物收发货人缴清税款或者提供担保后，海关才予签印放行。

海关审核报关单及随附单证后，对需查验的货物进行查验，核对计算机系统计算的税费，对于应征税的货物，应打印出税单；对于免税的货物，按照规定缴纳监管手续费的应打印出监管手续费缴款单；对于滞期报关的货物，应打印滞报金缴款单。报关员在规定时间内，可持缴款单到银行缴纳税款，银行收款并在缴款单上签章，报关员可凭盖章的缴款单到海关的核销窗口核销税费单；在试行电子口岸网上缴税和付费的海关，可在网上向指定银行进行电子支付，收到银行缴款成功的信息后，即可报请海关办理货物放行手续。

（二）海关放行

放行是海关对进出境货物监管的最后一个环节，是指海关接受进出境货物申报后，经审单、查验、征税或担保程序，在有关单据上签章放行，结束海关进出境现场监管，允许进出口货物离开海关监管现场的行为。对于一般进出口货物，意味着海关监管过程的结束，货物进入自由流通状态，即结关。

1. 放行条件

在海关实际操作中，放行必须以结束审单、现场查验并缴纳税款或办理担保为前提，对于违反进出境管理的法律法规，单证不齐或未办理纳税手续且又未提供担保的，包装不良以及海关总署指示不准放行的进出口货物，海关均不予以放行。海关放行的基本形式有三种：征税放行、担保放行和信任放行。

（1）征税放行

征税放行是指海关放行前，对于应税货物，由海关收取有关关税和代征税，然后才能签印放行。

（2）担保放行

担保放行是指进出口货物税款或某些报关证件不能及时备齐，而以向海关交纳保证金或提交保证函的方式，申请海关予以放行，并保证在一定期限内履行其承诺的义务的法律行为。具有履行海关事务担保能力的法人、其他组织或公民，可以成为担保人，法律规定不得为担保人的除外。

按照规定，下列情况下海关可以接受担保申请：暂时进出口货物；国家限制进出口的货物，已经领取了进出口许可证但因故不能及时提供的；进出口货物不能在报关时交验有关单证，如发票、合同、装箱单等，而货物已运抵口岸，亟待提取或发运，要求海关先行放行货物后补交有关单证的；正在向海关申请办理减免税手续而货物已运抵口岸亟待提取或发运，要求海关延缓进出口纳税手续的；经海关同意，将海关未放行的货物暂时存放在海关监管区之外场所的；因特殊情况经海关总署批准的。

下列情况，海关不接受担保申请：国家限制进出口的货物而未领到进出口货物许可证的；进出口金银、濒危动植物、文物、中西药品、食品、体育及狩猎用枪支和民用爆破器材、无线电器材、保密机要等受国家有关规定管理的进出口货物，不能向海关交验有关主管部门批准文件或证明的。

一般情况下，担保期不得超过 20 天，否则，由海关对有关货物进行处理。特殊情况的，在担保期限内申请延长担保期限的，由海关审核确定适当予以展期。

（3）信任放行

信任放行是海关根据进出口企业的通关信誉、经营情况、管理水平等因素，对其进行评估分类，对被海关授予"信得过企业"称号的各类企业予以通关便利，采取集中报关、预先报关、信任放行等优惠措施，使这些企业的进出口货物在口岸进出口时径直放行，事后在一定时期内，通过分批或集中定期纳税来完备海关手续。

这种放行制度是建立在海关与企业、报关人员相互信任的前提下的。信任放行措施对于信用较好的企业，海关将给予更多的通关方便，提高通关速度；对有过不遵守国家法规记录的企业，则重点加以控制。

2. 放行手续

（1）签印放行

海关在进出口货物提货凭证或出口货物装货凭证上签盖海关放行章，进口货物收货人或其代理人凭其到海关监管仓库提取货物，出口货物发货人凭其将出口货物运到运输工具上离境。在试行"无纸通关"申报方式的海关，海关作出放行决定后，通过计算机通知报关员，当事人可从计算机上自行打印海关的放行通知，凭其提取货物或将出口货物运到运输工具上离境。

（2）申请签发报关单证明联

进出口货物收发货人或其代理人在办理完提取进出口货物的手续后，如需要海关签发有关的进出口证明，可向海关提出申请。常见证明主要有以下几种：

①进出口货物证明。证明书是证明货物经海关监管合法实际进口或出口的文件，海关签发证明书主要是为了方便进出口货物的所有人办理有关业务。进口货物证明书适用于进口汽车、摩托车等进口货物，进口收货人凭以向国家交管部门办理汽车、摩托车等的牌照申领手续。海关向报关员签发此证明后，还会将该证明的内容通过计算机系统发给海关总署，再传输给国家交通管理部门。

②出口退税证明。即出口退税证明联。申请出口产品退税的企业，在向海关办理出口报关手续时，除应按规定填制报关单外，还应填制一份"出口退税报关单"出口退税证明联。海关经审核，对符合条件的，予以签发并在证明联上签名，在报关单上加盖海关验讫章和已向税务机关备案的海关审核出口退税负责人的签章，并加贴防伪标签后，交给报关员，同时通过电子口岸执法系统向国家税务机构发送证明联电子数据。对申报出口的高税率产品，海关将报关单制作关封退还给报关单位送交退税地税务机关。

③进口付汇证明。适用于需要到银行或外汇管理部门办理进口付汇核销的进口货物。报关员应向海关申请签发"进口货物报关单"付汇证明联，海关审核后，在进口货物报关单上签名，加盖海关验讫章，并在报关单的右上角加贴防伪标签，交给报关员，同时通过电子口岸执法系统向银行和国家外汇管理部门发送报关单进口付汇证明联电子数据。

④出口收汇证明。适用于需要到银行或外汇管理部门办理出口收汇核销的出口货物。报关员应向海关申请签发"出口货物报关单"收汇证明联，海关审核后，在出口货物报关单上签名，加盖海关验讫章，并在报关单的右上角加贴防伪标签，交给报关员，同时通过电子口岸执法系统向银行和国家外汇管理部门发送报关单出口收汇证明联电子数据。

⑤出口收汇核销单。适用于需要办理出口收汇核销的货物。报关员应当在申报时向海关提供由国家外汇管理部门核发的"出口收汇核销单"。海关放行货物后，海关官员在出口收汇核销单上签字，加盖海关单证章。出口货物发货人凭"出口货物报关单"收汇证明联和"出口收汇核销单"办理出口收汇核

销手续。

3. 出口货物的退关

出口货物退关是指已申报出口的货物，在海关办理放行后，因故未能装运出口的，出口申报人应向海关申请办理退关手续，退运出海关监管区而不再出口。

申请退关的出口货物发货人或其代理人应在得知出口货物未装上运输工具，并决定不再出口之日起3天内向海关申报退关，经海关核准后方能将货物运出海关监管区。已缴纳出口税的退关货物，可以在缴纳税款之日起1年内，提出书面申请，向海关申请退税。海关已放行的出口货物，由于运输工具装配问题，全部或部分货物未能装载上原申报的运输工具，出口发货人应向海关递交"出口货物报关单更改申请"。其中，对全部未出口的，海关审批后，按退关处理，重新办理出口海关手续；对部分未出口的，海关对原申报出口的货物作全部退关处理，然后再对实际出口的货物办理重新报关手续。

案例与习题

案例

四川某发电有限责任公司一般贸易进口浓相气力除灰系统报关

2007年9月7日，四川某发电有限责任公司委托四川省某进口公司同英国某物料输送有限公司签订一份进口合同，进口浓相气力除灰系统一套。海陆联运从英国利物浦港经上海到成都。进口公司协助发电公司于9月12日在四川省机电产品进口审查办公室申请并领取了机电产品自动进口许可证。进口公司按照合同规定，于10月15日向中国银行四川省分行申请开立不可撤销的以英国该物料输送有限公司为受益人的信用证一份，银行于当日开出信用证。卖方按照信用证的规定，于2008年2月15日利物浦港发货，2月20日向英格兰银行提交单据。

中国银行四川省分行收到单据后，于2月25日向进口公司提示，进口公司审单之后，认为可以接受，遂于27日赎单。取得集装箱海陆联运提单、商业发票、装箱单、质量检验证明、商业汇票、受益人证明书等单据。由于提单为利物浦到成都的全程提单，报关可按中转转关办理。货物于4月4日到达成都，进口公司于 4 月 8 日持相关单证向成都海关报关。提交的单据有报关单、全程联运提单、商业发票、装箱单、贸易合同、自动进口许可证等。海关定于 4 月 9 日通知收货人，定于 4 月 10 日上午 11 点人工查验货物，要求收货人按时到达成都东站货物所在地。

货物查验过程中，由于进口公司报关员所聘搬运工搬移包装箱不慎，致使一个配件摔坏，海关不负赔偿的责任。损失由进口公司和搬运工协商解决。海关查验货物后认为，收货人向海关申报的内容与进口货物的真实情况相符，商品的归类正确，价格真实，不存在伪报、瞒报、申报不实的情况。遂于 11 日开具关税税款缴款书和增值税税款缴款书。14 日上午，进口公司财务人员持两张税款缴款书和转账支票，到中国银行办理了转账支付手续。14 日下午，进口公司报关员持银行盖章的税款缴款书的一联，向海关申请放行货物。海关人员查验税款缴款书后，在提单上加盖海关放行章并交还报关员。报关员和进口公司其他人员凭此到仓库提货。转关手续由国内铁路货物运输公司批量向上海海关办理。

习题

一、单项选择题

1. 以下有关一般进出口货物报关地点的表述错误的是（　　）。
   A. 进口货物应当由收货人或其代理人在货物的进境地海关申报
   B. 出口货物的发货人或其代理人可以在设有海关的货物起运地申报，无需海关同意
   C. 出口货物应当由发货人或其代理人在货物的出境地海关申报
   D. 以保税货物、特定减免税货物和暂准进境货物申报进境的货物，因故改变使用目的从而改变货物性质转为一般进口时，进口货物的收货人或其代理人应当在货物所在地的主管海关申报
2. 海关派员查验进境货物后，查验人员填写（　　）。
   A. 海关进境货物查验记录单
   B. 海关进出境货物查验记录单
   C. 海关进境货物查验记录详单
   D. 海关进出境货物查验记录详单
3. 进出口货物收发货人或其代理人应当在规定时间内，持缴款书或收费票

据向哪一个机构办理税费交付手续（　　）。

    A. 指定国税局

    B. 指定地方税务局

    C. 海关收款窗口

    D. 指定银行

4. 某批进口货物自运输工具报进境之日起超过 3 个月，其收货人或其代理人仍未向海关申报。对此，海关可作如下哪种处理（　　）。

    A. 将货物提取变卖，其价款在扣除各项费、税后，余款保存 1 年。经收货人申请可予发还，逾期无人申请的上缴国库

    B. 将货物扣留，待收货人或其代理人报关时罚款处理

    C. 将货物没收，变卖所得价款上缴国库

    D. 将货物扣留，待收货人或其代理人报关时，除按日征收滞报金外，加处罚款

5. 根据《中华人民共和国海关法》的规定，进口货物的收货人向海关申报的时限是（　　）。

    A. 自运输工具申报进境之日起 7 日内

    B. 自运输工具申报进境之日起 10 日内

    C. 自运输工具申报进境之日起 14 日内

    D. 自运输工具申报进境之日起 15 日内

二、多项选择题

1. 一般进出口货物有以下哪些特征（　　）。

    A. 海关放行后不能直接进入生产和消费领域流通

    B. 进出境时缴纳进出口税费

    C. 进出口时提交相关的许可证件

    D. 海关放行即办结了海关手续

2. 以下哪些货物属于一般进出口的范围（　　）。

    A. 转为实际进口的保税货物、暂准进境货物或转为实际出口的暂准进境货物

    B. 海关责令直接退运的货物

    C. 外商在经济贸易活动中赠送的进口货物

    D. 不批准保税的寄售代销贸易货物

3. 某报关公司安排小孙跟报关员老吴学习报关知识，第一次进报关厅的小孙面对着各个窗口上的标识牌说："老吴，海关对进出口货物监管是否分为预录入、申报、查验、征税、退税5个基本环节？"老吴说："5个环节你只讲对了3个。"你知道小孙讲错了哪两个吗？（　　　）

A. 预录入

B. 申报

C. 查验

D. 退税

4. 下列关于进、出口货物申报期限的表述正确的是（　　　）。

A. 进口货物的收货人应当自货物进境之日起14内，向海关申报

B. 进口货物的收货人应当自装载货物的运输工具申报进境之日起14日内，向海关申报

C. 出口货物的发货人除海关特准的外，应当在货物运抵海关监管区后、装货的24小时以前向海关申报

D. 出口货物的发货人除海关特准的外，应当在货物运抵海关监管区装货后的24小时以前向海关申报

5. 因海关关员的责任造成被查验货物损坏，进出口货物收发货人或其代理人可以要求海关赔偿。但下列情况海关将不予赔偿（　　　）。

A. 海关正常查验时所产生的不可避免的磨损

B. 由于不可抗拒的原因造成货物的损坏、损失

C. 由于海关关员的责任造成被查验货物损坏的直接经济损失以外的其他经济损失

D. 海关查验时进出口货物收发货人或其代理人对货物是否受损坏未提出异议，事后发现货物有损坏的

三、判断题

1. 电子数据报关单被海关退回的，进出口货物收发货人或其代理人应当按照要求修改后重新申报，申报日期为海关接受重新申报的日期。

2. 在一般情况下，进出口货物收发货人或其代理人应当先以电子数据报关单形式向海关申报，海关接受并审结电子数据报关单后，进出口货物收发货人或其代理人应当自接到海关"现场交单"或者"放行交单"通知之日起10日内，持打印的纸质报关单，备齐规定的随附单证并签名盖章，到货物所在地海

关提交单证并办理相关海关手续。

3. 某进出口公司已申报的货物，在海关查验放行后，部分货物因故未能装上出境运输工具。如果货物不再出口，当事人可向海关申请对该部分货物作退关处理，海关可退还该部分货物的已征出口关税。

4.《出口货物报关单》的"出口退税证明联"是海关对已办理出口申报的货物所签发的证明文件。

5."海关放行"是指海关在接受各类进出口货物的申报，经过审核报关单证、查验货物、依法征收税费，作出结束海关监管，允许货物自由处置的（或自由流通）决定的行为。

四、问答题

1. 一般进出口货物与一般贸易进出口货物的区别和联系？

2. 简述一般进口货物的报关通关的流程

3. 进出口货物的申报期限是什么？

4. 什么是滞报金？如何计算？

5. 查验时，进出口收发货人或其代理人应配合海关做好哪些工作？

6. 海关查验主要有哪几种方法？

7. 货物损坏赔偿的方式有哪些？

8. 海关放行的基本形式是什么？

第六章　保税货物的报关与通关

第一节　保税货物与保税制度概述

一、保税货物的概念

（一）保税货物的定义

根据《中华人民共和国海关法》第一百条，"保税货物"的定义为：经海关批准未办理纳税手续进境，在境内储存、加工、装配后复运出境的货物。它的一般含义是指"进入一国关境，在海关监管下未缴纳进口税捐，存放后再复运出口的货物。"但是，由于各国实行保税制度的目的不同以及各国海关保税制度所涉及的范围也有差异，这样导致各国对保税货物的解释也不同。

（二）保税货物的特征

保税货物一般具有以下四个特征：

1. 进口货物是为了特定目的而进境

根据《中华人民共和国海关法》将保税货物现定于为两种特定目的而进口的货物，即保税储存和保税加工。它们是保税制度的两种基本形式，保税加工主要涉及以成品出口为主要导向的进料加工和来料加工等两种形式。保税储存指货物存放于海关准许的特定场所并在规定期限内复运出境的业务形式。

2. 货物最终要复运出境

所有保税货物经加工、装配后应该复运出境。不管是保税加工的进口货物还是进境进行保税储存的进口货物，只有在其进境时能够确认该货物在将来以特定形式复运出境，或者至少不应具备足够的条件确认该货物的最终消费或使用地在境内时，我们才会给其予以保税优惠条件。

3. 在海关监管下，保税货物可以暂免缴纳进口环节的各项税款

在保税货物的加工环节、进出境环节，海关都可以监管。保税货物在海关监管之下在境内进行特定的加工、储存，在适用不同的海关事务担保后，在进

境时可以享有暂免缴纳进口环节各项税款的待遇。这种暂免纳税不同于关税的免纳，待货物最终流向确定后，海关才决定征税或免税。

保税货物的税收暂免是以其将来的复运出境为前提，若保税货物在特定时间内没有履行复运出境义务，那么保税货物就应履行缴纳关税的义务。

4. 监管时间长、监管地点多

一般进出口货物的监管时间为货物进境起至提取货物止。而保税货物的监管时间为提取货物之日起（海关保税监管开始），至完成仓储、加工、装配后复运出境或办结海关手续之日止。

海关在进出境口岸的海关监管场所对一般进出口货物进行监管。而保税货物在其储存、加工、装配的地点均是海关监管的地点。

二、保税货物的分类

按照《中华人民共和国海关法》，保税货物可以分为加工装配类和储存类两大类。也有按照海关监管形式分为三个大类的：仓储保税货物、区域保税货物和加工贸易保税货物。本章仅以前者分类来阐述保税货物的类别。

（一）加工装配类保税货物

加工装配类保税货物是指专为加工、装配出口产品从国外进口且海关准予保税的原材料、零部件、元器件、包装物料、辅助材料以及用这些料件生产的成品、半成品。包括：

1. 经海关批准保税的来料加工和进料加工而进口的料件以及用这些保税进口料件而生产的半成品和产品。

2. 经海关批准保税的外商投资企业为履行产品出口合同的进口料件以及用保税料件生产的半成品和产品。

（二）储存类保税货物

储存类保税货物可以分为两种：一种是储存后复运出境的保税货物。这种货物是指那些经海关批准保税进境暂时存放后再复运出境的货物。其主要包括：转口贸易货物、保税仓库储存的供应给国际运输船舶、航空器在国际运输途中所需要的燃料、物料等。

另一种是储存后进入国内市场的保税货物。这种货物是指经海关批准，缓办纳税手续进境，最终办理进口纳税或免税手续而不复运出境的货物。其主要包括：进口寄售用于维修外国商品的零配件（进口耐用消费品诸如手表、照相机、电视机等维修用零配件除外）、经海关批准准予存入保税仓库的未办结海关手续的一般贸易货物和其他未办结海关手续的货物等。

三、保税货物报关与通关的基本程序

保税货物的通关与一般进出口货物不同，它不是在某一个时间上办理进口或出口手续后即完成了通关，而是从进境、储存或加工到复运出境的全过程，只有办理了这一整个过程的各种海关手续后，才真正完成了保税货物的通关。

保税货物通关的基本程序用图 6.1 表示：

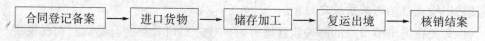

| 合同登记备案 | → | 进口货物 | → | 储存加工 | → | 复运出境 | → | 核销结案 |

图 6.1　保税货物通关的基本程序

这一基本程序包括五个环节：

"合同登记备案"：指经营保税货物的单位持有关证件、对外签约的合同及其他有关单证向主管海关申请办理合同登记备案手续，海关核准后，签发有关登记手册。合同登记备案是向海关办理的第一个手续，须在保税货物进口前办妥，它是保税业务的开始，也是经营者与海关建立承担法律责任以及海关开始对保税货物实施监管的证明。

"进口货物"：指已在海关办理合同登记备案的保税货物实际进境时，经营单位或其代理人应持海关核发的该批保税货物的《登记手册》及其他单证，向进境地海关申报，办理进口手续。

"储存或加工"：指保税货物进境后，应储存于海关指定的场所或交付给海关核准的加工生产企业进行加工制造。

"复运出境"：指保税货物在储存期满或加工产品后再复运出境。经营单位或其代理人应持该批保税货物的《登记手册》及其他单证，向出境地海关申报办理出口手续。

"核销结案"：指在备案合同期满或加工产品出口后的一定期限内，经营单位应持通关加工贸易登记手册、进出口货物报关单及其他有关资料，向合同备案海关办理核销手续，海关对保税货物的进口、储存、加工、使用和出口情况进行核实并确定最终征免税之后，对该备案合同予以核销结案。这一环节是保税货物整个通关程序的终点，意味着海关与经营单位之间的法律关系的最终解除。

四、保税制度

(一) 保税制度的定义

保税制度是指经海关批准的境内企业所进出口的货物，在海关监管下在境内指定的场所储存、加工、装配，并暂缓缴纳各种进口税费的一种海关监管业务制度。

保税制度是国家为鼓励发展加工生产产品出口或在境内进行特定储存而设立的一项特殊的海关业务制度。即对那些在境内从事特定方式加工或储存的进口货物，在其尚未确定最终流向的前提下，给予其在海关监管之下暂免纳税的待遇。而享有免税待遇的这些货物就叫保税货物。

(二) 国际保税制度的发展状况

保税制度最早产生于 16 世纪的欧洲。在 16 世纪中期，意大利的"里窝那"成为世界上第一个实行保税制度的城市，产生了最初的保税形式——保税储存制度。

随着资本主义商品经济的发展，各国之间的贸易行为日趋频繁，由于交通工具的改善以及生产力的进步，使得市场上产品的品种日益增多。人们也产生了不同的消费需求，出现了大量专门从事转口贸易的商人。而在中世纪的欧洲，是诸侯分立、众多小公国分别占据一片领土。而转口贸易中的商品，很难在贸易之初确定货物的最终流向，若进口则需交纳一笔进口税费，于是，当时热衷于争夺航运权的公国就为这些商人提供了一种便利，即让转口的货物在免税的状况下在境内储存，直到最终确定货物流向时才做出相关的处理。若准备进入本国市场，商人也希望能将纳税时间推迟到货物实际进入国内销售。这样，转口贸易商便可以有效地减少其货物流转的成本。这样，就产生了"保税"这样一种不同于一般贸易做法的海关监管制度。

现代的保税制度是伴随着商品经济的不断发展，为了满足进出口贸易商人不同的需求而逐渐发展和完善。保税制度从根本上来说，是一国为了鼓励特定行业的发展而在税收上对特定的进出境行为给予便利的一种规则。经过几百年的发展，保税制度服务的对象不再仅仅局限于原来的转口贸易，而是被不同国家根据其需要适用于不同贸易方式中的货物，如加工贸易、寄售维修贸易等。

(三) 中国保税制度的发展状况

保税制度和保税业务在我国已有相当长的发展历史，我国早在 1880 年后就陆续建立了各种类型的保税仓库，但对于海关主权掌握在帝国主义手中、对外贸易也被洋行洋商所操纵的半封建半殖民地旧中国来说，当时的保税仓库制度，不仅未能起到促进民族工商业发展，维护国家经济利益的作用，而恰恰起到了相反作用。直到1949年后的新中国成立初期仍有少量的保税业务和若干保税仓库，但在当时国际上对我国实行封锁和国内僵化的外贸体制所形成的国际、国内环境下，只能使保税业务失去其存在和发展的基础。

实行对外开放以后，对外贸易突破了进口买断和出口卖断的简单模式。外贸经营权逐步下放，三来一补和以进养出业务率先得到发展，保税业务迅速复苏。

我国海关于1981年制定发布了《中华人民共和国海关对保税货物和保税仓库监管暂行办法》，建立和完善了有中国特点又比较接近国际通行作业规范的保税制度，它包括保税仓库制度、保税工厂制度、加工贸易货物保税监管办法、进料加工集团保税制度、保税生产资料市场管理办法、保税区管理办法制度等。

我国的保税制度借鉴参照了国际上通行的做法，其主要类型与国际海关组织制定的《京都条约》中的内容基本一致。但考虑利用国外资金、技术、发挥本国劳动力资源优势，加快国民经济建设的步伐。

目前，我国海关保税制度的主要形式有为国际商品贸易服务的保税仓库、保税区、寄售代销、免税品商店；有为加工制造服务的来料加工、进料加工、保税工厂、保税集团、保税区。

（四）保税制度的主要形式

在国际海关组织（即原海关合作理事会）主持的《京都条约》中，涉及保税形式的有两个基本制度：

1. 海关保税储存制度

海关保税储存制度是一种以仓库为依托，以货物储存为主要内容（储存中只允许对货物进行整理、分拣以及为保税货物的惯常作业，不得进行实质性加工）的海关保税形式。在此项制度下，进口货物在海关监管下储存于特定场所，无须缴纳进口税。这种保税储存形式为进口货物在不需缴纳进口税的状态下，较为长期储存在特定区域提供了便利，同时也使货物储存人有充分时间在国内或者国外推销自己的货物。例如，进口汽车可以在保税仓库中储存直到有人要购买时才支付税费，从保税仓库中实现进口。

国际海关组织订立的海关监管原则中，对保税储存状态下的货物"准许的活动"规定为：有权处置货物的人员在货物库存期间，可以：①检查货物；

②提取货样；③进出仓库和保存货物所必需的操作，海关当局还可允许对货物进行开包、分包、分类、分级、重包和混包。

2. 暂准进口在国内加工的制度

这项制度是指"准许某些货物有条件地暂时豁免进口税进入关境的一种海关制度。这些货物应是为某一特定目的而进口，并在规定的时间内以进口时的原状或经特定制造、加工或修理后复运出口。"这种制度对货物为特定目的而暂时进入境内使用或加工制造提供了便利。在这一制度下，货物进口目的虽有不同，但原则上都要复运出口，可以原状复运出口或加工制造后的产品复运出口。申请实施这一海关制度通常须有担保，并须受到海关的某些监管。

暂准进口在国内加工的制度提供了一种超出单纯国际商品贸易的国际经济合作范畴，使保税制度由储存扩展为使用或加工制造，便于世界各国充分利用本国资金、技术、劳动力资源发展国际加工贸易。

第二节　保税仓库货物的报关与通关

一、保税仓库的概述

（一）保税仓库的定义

保税仓库是指经海关批准设立的专门存放保税货物及其他未办结海关手续货物的仓库。货物由一个国家运至另一国家的保税仓库，不需要交纳关税。一般这种仓库都用于转口贸易和转口加工贸易。

（二）保税仓库的种类

我国的保税仓库根据使用对象不同可分为以下四种：

（1）公用型保税仓库。这种仓库是由主营仓储业务的中国境内独立企业法人经营，专门向社会提供保税仓储服务。其范围及特定用途可分为公用型保税仓库和保税仓储服务。

（2）自用型保税仓库。这种保税仓库由特定的中国境内独立法人经营，仅存储供本企业自用的保税货物。

（3）专用型保税仓库。这种保税仓库是专门用来存储具有特定用途或特殊种类商品的保税仓库，包括液体危险品保税仓库、备料保税仓库、寄售维修保税仓库和其他专用保税仓库。

（4）液体危险品保税仓库。是指符合国家关于危险化学品存储规定的或者其他散装液体危险化学品保税仓储服务的保税仓库。

（三）保税仓库存放货物的范围

保税仓库存放的货物包括以下各类：

（1）加工贸易进口货物；

（2）转口货物；

（3）供应国际航行船舶和航空器的油料、物料和维修用的零部件；

（4）供维修外国产品所进口寄售的零配件；

（5）外商进境暂存货物；

（6）未办结海关手续的一般贸易进口货物；

（7）经海关批准的其他未办结海关手续的进境货物。

但保税仓库不得存放国家禁止进境货物，不得存放未经批准的影响公共安全、公共卫生或健康、公共道德或秩序的国家限制进境货物以及其他不得存入保税仓库的货物。

二、保税仓库的设立与变更

（一）保税仓库的设立

1. 保税仓库设立的含义

保税仓库设立是指经营企业向仓库所在地主管海关申请设立保税仓库，海关经对经营企业、仓库以及有关单证资料进行要素审核后，对符合条件的，准予设立保税仓库的行政许可行为。

2. 保税仓库设立的条件

保税仓库应设立在设有海关机构、便于海关监管的区域，并且符合海关对保税仓库布局的要求。经营保税仓库的企业应当具备下列条件：

（1）经工商行政管理部门注册登记，具有企业法人资格；

（2）注册资本最低限额为 300 万元人民币；

（3）具备向海关缴纳税款的能力；

（4）经营特殊许可商品存储的，应当持有规定的特殊许可证件；

（5）经营备料保税仓库的加工贸易企业，年出口额最低为 1000 万美元；

（6）配备海关培训认可的专职管理人员；

（7）具有专门存储保税货物的营业场所并达到海关的有关要求：

①符合海关对保税仓库布局的要求；

②具备符合海关监管要求的安全隔离设施、监管设施和办理业务必需的其他设施；

③具备符合海关监管要求的保税仓库计算机管理系统并与海关联网；

④具备符合海关监管要求的保税仓库管理制度、符合会计法要求的会计制度；

⑤符合国家土地管理、规划、交通、消防、安全、质检、环保等方面法律、行政法规及有关规定；

⑥公用保税仓库面积最低为2000平方米，液体危险品保税仓库容积最低为5000立方米，寄售维修保税仓库面积最低为2000平方米。

3. 申请设立保税仓库时应提交的材料

申请设立保税仓库的企业，应当向仓库所在地主管海关（隶属海关）提交书面申请，并随附能够证明上述条件已经具备的相关材料：

（1）《保税仓库申请》；

（2）《保税仓库申请事项表》，应填明仓库名称、地址、负责人、管理人员、储存面积及存放的货物种类等内容；

（3）可行性报告；

（4）经营企业法人工商营业执照复印件；

（5）税务登记证复印件（国税和地税）；

（6）股权结构证明书复印件（合资企业）；

（7）开户银行证明复印件；

（8）拟开展保税仓储的营业场所的用地土地所有权或使用权证明复印件以及拟开展保税仓储的营业场所的产权证明，属租借房屋的还应收取房屋租赁合同；

（9）申请设立的保税仓库位置图及平面图；

（10）仓库管理制度；

（11）对申请设立寄售维修型保税仓库的，还应收取经营企业与外商的维修协议；

（12）经营企业财务制度与会计制度；

（13）消防验收合格证书；

（14）对从事经营业务的液体危险品保税仓库，提交危险化学品经营许可证。

（15）申请向国际航行船舶、航空器、国际远洋渔船提供免税燃油服务的，还须提供《对外供油经营许可证》。

企业申请设立保税仓库时，如仓库已建成或者租赁仓库经营的，海关应一次性收取以上所有单证、文件；如保税仓库尚在建设中的，以上第8、13项可缓收，在仓库验收时收取。

4. 保税仓库设立的程序

设立保税仓库的程序如图6.2所示：

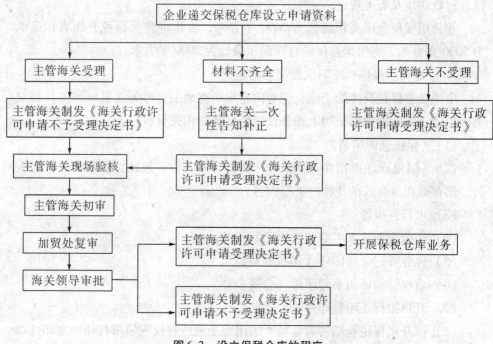

图6.2 设立保税仓库的程序

5. 保税仓库设立的工作时限

（1）主管海关应当场或者在签收保税仓库申请材料后5个工作日内，决定是否受理。

（2）主管海关应当自受理申请之日起20个工作日内提出对保税仓库设立初审意见，随附有关材料报送加贸处复核。

（3）加贸处应当自接到主管海关初审意见、材料之日起20个工作日内，完成复核及报关领导审批等工作。

（4）加贸处应当在批准设立保税仓库的文件下发之日起30个工作日内，向总署加贸司备案。

（5）批准文件的有效期为1年；对不符合条件的，书面告知申请人理由。

（6）申请设立保税仓库的企业应当自海关出具保税仓库批准文件 1 年内向海关申请保税仓库验收，由直属海关进行审核验收。申请企业无正当理由逾期未申请验收或者保税仓库验收不合格的，该保税仓库的批准文件自动失效。保税仓库验收合格后，经海关注册登记并核发《中华人民共和国海关保税仓库注册登记证书》，方可投入运营。

（二）保税仓库的变更

1. 保税仓库变更的含义

保税仓库变更是指经营企业向仓库所在地主管海关申请办理经营企业、已设立保税仓库注册登记事项变更，海关经对经营企业、保税仓库以及有关单证资料进行要素审核后，对符合条件的，准予变更经营企业和保税仓库注册登记事项的行政管理行为。

2. 保税仓库变更所需的材料

（1）保税仓库需变更仓库名称、地址、仓储面积的，仓库主管海关应收取下列资料：

①书面申请；

②可行性报告；

③《保税仓库注册登记证书》；

④《进出口货物收发货人注册登记证书》；

⑤企业工商营业执照和税务登记证书；

⑥保税仓库设立的批准文件；

⑦仓库土地使用权证明文件或租赁仓库的租赁协议（仅变更仓库地址和仓储面积提供）；

⑧仓库地理位置及平面图等有关资料（仅变更仓库地址和仓储面积提供）；

⑨仓库竣工合格证明文件和仓储设施消防验收合格证书（仅变更仓库地址和仓储面积提供）。

（2）保税仓库经营企业变更企业名称、注册资本、组织形式、法定代表人等事项的，仓库主管海关应收取有关部门批准变更的文件。

上述所列文件凡提供复印件的，还应要求企业同时提交原件以供核对。

3. 保税仓库的变更程序

保税仓库变更的程序如图 6.3 所示：

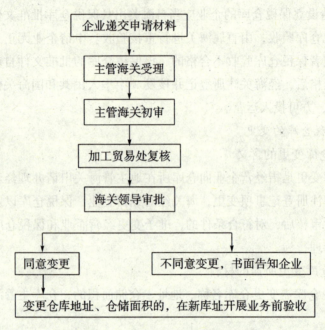

图 6.3　保税仓库变更的程序

4. 保税仓库变更的工作时限

（1）对于保税仓库经营企业变更企业名称、注册资本、组织形式、法定代表人等事项，主管海关应要求企业应于批准文件下发之日起 10 日内向海关提交变更文件资料复印件；

（2）主管海关应在受理保税仓库变更申请之日起 10 个工作日内，报加贸处复核；

（3）对于批准保税仓库变更仓库地址、仓储面积的，主管海关应要求企业在批准变更 1 年内、新库址开展业务前申请验收。

三、保税仓库货物的报关与通关

保税仓库货物的报关程序可以分为进库报关和出库报关。

（一）进库报关

货物在保税仓库进境时，免领进口许可证件，易制毒化学品、监控化学品、消耗臭氧层物质以及国家另有规定的货物除外。进库报关又分为保税仓库所在地入境和保税仓库所在地以外入境两种。汇总如表 6.1 所示。

表 6.1 进库货物报关

进库报关	在保税仓库所在地入境	易制毒化学品、监控化学品、消耗臭氧层物质以及国家另有规定的货物除外，其余都免许可证	
	在保税仓库所在地以外入境	按照进口货物转关运输办理	
		按照进口货物异地传输办理	

1. 在保税仓库所在地入境

进口货物在保税仓库所在地进境时，应由货物所有人或其代理人向入境所在地海关申报，填写"进口货物报关单"，在报关单上加盖"保税仓库货物"戳记并注明"存入××保税仓库"，经入境地海关审查验放后，货物所有人或其代理人应持有关货物存入保税仓库，并将两份"进口货物报关单"随货物一起交到保税仓库，保税仓库经营人应在核对报关单上申报进口货物与实际入库货物无误后，在有关报关单上签收，其中一份报关单交回海关存档（连同保税仓库货物入库其他单据），另一份由仓库留存。

2. 在保税仓库所在地以外入境

如果进口货物是从保税仓库所在地以外其他口岸入境时，货物所有人或其代理人应按海关进口货物转关运输管理规定办理转关运输手续：

（1）进口货物的收货人或其代理人应自运输工具申报进境之日起 14 日内，向进境地海关申报转关运输。

（2）申报货物转关运输时，进口货物的收货人或代理人应填制中华人民共和国海关进口转关运输货物申报单（以下简称"申报单"），并交数据录入中心录入海关计算机报关自动化系统，打印成正式的申报单一式三份。

（3）进口货物收货人或其代理人应如实向海关申报，并递交申报单、指运地海关签发的进口转关运输货物联系单、随附有关批准证件和货运、商业单证（如货物的提单或运单、发票、装箱单等）。

（4）进口货物收货人或代理人申请办理属于申领进口许可证的转关运输货物，应事先向指运地海关交验进口许可证，经审核后，由指运地海关核发进口转关运输货物联系单，并由申请人带交进境地海关。

（5）进境地海关在接受进口货物收货人或代理人申报递交的有关单证后，要进行核对，核准后，要将上述有关单证制作关封，交进口货物的收货人或其代理人。

（6）进口货物的收货人或其代理人要按海关指定的路线负责将进口货物在规定的时限内运到指运地海关，向指运地海关交验进境地海关签发的关封，并应在货物运至指运地海关之日起 14 日内向指运地海关办理报关、纳税手续。

（7）指运地海关在办理了转关运输货物的进口手续后，按规定向进境地海关退寄回执，以示进口转关运输货物监管工作的完结。

（8）来往港澳进境车辆装载的转关运输货物，由车辆驾驶人员向进境地海关交验载货清单一式三份，并随附有关货运、商业单证，进境地海关审核后制作关封交申请人带交出境地海关，由出境地海关负责办理该车辆及所载货物的监管手续。

（9）保税仓库之间的货物转关手续，除应按办理正常的货物进出保税仓库的手续外，亦按上述（1）、（7）的程序办理手续。但在填报申报单时，在"指运地"栏应填写货物将要存入的保税仓库名称。

（10）空运转关运输货物的转关手续，当指运地与运单的目的地相同时，可免填"申报单"，海关可不签发关封，由海关在运单上加盖"海关监管货物"印章。指运地与运单目的地不同时，仍按上述（1）、（7）的程序办理通关手续。

货物所有人或其代理人办妥转关运输手续后，入境地海关核准后，将进口货物监管运至保税仓库所在地，货物抵达目的地后，货物所有人或其代理人应按上述"本地进货"手续向主管海关办理进口申报及入库手续。

（二）出库报关

按出库货物去向，我们可以把保税仓库货物出库报关分为进口出库报关和出口出库报关。保税仓库进口出库报关主要用于以下一些情况：

1. 加工贸易货物；

2. 特定免税货物；

3. 直接进入国内市场的货物。

而出口出库报关主要用于以下一些情况：

1. 转口或退运；

2. 由仓库的经理人或代理人按照一般出口货物报关程序办理出口报关，免纳出口税，免交验出口许可证。汇总如表 6.2 所示。

表 6.5　　　　　　　　　　　　　出库货物报关

出库报关	进口报关	出库用于加工贸易	按加工贸易货物报关程序办理
		出库用于特定减免税用途	按特定减免税货物报关程序办理
		出库用于国内市场或其他	按一般进出口货物报关程序办理
	出口报关	出库出口	
		退运	

进口货物存入保税仓库后，其出库的流向较为复杂. 一般可分为储存后原状复出口、加工贸易提取后加工成品出口、向国内销售或使用等三种情况：

1. 原物复出口

存入保税仓库的货物在规定期限内复运出境时，货物所有人或其代理人应向保税仓库所在地主管海关申报，填写出口货物报关单，并提交货物进口时的经海关签章确认的进口报关单，经主管海关核实后予以验放有关货物或按转关运输管理办法，特有关货物监管运至出境地海关验放出境。复出境手续办理后，海关在一份出口报关单上加盖印章退还货物所有人或其代理人，作为保税仓库货物核销依据。

2. 转为加工贸易

从保税仓库提取货物用于进料加工、来料加工项目加工生产成品复出口时，经营加工贸易单位首先按进料加工或来料加工的程序办理合同备案等手续后，由主管海关核发《加工装配和中小型补偿贸易进出口货物登记手册》（以下简称《登记手册》）。

经营加工贸易单位持海关核发的《登记手册》，向保税仓库所在地主管海关办理保税仓库提货手续，填写进料加工或来料加工专用"进口货物报关单"（因保税仓库进货时所填写进口货物报关单并未确定何类贸易性质。因此，在以加工贸易提取使用时，其贸易性质已确定为"进料加工"或"来料加工"，需补填进口货物报关单）和"保税仓库领料核推单"，经海关核实后，在"保税仓库领料核准单"上加盖放行章，其中一份由经营加工贸易单位凭以向保税仓库提取货物，另一份由保税仓库留存，作为保税仓库货物的核销依据。

3. 国内销售使用

存入保税仓库的货物需进入国内市场销售时，货物所有人或其代理人应事先报主管海关核准并办理正式进口手续，填写"进口货物报关单"（其贸易性质由"保税仓库货物"转变为"一般贸易"方式），对货物属于国家规定实行进口配额、进口许可证、机电产品进口管理、特定登记进口商品以及其他进口管理商品的，需向海关提交有关进口许可证或其他有关批件，并缴纳该货物的进口关税和进口环节增值税、消费税，上述进口手续办理后，海关在进口货物报关单上加盖放行章。其中一份用以向保税仓库提取货物，另一份由保税仓库留存，作为保税仓库货物的核销。

四、保税仓库货物的海关监管规定

（1）保税仓库所存货物的储存期限为 1 年。如因特殊情况需要延长储存期限，应向主管海关申请延期，经海关批准可以延长，延长的期限最长不超过1 年。

（2）保税仓库所存货物是海关监管货物，未经海关批准并按规定办理有关手续，任何人不得出售、转让、抵押、质押、留置、移作他用或者进行其他处置。

（3）货物在仓库储存期间发生损毁或者灭失，除不可抗力原因外，保税仓库应当依法向海关缴纳损毁、灭失货物的税款，并承担相应的法律责任。

（4）保税仓库货物可以进行包装、分级分类、印刷运输标志、分拆、拼装等简单加工，不得进行实质性加工。

（5）保税仓库经营企业应于每月 5 日之前以电子数据和书面形式向主管海关申报上一个月仓库收、付、存情况，并随附有关的单证，由主管海关核销。

（6）保税仓库必须独立设置，专库专用，保税货物不能与非保税货物混在一起。

（7）保税仓库经营单位自己使用的设备、装置、车辆和用品，均不属于保税货物，进口时应按一般贸易办理进口手续，并缴纳进口税款。

第三节　保税物流中心货物的报关与通关

一、保税物流中心的概念

保税物流中心是在海关监管下设立，且由物流企业经营保税货物仓储、转运、简单加工、配送、检测维修和报关，并为用户提供具备了运输、仓储、分拣、货代、信息、装卸、配送等多环节物流服务功能的场所。通过保税物流中心，能够较好地整合保税仓库和出口监管仓库的功能，有效解决保税仓库和出口监管仓库相互隔离，分别专门存放进境、出口货物所引发的种种问题，集成、拓展"两仓"功能，并根据现代物流的发展需要赋予若干新功能，是拓展保税业务的新模式。

我国的保税物流中心分为 A 型保税物流中心和 B 型保税物流中心。

（一）A 型保税物流中心

A 型保税物流中心是指经海关批准，由中国境内企业法人经营、专门从事保税仓储物流业务的海关监管场所。A 型保税物流中心按照服务范围分为公用型物流中心和自用型物流中心。

（1）公用型物流中心，指由专门从事仓储物流业务的中国境内企业法人经营，向社会提供保税仓储物流综合服务的海关监管场所。

（2）自用型物流中心，指中国境内企业法人经营，仅向本企业或者本企业集团内部成员提供保税仓储物流服务的海关监管场所。

（二）B 型保税物流中心

B 型保税物流中心是指经海关批准，由境内一家企业法人经营，多家企业进入并从事保税仓储物流业务的海关集中监管场所。

二、保税物流中心的主要功能和优惠政策

保税物流中心的功能主要包括保税仓储、简单加工和增值服务、国际物流配送、进出口贸易、国际中转和转口贸易、物流信息处理等。为了扶持保税物流中心的发展，国家给予了一系列优惠政策，综述如下：

1. 海关赋予保税物流中心口岸功能：企业可直接在保税物流中心所在地主管海关报关，保税物流中心货物能直接辐射国内、国际两个市场；

2. 境内货物进入保税物流中心视为出口，享受出口退税政策，并在进入中心环节退税；

3. 境外货物进入保税物流中心，海关给予保税；

4. 保税物流中心货物销售到境内时，企业可以按保税物流中心的实际贸易方式向海关办理进口报关手续；

5. 保税物流中心内的货物可在保税物流中心企业之间，保税物流中心与保税区、出口加工区、保税仓库、出口监管仓库和其他保税物流中心等海关监管区域、场所之间进行自由转移和跨关区报关提取等。

通过赋予上述功能和政策，把保税区的区港联动的各种优势，从港口移到内陆保税物流中心，使内陆地区同样具有保税区的区港联动的区位优势、功能优势和政策优势，以满足内陆地区发展国际物流的需求。

三、保税物流中心的设立

（一）保税物流中心申请设立的条件

从 2005 年 7 月 1 日开始实行了《中华人民共和国海关对保税物流中心（A型）的暂行管理办法》和《中华人民共和国海关对保税物流中心（B型）的暂行管理办法》（以下简称两个《办法》）。根据它们和《中华人民共和国海关法》的规定，现将两种类型的保税物流中心的设立条件对比列示于表 6.3。

表 6.3　　　　　　　两种类型的保税物流中心的设立条件对比

A 型保税物流中心	B 型保税物流中心
设立物流中心的申请由直属海关受理，报海关总署审批	
符合海关对物流中心的监管规划建设要求	
建立符合海关监管要求的计算机管理系统，提供海关查阅数据的终端设备，并按照海关规定的认证方式和数据标准，通过"电子口岸"平台与海关联网，以便海关在统一平台上与国税、外汇管理等部门实现数据交换及信息共享。	
设置符合海关监管要求的安全隔离设施、视频监控系统等监管、办公设施	
自用型物流中心的仓储面积（含堆场），东部地区不低于 4000 平方米，中西部地区不低于 2000 平方米。 公用型物流中心的仓储面积，东部地区不低于 2 万平方米，中西部地区不低于 5000 平方米。	物流中心仓储面积，东部地区不低于 10 万平方米，中西部地区不低于 5 万平方米。
符合国家土地管理、规划、消防、安全、质检、环保等方面的法律、行政法规、规章及有关规定。	选址在靠近海港、空港、陆路交通枢纽及内陆国际物流需求量较大，交通便利，设有海关机构且便于海关集中监管的地方；经省级人民政府确认，符合地方经济发展总体布局，满足加工贸易发展对保税物流的需求。

（二）物流中心经营企业应当具备的条件

根据《中华人民共和国海关法》和两个《办法》的相关规定，现将两种类型的保税物流中心的经营条件对比列示于表 6.4。

表 6.4　　　　　　　　两种类型的保税物流中心的经营条件对比

A 型保税物流中心经营企业	B 型保税物流中心经营企业
经工商行政管理部门注册登记,具有独立企业法人资格。	
注册资本:不低于 3000 万元人民币。	注册资本:不低于 5000 万元人民币。
具备向海关缴纳税款和履行其他法律义务的能力。	具备对中心内企业进行日常管理的能力。具备协助海关对进出物流中心的货物和中心内企业的经营行为实施监管的能力。
具有专门存储货物的营业场所,拥有营业场所的土地使用权。租赁他人土地、场所经营的,租期不得少于 3 年。经营特殊许可商品存储的,应当持有规定的特殊经营许可批件。经营自用型物流中心的企业,年进出口金额(含深加工结转)东部地区不低于 2 亿美元,中西部地区不低于 5000 万美元。具有符合海关监管要求的管理制度和符合会计法规定的会计制度。	

（三）申请设立保税物流中心应提交的材料

　　申请设立物流中心的企业应当向直属海关提出书面申请,并递交以下加盖企业印章的材料。两种类型的保税物流中心应提交的材料对比如表 6.5。

表 6.5　　　　　　　　两种类型的保税物流中心应提交的材料对比

A 型保税物流中心经营企业	B 型保税物流中心经营企业
申请书 企业章程复印件 企业法人营业执照复印件 法定代表人的身份证明复印件 税务登记证复印件 会计师事务所出具的验资报告等资信证明文件	
市级(设区的市)人民政府意见书(附可行性研究报告)	省级人民政府意见书(附可行性研究报告)
选址符合土地利用总体规划的证明文件及地理位置图、平面规划图	物流中心所用土地使用权的合法证明及地理位置图、平面规划图
报关单位报关注册登记证书复印件 开户银行证明复印件 物流中心内部管理制度	

四、物流中心存放货物范围与开展业务范围

（一）物流中心存放货物范围

根据《中华人民共和国海关法》和两个《办法》的相关规定，两种类型的保税物流中心可以存放的货物的范围是完全一样的，包括：

1. 国内出口货物；
2. 转口货物和国际中转货物；
3. 外商暂存货物；
4. 加工贸易进出口货物；
5. 供应国际航行船舶和航空器的物料、维修用零部件；
6. 供维修外国产品所进口寄售的零配件；
7. 未办结海关手续的一般贸易进口货物；

经海关批准的其他未办结海关手续的货物。

（二）保税物流中心开展业务范围

根据《中华人民共和国海关法》和两个《办法》的相关规定，两种类型的保税物流中心可以开展的业务的范围也是完全一样的，包括：

1. 保税存储进出口货物及其他未办结海关手续货物；
2. 对所存货物开展流通性简单加工和增值服务；
3. 全球采购和国际分拨、配送；
4. 转口贸易和国际中转业务；
5. 经海关批准的其他国际物流业务。

但保税物流中心不得开展以下业务：

1. 商业零售；
2. 生产和加工制造；
3. 维修、翻新和拆解；
4. 存储国家禁止进出口货物以及危害公共安全、公共卫生或者健康、公共道德或者秩序的国家限制进出口货物；
5. 存储法律、行政法规明确规定不能享受保税政策的货物。

其他与物流中心无关的业务。

五、保税物流中心的验收与管理

根据《中华人民共和国海关法》和两个《办法》的相关规定，海关对两

种类型的保税物流中心的验收与管理的规定，有相同的地方，也有细致的差别。现将两种中心在这方面的比较列示如表6.6。

表6.6　　　　　　　　两种类型的保税物流中心的验收与管理的对比

A 型保税物流中心	B 型保税物流中心
企业自海关总署出具批准其筹建物流中心文件之日起 1 年内向直属海关申请验收，由直属海关会同省级税务、外汇管理等部门进行审核验收；	企业自海关总署出具批准其筹建物流中心文件之日起 1 年内向海关总署申请验收，由海关总署会同国家税务总局、国家外汇管理局等部门或者委托被授权的机构进行审核验收；
物流中心验收合格后，由海关总署向企业核发《保税物流中心（A 型）验收合格证书》和《保税物流中心（A 型）注册登记证书》，颁发保税物流中心（A 型）标牌。物流中心在验收合格后方可以开展有关业务；	物流中心验收合格后，由海关总署向物流中心经营企业核发《保税物流中心（B 型）验收合格证书》和《保税物流中心（B 型）注册登记证书》，颁发标牌。物流中心在验收合格后方可以开展有关业务；
获准设立物流中心的企业确有正当理由未按时申请验收的，经直属海关同意可以延期验收，但延期不得超过 6 个月。如果有特殊情况需要二次延期的，报海关总署批准；获准设立物流中心的企业无正当理由逾期未申请验收或者验收不合格的，视同其撤回设立物流中心的申请；	
《保税物流中心（A 型）注册登记证书》有效期为 2 年。物流中心经营企业应当在《保税物流中心（A 型）注册登记证书》每次有效期满 30 日前向直属海关办理延期审查申请手续。对审查合格的企业准予延期 2 年。	《保税物流中心（B 型）注册登记证书》有效期为 3 年。物流中心经营企业应当在《保税物流中心（B 型）注册登记证书》每次有效期满 30 日前向直属海关办理延期审查申请手续。对审查合格的企业准予延期 3 年。

六、保税物流中心进出口货物的报关与通关

（一）保税物流中心与境外之间的进出货物报关

海关对两种类型的物流中心与境外之间的进出货物报关的规定是一样的：

1. 物流中心与境外之间进出的货物，应当在物流中心主管海关办理相关手续。物流中心与口岸不在同一主管海关的，经主管海关批准，可以在口岸海关办理相关手续。

2. 物流中心与境外之间进出的货物，除实行出口被动配额管理和我国参加或者缔结的国际条约及国家另有明确规定的以外，不实行进出口配额、许可证

件管理。

3. 从境外进入物流中心内的货物，凡属于规定存放范围内的货物予以保税；属于物流中心企业进口自用的办公用品、交通运输工具、生活消费品等以及物流中心开展综合物流服务所需进口的机器、装卸设备、管理设备等，按照进口货物的有关规定和税收政策办理相关手续。

（二）保税物流中心与境内之间的进出货物报关

1. A 型保税物流中心与境内之间的进出货物报关

（1）物流中心内货物跨关区提取，可以在物流中心主管海关办理手续，也可以按照海关其他规定办理相关手续。

（2）企业根据需要经主管海关批准，可以分批进出货物，并按照海关规定办理月度集中报关，但集中报关不得跨年度办理。

（3）物流中心货物进入境内视同进口，按照货物实际贸易方式和实际状态办理进口报关手续；货物属许可证件管理商品的，企业还应当向海关出具有效的许可证件；实行集中申报的进出口货物，应当适用每次货物进出口时海关接受申报之日实施的税率、汇率。

（4）货物从境内进入物流中心视同出口，办理出口报关手续。如需缴纳出口关税的，应当按照规定纳税；属许可证件管理商品，还应当向海关出具有效的出口许可证件。

（5）从境内运入物流中心的原进口货物，境内发货人应当向海关办理出口报关手续，经主管海关验放；已经缴纳的关税和进口环节海关代征税，不予退还。

（6）除法律、行政法规另有规定外，按照以下规定办理：

①以下情况，海关给予签发用于办理出口退税的出口货物报关单证明联：

A. 货物从境内进入物流中心已办结报关手续的；

· B. 转关出口货物，启运地海关在已收到物流中心主管海关确认转关货物进入物流中心的转关回执后；

C. 境内运入物流中心供物流中心企业自用的国产的机器设备、装卸设备、管理设备、检验检测设备等。

②以下情况，海关不予签发用于办理出口退税的出口货物报关单证明联：

A. 境内运入物流中心供物流中心企业自用的生活消费用品、交通运输工具；

B. 境内运入物流中心供物流中心企业自用的进口的机器设备、装卸设备、

管理设备、检验检测设备等;

C. 物流中心之间,物流中心与出口加工区、保税物流园区、物流中心(B型)和已实行国内货物入仓环节出口退税政策的出口监管仓库等海关特殊监管区域或者海关保税监管场所的货物往来。

(7) 企业按照国家税务总局的有关税收管理办法办理出口退税手续。按照国家外汇管理局有关外汇管理办法办理收付汇手续。

(8) 下列货物从物流中心进入境内时依法免征关税和进口环节海关代征税:

A. 用于在保修期限内免费维修有关外国产品并符合无代价抵偿货物有关规定的零部件;

B. 用于国际航行船舶和航空器的物料;

C. 国家规定免税的其他货物。

(9) 物流中心与保税区、出口加工区、保税物流园区、物流中心(A型、B型)、保税仓库和出口监管仓库等海关特殊监管区域或者海关保税监管场所之间货物的往来,按照有关规定办理。

2. B型保税物流中心与境内之间的进出货物报关

(1) 物流中心货物跨关区提取,可以在物流中心主管海关办理手续,也可以按照海关其他规定办理相关手续。

(2) 中心内企业根据需要经主管海关批准,可以分批进出货物,并按照海关规定办理月度集中报关,但集中报关不得跨年度办理。

(3) 物流中心货物进入境内视同进口,按照货物实际贸易方式和实际状态办理进口报关手续;货物属许可证件管理商品的,企业还应当向海关出具有效的许可证件;实行集中申报的进出口货物,应当适用每次货物进出口时海关接受申报之日实施的税率、汇率。

(4) 货物从境内进入物流中心视同出口,办理出口报关手续,如需缴纳出口关税的,应当按照规定纳税;属许可证件管理商品,还应当向海关出具有效的出口许可证件。

(5) 从境内运入物流中心的原进口货物,境内发货人应当向海关办理出口报关手续,经主管海关验放;已经缴纳的关税和进口环节海关代征税,不予退还。

(6) 除法律、行政法规另有规定外,按照以下规定办理:

①以下情况,海关给予签发用于办理出口退税的出口货物报关单证明联:

A. 货物从境内进入物流中心已办结报关手续的；

B. 转关出口货物，启运地海关在已收到物流中心主管海关确认转关货物进入物流中心的转关回执后；

C. 境内运入物流中心供物流中心企业自用的国产的机器设备、装卸设备、管理设备、检验检测设备等。

②以下情况，海关不予签发用于办理出口退税的出口货物报关单证明联：

A. 境内运入物流中心供物流中心企业自用的生活消费用品、交通运输工具；

B. 境内运入物流中心供物流中心企业自用的进口的机器设备、装卸设备、管理设备、检验检测设备等；

C. 物流中心之间，物流中心与出口加工区、保税物流园区、物流中心（A型）和已实行国内货物入仓环节出口退税政策的出口监管仓库等海关特殊监管区域或者海关保税监管场所的货物往来；

（7）企业按照国家税务总局的有关税收管理办法办理出口退税手续。按照国家外汇管理局有关外汇管理办法办理收付汇手续。

（8）下列货物从物流中心进入境内时依法免征关税和进口环节海关代征税：

①用于在保修期限内免费维修有关外国产品并符合无代价抵偿货物有关规定的零部件；②用于国际航行船舶和航空器的物料；③国家规定免税的其他货物。

（9）物流中心与保税区、出口加工区、保税物流园区、物流中心（A型、B型）、保税仓库和已实行国内货物入仓环节出口退税政策的出口监管仓库等海关特殊监管区域或者海关保税监管场所之间货物的往来，按照有关规定办理。

（10）物流中心内货物可以在中心内企业之间进行转让、转移并办理相关海关手续。未经海关批准，中心内企业不得擅自将所存货物抵押、质押、留置、移作他用或者进行其他处置。

第四节 保税物流园区货物的报关与通关

一、保税物流园区概述

（一）保税物流园区的定义

根据《中华人民共和国海关对保税物流园区的管理办法》第一章第二条的定义，保税物流园区（以下简称"园区"）是指经国务院批准，在保税区规划面积或者毗邻保税区的特定港区内设立的、专门发展现代国际物流业的海关特殊监管区域。它是由中国境内一家企业法人经营，多家企业进入并从事保税仓储物流业务的海关集中监管场所，经海关批准可存放国内出口货物，转口货物和国际中转货物，外商暂存货物、加工贸易进出口货物、供应国际航行船舶和航空器的物料、维修用零部件、供维修外国产品所进口寄售的零配件及其他未办结海关手续的货物。

为实施国家对保税物流园区的监管，海关在园区派驻机构，依照《中华人民共和国海关对保税物流园区的管理办法》对进本园区的货物、运输工具、个人携带物品及园区内相关场所实行 24 小时监管。园区与区外之间，应当设置符合海关监管要求的卡口、围网隔离设施、视频监控系统及其他海关监管所需的设施。园区内设立仓库、堆场、查验场和必要的业务指挥调度操作场所，不得建立工业生产加工场所和商业性消费设施。除安全保卫人员和相关部门、企业值班人员外，其他人员不得在园区内居住。

（二）保税物流园区的经营范围

园区可以开展的业务包括：

1. 存储进出口货物及其他未办结海关手续货物；

2. 对所存货物开展流通性简单加工和增值服务；

3. 进出口贸易，包括转口贸易；

4. 国际采购、分销和配送；

5. 国际中转；

6. 检测、维修；

7. 商品展示；

8. 经海关批准的其他国际物流业务。

但园区内不得开展商业零售、加工制造、翻新、拆解及其他与园区无关的业务。

二、保税物流园区进出境货物的报关与通关

（一）保税物流园区与境外之间进出货物报关

1. 海关对园区与境外之间进、出的货物实行备案制管理，但园区自用的免税进口货物、国际中转货物或者法律、行政法规另有规定的货物除外。境外货物到港后，园区企业（或者其代理人）可以先凭舱单将货物直接运至园区，再凭进境货物备案清单向园区主管海关办理申报手续。

2. 园区与境外之间进出的货物应当向园区主管海关申报。园区货物的进出境口岸不在园区主管海关管辖区域的，经园区主管海关批准，可以在口岸海关办理申报手续。

3. 下列货物、物品从境外进入园区，海关予以办理免税手续：

（1）园区的基础设施建设项目所需的设备、物资等；

（2）园区企业为开展业务所需的机器、装卸设备、仓储设施、管理设备及其维修用消耗品、零配件及工具；

（3）园区行政管理机构及其经营主体和园区企业自用合理数量的办公用品。

4. 下列货物从境外进入园区，海关予以办理保税手续：

（1）加工贸易进口货物；

（2）转口贸易货物；

（3）外商暂存货物；

（4）供应国际航行船舶和航空器的物料、维修用零配件；

（5）进口寄售货物；

（6）进境检测、维修货物及其零配件；

（7）供看样订货的展览品、样品；

（8）未办结海关手续的一般贸易货物；

（9）经海关批准的其他进境货物；

（10）园区企业为开展业务所需的货物及其包装物料。

5. 园区行政管理机构及其经营主体和园区企业从境外进口的自用交通运输工具、生活消费用品，按一般贸易进口货物的有关规定向海关办理申报手续；

6. 从园区运往境外的货物，除法律、行政法规另有规定外，免征出口关税。

7. 园区与境外之间进出的货物，不实行进出口许可证件管理，但法律、行政法规有规定的除外。

（二）保税物流园区与区外之间进出货物的报关与通关

1. 园区与区外之间进出的货物，由园区企业或者区外收、发货人（或者其代理人）在园区主管海关办理申报手续。

2. 园区企业在区外从事进出口贸易业务且货物不实际进出园区的，可以在收、发货人所在地的主管海关或者货物实际进出境口岸的海关办理申报手续。

3. 除法律、行政法规、规章规定不得集中申报的货物外，园区企业少批量、多批次进、出货物的，经园区主管海关批准可以办理集中申报手续，并适用每次货物进出口时海关接受该货物申报之日实施的税率、汇率。集中申报的期限不得超过 1 个月，且不得跨年度办理。

4. 园区货物运往区外视同进口，园区企业或者区外收货人（或者其代理人）按照进口货物的有关规定向园区主管海关申报，海关按照货物出园区时的实际监管方式的有关规定办理。

5. 园区企业跨关区配送货物或者异地企业跨关区到园区提取货物的，可以在园区主管海关办理申报手续，也可以按照海关规定办理进口转关手续。

6. 区外货物运入园区视同进口，由园区企业或者区外发货人（或者其代理人）向园区主管海关办理进口申报手续。属于应当征收出口关税的商品，海关按照有关规定征收出口关税；属于许可证件管理的商品，应当同时向海关出具有效的出口许可证件，但法律、行政法规、规章另有规定，在出境申报环节提交出口许可证件的除外。

7. 用于办理出口退税的"出口货物报关单"证明联的签发手续，按照下列规定办理：

（1）从区外进入园区供园区企业开展业务的国产货物及其包装物料，由园区企业或者区外发货人（或者其代理人）填写出口货物报关单，海关按照对出口货物的有关规定办理，签发出口货物报关单证明联；货物转关出口的，启运地海关在收到园区主管海关确认转关货物已进入园区的电子回执后，签发出口货物报关单证明联。

（2）从区外进入园区供园区行政管理机构及其经营主体和园区企业使用的国产基建物资、机器、装卸设备、管理设备等，海关按照对出口货物的有关规定办理，并签发出口货物报关单证明联。

（3）从区外进入园区供园区行政管理机构及其经营主体和园区企业使用的生活消费用品、办公用品、交通运输工具等，海关不予签发出口货物报关单证明联。

（4）从区外进入园区的原进口货物、包装物料、设备、基建物资等，区外企业应当向海关提供上述货物或者物品的清单，按照出口货物的有关规定办理申报手续，海关不予签发出口货物报关单证明联，原已缴纳的关税、进口环节增值税和消费税不予退还。

（三）保税物流园区与其他特殊监管区域、保税监管场所之间往来货物的报关与通关

海关对于保税物流园区与其他特殊监管区域、保税监管场所之间往来的货物继续监管，不签发"出口货物报关单"退税证明联。园区与其他特殊监管区域、保税监管场所之间的货物交易、流转，不征收进出口环节和国内流通环节的有关税收。

三、保税物流园区的监管

自 2006 年 1 月 1 日起施行的《中华人民共和国海关对保税物流园区的管理办法》和《中华人民共和国海关法》对保税物流园区做了详细的监管规定：

1. 园区货物不设存储期限，但园区企业自开展业务之日起，应当每年向园区主管海关办理报核手续。园区主管海关应当自受理报核申请之日起 30 天内予以"核库"。企业有关账册、原始数据应当自"核库"结束之日起至少保留 3 年。

2. 园区企业可以对所存货物开展流通性简单加工和增值服务，包括分级分类、分拆分拣、分装、计量、组合包装、"打膜"、印刷运输标志、改换包装、拼装等具有商业增值的辅助性作业。

3. 已办理出口退税的货物或者已经流通性简单加工的货物（包括进境货物）如果退运，按照进出口货物的有关规定办理海关手续。

4. 经主管海关批准，园区企业可以在园区综合办公区专用的展示场所举办商品展示活动。展示的货物应当在园区主管海关备案，并接受海关监管。

5. 供区内行政管理机构及其经营主体和区内企业使用的机器、设备和办公用品等需要运往区外进行检测、维修的，应当向园区主管海关提出申请，经主管海关核准、登记后可以运往区外。

6. 除已经流通性简单加工的货物外，区外进入园区的货物，因质量、规格

型号与合同不符等原因，需原状返还出口企业进行更换的，园区企业应当在货物申报进入园区之日起 1 年内向园区主管海关申请办理退换手续。

7. 除法律、行政法规规定不得声明放弃的货物外，园区企业可以申请放弃货物。放弃的货物由主管海关依法提取变卖，变卖收入由海关按照有关规定处理。依法变卖后，企业凭放弃该批货物的申请和园区主管海关提取变卖该货物的有关单证办理核销手续；确实因无使用价值无法变卖并经海关核准的，由企业自行处理，园区主管海关直接办理核销手续。放弃货物在海关提取变卖前所需的仓储等费用，由企业自行承担。

8. 因不可抗力造成园区货物损坏、损毁、灭失的，园区企业应当及时书面报告园区主管海关，说明理由并提供保险、灾害鉴定部门的有关证明。经主管海关核实确认后，按照下列规定处理：

（1）货物灭失，或者完全失去使用价值的，海关予以办理核销和免税手续。

（2）进境货物损坏、损毁，失去原使用价值但可再利用的，园区企业可以向园区主管海关办理退运手续。如不退运出境并要求运往区外的，由区内企业提出申请，并经主管海关核准，根据受灾货物的使用价值估价、征税后运出园区外。

（3）区外进入园区的货物损坏、损毁，失去原使用价值但可再利用，且需向出口企业进行退换的，可以退换为与损坏货物同一品名、规格、数量、价格的货物，并向园区主管海关办理退运手续。

9. 因保管不善等非不可抗力因素造成货物损坏、损毁、灭失的，按下列规定办理：

（1）对于从境外进入园区的货物，园区企业应当按照一般进口货物的规定，以货物进入园区时海关接受申报之日适用的税率、汇率，依法向海关缴纳损毁、灭失货物原价值的关税、进口环节增值税和消费税

（2）对于从区外进入园区的货物，园区企业应当重新缴纳因出口而退还的国内环节有关税收，海关据此办理核销手续。

第五节　保税区货物的报关与通关

一、保税区概述

（一）保税区的定义

为了更进一步扩大对外开放，吸引国外资金和技术，我国借鉴了国际上的先进管理经验，从 20 世纪 90 年代开始在沿海地区陆续批准设立保税区。保税区是指经国务院批准在中华人民共和国境内设立的由海关进行监管的特定区域。保税区与经济特区、经济技术开发区等特殊区域一样，都是经国家批准设立的实行特殊政策的经济区域。保税区与中华人民共和国境内的其他地区（非保税区）之间，应设立符合海关监管要求的隔离设施，并由海关实施封闭式管理。保税区具有进出口加工、国际贸易、保税仓储商品展示等功能，享有"免证、免税、保税"政策，实行"境内关外"运作方式，是中国对外开放程度最高、运作机制最便捷、政策最优惠的经济区域之一。

1990 年 6 月，经中央批准，在上海创办了中国第一保税区——上海外高桥保税区。1992 年以来，国务院又陆续批准设立了 15 个保税区和一个享有保税区优惠政策的经济开发区，即天津港、大连、张家港、深圳沙头角、深圳福田、福州、海口、厦门象屿、广州、青岛、宁波、汕头、深圳盐田港、珠海保税区以及海南洋浦经济开发区。目前全国 15 个保税区隔离设施已全部经海关总署验收合格，正式投入运营。

（二）保税区的特点

1. 良好的地理位置。保税区一般建立在具有优良国际贸易条件和经济技术较为发达的港口地区，国家建立保税区的目的是通过对专门的区域实施特殊政策，吸引外资，发展国际贸易和加工工业，以促进本国经济。例如我国现有的 15 个保税区都是在条件优越的港口城市。

2. 封闭式管理。海关依照有关规定对进出保税区的货物、运输工具、个人携带物品实施监管。保税区与中华人民共和国境内的其他地区（简称非保税区）之间，应当设置符合海关监管要求的隔离设施。

3. 关税豁免，简化手续。保税区与境外进出货物，采取简化的通关手续，并免征进出口税费或可享受保税待遇，同时免受经济性质的限制。

4. 自由进出。保税区与境外的进出口货物，海关不作惯常的监管。这里所称的"惯常监管"是指国家对进出口的管理规定和进出口的正常海关手续。由于国际上将进入特定区域的货物视为未进入关境，因此可以不办理海关手续，海关也不实施监管。我国保税区根据本国情况，对进出保税区货物参照国际惯例，大大简化了进出货物的管理及海关手续。

5. 区内外进出，视同进出口。保税区的存在把现有关境分为两部分，一部分是保税区这一特定地区，另一部分是实行一般通关管理的非保税区。由于保税区与境外之间进出货物采取了简化手续的做法，因此，对保税区与非保税区之间视同进出口，即按照一般的有关进出口的管理规定来办理相关手续。

（三）海关对保税区的监管

为了加强与完善海关对保税区的监管，促进保税区的健康发展，根据海关法和其他相关法律的规定，经1997年6月10日国务院批准，并于1997年8月1日海关总署发布了《保税区海关监管办法》。此法对保税区的监管作了如下规定：

1. 在中华人民共和国境内设立保税区，必须经国务院批准。

2. 保税区是海关监管的特定区域。海关依照本办法对进出保税区的货物、运输工具、个人携带物品实施监管。

3. 保税区与中华人民共和国境内的其他地区（以下简称非保税区）之间，应当设置符合海关监管要求的隔离设施。

4. 保税区内仅设置保税区行政管理机构和企业。除安全保卫人员外，其他人员不得在保税区内居住。

5. 在保税区内设立的企业（以下简称区内企业），应当向海关办理注册手续。区内企业应依照国家有关法律、行政法规的规定设置账簿、编制报表，凭合法、有效凭证记账并进行核算，记录有关进出保税区货物和物品的库存、转让、转移、销售、加工、使用和损耗等情况。

6. 保税区实行海关稽查制度。区内企业应当与海关实行电子计算机联网，进行电子数据交换。

7. 海关对进出保税区的货物、物品、运输工具、人员及区内有关场所，有权依照海关法的规定进行检查、查验。

8. 国家禁止进出口的货物、物品，不得进出保税区。

9. 对保税区与境外之间进出货物的监管规定：

（1）保税区与境外之间进出的货物，由货物的收货人、发货人或其代理人向海关备案。

（2）对保税区与境外之间进出的货物，除实行出口被动配额管理外，不实行进出口配额、许可证管理。

（3）从境外进入保税区的货物，其进口关税和进口环节税收，除法律、行政法规另有规定外，按照下列规定办理：

①区内生产性的基础设施建设项目所需要的机器、设备和其他基建物资，予以免税；

②区内企业自用的生产、管理设备和自用合理数量的办公用品及其所需的维修零配件，生产用燃料，建设生产厂房、仓储设施所需的物资、设备，予以免税；

③保税区行政管理机构自用合理数量的管理设备和办公用品及其所需要维修零配件，予以免税；

④区内企业为加工出口产品所需要来材料、零部件、元器件、包装物件，予以保税；

前款第①项至第④项规定范围以外的货物或者物品从境外进入保税区，应当依法纳税。转口货物和在保税区内储存的货物按照保税货物管理。

10. 对保税区与非保税区之间进出货物的监管规定：

（1）从保税区进入非保税区的货物，按照进口货物办理手续；从非保税区进入保税区的货物，按照出口货物办理手续，出口退税按照国家有关规定办理。

（2）海关对保税区与非保税区之间进出的货物，按照国家有关进出口管理的规定实施监管。

（3）从非保税区进入保税区供区内使用的机器、设备、基建物资和物品，使用单位应当向海关提供上述货物或者物品的清单，经海关查验后放行。

前款货物或者物品，已经缴纳进口关税和进口环节税收的，已纳税款不予退还。

（4）保税区的货物需从非保税区口岸进出口或者保税区内的货物运往另一保税区的，应当事先向海关提出书面申请，经海关批准后，按照海关转关运输及有关规定办理。

11. 对保税区内货物的监管规定：

（1）保税区内的货物可以在区内企业之间转让、转移；双方当事人应当就转让、转移事项向海关备案。

（2）保税区内的转口货物可以在区内仓库或者区内其他场所进行分级、挑选、刷贴标志、改换包装形式等简单加工。

（3）区内企业在保税区内举办境外商品和非保税区商品的展示活动，展示的商品应当接受海关监管。

12. 对保税区加工贸易货物的管理规定：

（1）区内加工企业应当向海关办理所需料、件进出保税区备案手续。

（2）区内加工企业生产属于被动配额管理的出口产品，应当事先经国务院有关主管部门批准。

（3）区内加工企业加工的制成品及其在加工过程中产生的边角余料运往境外时，应当按照国家有关规定向海关办理手续；除法律、行政法规另有规定外，免征出口关税。区内加工企业将区内加工的制成品、副次品或者在加工过程中产生的边角余料运往非保税区时，应当按照国家有关规定向海关办理进口报关手续，并依法纳税。

（4）区内加工企业全部用境外运入料、件加工的制成品销往非保税区时，海关按照进口制成品征税。

用含有境外运入料、件加工的制成品销往非保税区时，海关对其制成品按照所含境外运入料、件征税；对所含境外运入料、件的品名、数量、价值申报不实的，海关按照进口制成品征税。

（5）区内加工企业委托非保税区企业或者接受非保税区企业委托进行加工业务，应当事先经海关批准，并符合下列条件：

①在区内拥有生产场所，并已经正式开展加工业务。

②委托非保税区企业的加工业务，主要工序应当在区内进行。

③委托非保税区企业加工业务的期限为6个月；有特殊情况需要延长期限的，应当向海关申请展期，展期期限为6个月。在非保税区加工完毕的产品应当运回保税区；需要从非保税区直接出口的，应当向海关办理核销手续。

④接受非保税区企业委托加工的，由区内加工企业向海关办理委托加工料、件的备案手续，委托加工的料、件及产品应当与区内企业的料、件及产品分别建立账册并分别使用。加工完毕的产品应当运回非保税区企业，并由区内加工企业向海关销案。

（6）海关对区内加工企业进料加工、来料加工业务，不实行加工贸易银行保证金台账制度。委托非保税区企业进行加工业务的，由非保税区企业向当地海关办理合同登记备案手续，并实行加工贸易银行保证金台账制度。

13. 对进出保税区运输工具和个人携带物品的监管规定：

（1）运输工具和人员进出保税区，应当经由海关指定的专用通道，并接受海关检查。

（2）进出保税区的运输工具的负责人，应当持保税区主管机关批准的证件连同运输工具的名称、数量、牌照号码及驾驶员姓名等清单，向海关办理登记备案手续。

（3）未经海关批准，从保税区到非保税区的运输工具和人员不得运输、携带保税区内的免税货物、物品，保税货物以及用保税料、件生产的产品。

二、保税区进出货物的报关与通关

保税区货物报关分进出境报关和进出区报关。

1. 进出境报关

进出境报关采用报关制和备案制相结合的运行机制，即保税区与境外之间进出境货物，属自用的，采取报关制，填写进出口报关单；属非自用的，包括加工出口、转口、仓储和展示，采取备案制，填写进出境备案清单。

2. 进出区报关

进出区报关要根据不同的情况按不同的报关程序报关。

（1）保税加工货物进出区

货物进入保税区，需按出口报关，要有"加工贸易登记手册"或者"加工贸易电子账册"，填写出口报关单，提供有关的许可证件，海关不签发"出口货物报关单"退税证明联。

货物出保税区，需按进口报关，按不同的流向填写不同的进口货物报关单：

①出区进入国内市场的，按一般进口货物报关，填写"进口货物报关单"，提供有关的许可证件。

②出区用于加工贸易的，按加工贸易货物报关，填写加工贸易"进口货物报关单"，提供"加工贸易登记手册"或者"加工贸易电子账册"。

③出区用于可以享受特定减免税企业的，按特定减免税货物报关，提供"进出口货物征免税证明"和应当提供的许可证件，免缴进口税。

（2）进出区外发加工

保税区企业货物外发到区外加工，或区外企业货物外发到保税区加工，需经主管海关核准；进区提交外发加工合同向保税区海关备案，加工出区后核销，不填写进出口货物报关单，不缴纳税费；出区外发加工的，须由区外加工企业在加工企业所在地海关办理加工贸易备案手续，需要建立"银行保证金台账"的应当设立台账，加工期限最长6个月，情况特殊，经海关批准可以延长，延长的最长期限是6个月；备案后按加工贸易货物出区进行报关。

（3）设备进出区

不管是施工还是投资设备，进出区均需向保税区海关备案，设备进区不填写报关单，不缴纳出口税，海关不签发"出口货物报关单"退税证明联，设备系从国外进口已征进口税的，不退进口税；设备退出区外，也不必填写报关单申报，但要报保税区海关销案。

案例与习题

案例

重庆芳梅贸易有限责任公司利用保税港区进口橄榄油

重庆芳梅贸易有限责任公司是一家主要从事食用植物油进口的商业流通批发企业，2007年初，芳梅公司通过西班牙驻中国大使馆联系到一家西班牙橄榄油大型生产企业。经过几个月的磋商和两次出国考察，芳梅公司以较为优惠的价格同西班牙公司签订了长期初榨油橄榄油进口合同。

芳梅公司的国内客户遍及全国各地，全年要货的时间分布较为均匀，但客户每次的要货时间要求很紧。此前，在经营其他品种的食用油时，为解决交货时间问题，芳梅公司花去了大量的人力财力。在同西班牙公司谈判期间，芳梅公司聘请成都一资深国际贸易专家为其常年顾问，设计和监控橄榄油进口计划和操作全程。首先，在上海洋山保税港区设立公司办事处，以CFR上海洋山保税港区成交，将货物运至洋山保税港区保税存放，待国内客户要货时，直接在洋山报关进口，用"水水中转"和"海铁联运"的方式向客户发货，以满足国内客户及时收货的时间要求。所谓"水水中转"，是进口货物通过洋山深水港与沿海地区港口、长江沿线港口之间船运中转完成的集装箱运输。所谓"海铁联运"，是通过作为全国铁路18个集装箱中心站之一的洋山深水港配套项目芦潮港集装箱铁路中心站至合肥西站的集装箱运输班列。至南京、南昌、成都、长沙、郑州、西安等地的集装箱"海铁联运"班线也将陆续开通。采取这种方式，满足了交货时间的要求，避免了货到重庆之后再批发出去的一些不必要的来回运输，延迟了缴纳进口关税与增值税的时间，有利于公司的资金周转。

2008 年 1 月 8 日，第一批西班牙 2007 年产橄榄油 5 个 40 英尺集装箱从西班牙巴塞罗那港发出，于 2 月 5 日到达洋山保税港区。芳梅公司上海办事处工作人员填写进境货物备案清单，向海关备案，在免征进口关税和增值税的情况下，将货物存入洋山保税港区。

春节过后，2 月 14 日，南京和合肥两家客户分别要货两个集装箱。芳梅公司将 4 个集装箱报关进口，按优惠税率 10% 缴纳进口关税，按 13% 缴纳增值税，两个集装箱通过"水水中转"发往南京，两个集装箱通过"海铁联运"发往合肥。剩余的一个集装箱继续存于保税港区。由于市场看好，芳梅公司从西班牙进口的第二批货物 6 个集装箱已经在海洋运输途中。

习题

一、单项选择题

1. 以下有关保税物流货物特征的表述错误的是（　　）。
   A. 进境时暂缓缴纳进口关税及进口环节海关代征税，复运出境免税
   B. 内销应当缴纳进口关税和进口环节海关代征税，并征收缓税利息
   C. 进出境时除国家另有规定外免于交验进出口许可证件
   D. 进境海关现场发行不是结关，进境后必须进入海关保税监管场所或特殊监管区域，运离这些场所或区域必须办理结关手续

2. 海关对保税物流货物的物理围网监管模式包括（　　）。
   A. 保税仓库
   B. 出口监管仓库
   C. 保税物流中心 A 型
   D. 保税物流中心 B 型

3. 经海关批准设立的保税仓库可以存放的货物是（　　）。
   A. 进口货物
   B. 进口货物，出口货物
   C. 出口货物
   D. 加工贸易进出口货物

4. 以下关于保税区与境外之间进出货物的报关制度，正确的表述应当是（　　）。

A. 保税区与境外之间进出境货物采取报关制，填写进出口货物报关单

B. 保税区与境外之间进出境货物采取备案制，填写进出境货物备案清单

C. 保税区与境外之间进出境货物，属自用的，采取备案制，填写进出境货物备案清单；属非自用的，采取报关制，填写进出口货物报关单

D. 保税区与境外之间进出境货物，属自用的，采取报关制，填写进出口货物报关单；属非自用的，采取备案制，填写进出境货物备案清单

5. 一批转口的货物于 2003 年 6 月 1 日进入某保税仓库储存，到 2004 年 5 月底因故没有出库，经海关批准延期 3 个月，但到期仍未出库。按规定海关对这批货物可以提取依法变卖的时间为（　　）。

A. 2004 年 8 月底以后

B. 2004 年 11 月以后

C. 2005 年 5 月以后

D. 2005 年 8 月底以后

二、多项选择题

1. 入区即退税的保税物流货物监管形式有（　　）。

A. 保税区

B. 保税港区

C. 保税物流中心 A 型

D. 保税仓库

2. 保税物流货物储存无期限的监管形式有（　　）。

A. 保税物流园区

B. 出口监管仓库

C. 保税港区

D. 保税物流中心 B 型

3. 保税物流中心 A 型，B 型之间在经营方面的主要区别是（　　）。

A. A 型的经营企业可以在本中心内从事保税仓储物流的经营活动，B 型不可以

    B. A 型的货物保税存储期限为 1 年，B 型为 2 年

    C. 境内中心外货物进入中心，A 型可以申请出口退税，B 型不可以

    D. 从境内运入中心的原进口货物，A 型可以申请退还进口税，B 型不可以

4. 向海关报关时适用保税区进境货物备案清单的是（   ）。

    A. 保税区从境外进口的加工贸易料件

    B. 保税区销往国内非保税区的货物

    C. 保税区区内企业从境外进口自用的机器设备

    D. 保税区管理机构从境外进口的办公用品

5. 按现行海关规定，下列货物可允许存入保税仓库的是（   ）。

    A. 进料加工业务备用材料

    B. 供应国际航行船舶的燃料和零配件

    C. 以寄售方式进口，用于进口机电产品维修业务的维修零配件

    D. 外商进境暂时存放货物

三、判断题

1. 公用保税仓库由主营仓储业务的中国境内独立企业法人经营，专门向社会提供保税仓储服务，其面积最低为 2000 平方米。

2. 企业设立保税仓库应向仓库所在地主管海关提交书面申请，主管海关报直属海关审批，直属海关批准设立保税仓库后报海关总署备案。

3. 从非保税区运入保税区的供加工生产产品用的货物，属于应税出口商品的，应缴纳出口关税。

四、问答题

1. 什么是保税货物？它与一般贸易货物有什么区别？

2. 保税货物的一般通关程序是什么？

3. 什么是保税仓库？保税仓库设立的条件是什么？

4. 进口货物存入保税仓库后，其出库的流向是什么？

5. 什么是保税物流中心？分析比较两种保税物流中心的异同。

6. 请说明两种保税物流中心在货物报关通关程序上的差别

7. 什么是保税物流园区？它与保税物流中心有什么区别？

8. 什么是保税区？保税区的特点是什么？

第七章　加工贸易货物的报关与通关

　　随着改革开放的不断深入，经济全球化进程加快，国际分工不断发展，生产国际化日益扩大，加工贸易早已成为全球国际贸易的重要方式，我国的加工贸易也不断发展壮大，目前加工贸易已涉及我国大部分产业，每年通过加工贸易完成的进出口额占我国对外贸易总额的一半以上，因此，加工贸易进出口货物的报关与通关成为我国报关与通关业务的重要组成部分。

第一节　加工贸易概述

一、加工贸易的概念与分类

　　加工贸易是指经营企业进口全部或者部分原辅材料、零部件、元器件、包装物料（简称料件），经加工或者装配后，将制成品复出口的经营活动。其形式包括以下各类：

　　（一）来料加工

　　1. 定义

　　来料加工是指外商提供全部原材料、辅料、零部件、元器件、配套件和包装物料，必要时提供设备，由我方加工单位按外商的要求进行加工装配，成品交外商销售，我方收取工缴费，外商提供的作价设备价款，我方用工缴费偿还的业务。换言之，来料加工就是境外提供料件，不需付汇进口，按境外企业要求进行加工装配，收取加工费，成品运出境。

　　2. 来料加工的形式

　　（1）全部来料来件的加工装配。国外委托方提供全部原辅材料和元器件，由承接方企业加工后，将成品交国外委托方，制件和成品均不计价，承接方按合同收取工缴费。

　　（2）部分来料来件的加工装配。国外委托方要求加工装配的成品中有部分料件需由承接方提供，承接方除收取工缴费外，还应收取所提供的料件的价款。

（3）对口合同，各作各价。国外委托方和承接方签署两份对口合同：一份是委托方提供的原辅材料和元器件的销售合同，一份是承接方出口成品的合同。对于全部来料来件，两份合同的差价即为工缴费，对于部分来料来件，两份合同的差价，既包括工缴费，也包括国内承接方所提供的料件的价款、以对口合同方式进行的加工装配贸易，必须在合同中表明，承接方无需支付外汇。

3. 来料加工的作用

来料加工，对于委托方来说，是利用承接方的劳务，降低产品成本，对于承接方来说，则是以商品为载体的一种劳务输出。我国自 20 世纪 70 年代末至 80 年代初，把对外加工装配业务作为利用外资的一种形式，在政策上加以保护和支持，因而发展迅速。加工装配贸易额，在我国进出口总额中，已占有相当大的比重。这一贸易方式增加了就业机会，促进了地方经济繁荣发展和推动了出口贸易。

目前，承接对外加工装配贸易的企业有两种类型：一种是承接方为我国企业或合资企业，和委托方之间是单纯的委托加工关系，通过承接加工业务，企业得以利用国外资金，发挥生产潜力，扩大出口，增加收入，并能广泛获取国际市场信息，加快产品升级换代，改善管理水平和改进工艺技术。另一种是国外委托方在国内直接投资设厂，然后以委托加工装配的方式充分利用我国的政策优惠和低廉的劳动力，获利较丰，并一定程度上与我国原来的出口贸易争夺市场。

（二）进料加工

1. 定义

进料加工是指境内企业自行从国际市场以现汇方式购买原辅材料，在境内加工后，将成品销往境外的贸易方式。进料加工有如下特点：外汇购买、产品外销。我方经营单位用外汇从国外购买进口原料，加工成品后外销；自行生产、自行销售。我方经营单位进口料件后自行决定成品生产的数量、规格、款式，根据国际市场情况自行选择产品销售对象和价格；自负盈亏、风险自担。由于进口料件是以对外买断的形式出现的，客方供主、辅料除外，其产权归我方经营企业所有，因此，我方经营单位自行决定进料、储存、生产、销售，同时自负盈亏、自担风险。

2. 来料加工和进料加工的区别

这两种加工贸易的共同之处在于原材料和元器件来自国外，加工后成品也销往国外市场。但两者有本质上的区别：进料加工贸易中，进口料件和出口成品是两笔独立的交易，进料加工的企业需自筹资金从国外购入料件，然后自行向国外市场销售，而来料加工则进、出为一笔交易的两个方面料件和成品的所有权均同委托方所有，承接方无需支付进口费用也不承担销售风险。

进料加工贸易中，企业所获得的是出口成品的利润，利润的大小取决于出口成品的市场行情、而来料加工，承接方收取的是工缴费，工缴费的大小以劳动力的费用，即工资水平作为核算基础。两者相比，进料加工贸易的收益大于来料加工，但风险也较大。进料加工贸易，企业有自主权，根据自身的技术、设备和生产能力，选择市场上所适销商品进料加工。而来料加工，则由委托方控制生产的品种、数量和销售地区。

（三）补偿贸易

1. 定义

补偿贸易一般是指一方在信贷的基础上，从国外另一方买进机器、设备、技术、原材料或劳务，约定在一定期限内，用其生产的产品、其他商品或劳务，分期清偿贷款的一种贸易方式。它是从20世纪60年代末到70年代初，逐渐发展起来的一种新的贸易方式。补偿贸易与上述来料加工、进料加工一样具有两头在外的特点，因此，也属于加工贸易的范畴。

2. 补偿贸易的形式

返销（Buy－back），由设备进口方利用对方提供的设备和技术制造的产品，包括直接产品或有关产品（Resultant or Related product），偿付进口设备的货款。

互购（Counter purchase），即设备进口方支付设备的货款，不是用直接产品，而是用双方商定的其他产品或劳务来偿付。所以，这种情况下的交易，为两笔互有联系而分别进行的交易。此外，补偿的形式还可采用部分产品或劳务补偿部分现汇，这种方法被称为部分补偿；或者因第三方参与补偿贸易，例如由第三方接受并销售补偿产品，或由第三方承担或提供补偿产品等，称为多边补偿。

无论采取何种形式，双方磋商达成协议后，一般都要签订补偿贸易的书面文件，这些书面文件主要有补偿贸易协定、设备进口合同，返销或互购合同等，作为补偿贸易当事人执行协议的依据。在这种模式下，决定交易的主要因素已不是商品的价格和质量，而是取决于回购的承诺。

3. 补偿贸易的特点

（1）贸易与信贷结合。一方购入设备等商品是在对方提供信贷的基础上，或由银行介入提供信贷；

（2）贸易与生产相联系。设备进口与产品出口相联系，出口机器设备方同时承诺回购对方的产品，大多数情况下，交换的商品是利用其设备制造出来的产品；

（3）贸易双方是买卖关系。设备的进口方不仅承担支付的义务，而且承担付息的责任，对设备拥有完全的所有权和使用权。补偿贸易购入的是机器设备，出口的是产品，是一种进出口相结合的特殊的信贷交易，利用外资作用较为明显。它对设备进口方，可减少外汇使用额度或不用外汇，进口所需设备和较先进的技术，既有利于缓解对外支付手段不足的矛盾，又可提高本国的生产能力，扩大出口，增收外汇；同时也给产品的出口建立了长期的比较稳定的销售渠道和市场。对设备供应方而言，可突破进口方支付能力不足的障碍，扩大产品销售市场；获得比较固定的原材料供应来源。故补偿贸易多用于外汇支付能力困难的国家与发达国家之间，而且较多地出现在生产原材料的部门，或产品为对方所需要，或产品有出口前途的产业部门。

（四）出料加工

出料加工是境内企业将境内产品运往境外加工，然后返回境内，向境外支付加工费的贸易方式。出料加工与来料加工比较，货物流动方向相反，是先出后进，因此与来料加工海关监管方式类似，也属于本章介绍的加工贸易的范畴。

二、我国加工贸易的发展状况

改革开放以来，我国政府抓住全球产业结构调整与转移的有利契机，积极调整产业政策，促进了加工贸易的迅速发展，加快了改革开放和现代化建设进程。30 年来，加工贸易历经了不同的发展阶段，从量和质上都有了很大的飞跃。

第一阶段：改革开放之初到 20 世纪 80 年代中期的"来料加工"阶段。这一阶段，从加工贸易方式来看，由于我国原材料短缺，制造业落后，产品的样式和品种单一、档次不高。我国加工贸易以外商提供原材料、加工技术及相关设备的来料加工为主；从区域分布看，具有明显区域特征，国内开展来料加工贸易业务主要在广东、福建两省，与我国外资的地理分布相似。另外，随着香港劳动密集型产业的内迁，香港与内地"前店后厂"的合作方式已显雏形。

第二阶段：20 世纪 80 年代中期到 90 年代初期的进料加工阶段。此时，部分欧美跨国公司开始进入我国，日本也直接向我国转移了部分劳动密集型产业。我国进出口商品的构成开始向高技术和高附加值的"双高"方向拓展。最明显的例子是机电产品加工贸易迅速发展，并位居加工贸易主导地位，使我国加工贸易的技术档次发生了巨变。

第三阶段：1992 年以来加工贸易的"双高"阶段。这一时期，我国为了创造完善的投资、运营环境，为扩大对外贸易出口，发展加工贸易、转口贸易及过境贸易。继 1990 年上海浦东外高桥保税区建成后，又建立了大连、天津港等 15 个保税区，进一步优化了加工贸易的经营环境。

目前，加工贸易逐步形成了产业和产品结构不断优化、产业链条不断延伸、国内配套能力不断增强、地域分布不断扩展的发展态势，并已成为我国现代工业生产和流通体系的重要组成部分。为更好、更快地促进加工贸易转型升级，并使加工贸易在全国范围内实现合理化布局，近年来，我国已对加工贸易禁止类产品目录和相关管理政策进行了一系列调整，并且发挥了积极效应。当前，一些加工贸易企业已开始调整战略布局，向"低物耗、强技术、高价值、本土化"方向拓展。各方反馈的数据也显示，加工贸易正初步呈现"自东向中西"的梯度转移之势。

表 7.1 　　　　1995—2007 年 4 月中国加工贸易发展情况

年份	加工贸易进出口额（亿美元）	增长速度	占进出口总额的比重	加工贸易出口额（亿美元）	增长速度	占进出口总额的比重	加工贸易进口额（亿美元）	增长速度	占进出口总额的比重	加工贸易顺差
1995	1320.7	26.3%	47.0%	737.0	29.3%	49.5%	583.7	22.7%	44.3%	153.3
1996	1466.0	11.0%	50.6%	843.3	14.4%	55.8%	622.7	6.7%	44.9%	220.6
1997	1698.2	15.8%	52.2%	996.1	18.1%	54.5%	702.1	12.8%	49.3%	294.0
1998	1730.4	1.9%	53.4%	1044.7	4.9%	56.9%	685.7	-2.3%	48.9%	359.0
1999	1844.6	6.6%	51.1%	1108.7	6.1%	56.9%	735.9	7.3%	44.4%	372.8
2000	2302.1	24.8%	48.5%	1376.5	24.2%	55.2%	925.6	25.8%	41.1%	450.9
2001	2414.3	4.9%	47.7%	1474.5	7.1%	55.4%	939.8	1.5%	38.6%	534.7
2002	3021.5	25.2%	48.7%	1799.4	22.0%	55.3%	1222.1	30.0%	41.4%	577.3

表7.1（续）

年份	加工贸易进出口额（亿美元）	增长速度	占进出口总额的比重	加工贸易出口额（亿美元）	增长速度	占进出口总额的比重	加工贸易进口额（亿美元）	增长速度	占进出口总额的比重	加工贸易顺差
2003	4047.8	34.0%	47.6%	2418.5	34.4%	55.2%	1629.3	33.3%	39.5%	789.2
2004	5497.2	35.8%	47.6%	3279.9	35.6%	55.3%	2217.3	36.1%	39.5%	1062.6
2005	6905.1	26.0%	49.0%	4164.8	27.0%	55.0%	2740.3	24.0%	42.0%	1424.5
2006	8318.8	20.5%	47.2%	5103.8	22.5%	52.7%	3215.0	17.3%	40.6%	1888.8
2007年1-4月	2895.1	18.0%	45.5%	1812.9	22.5%	51.9%	1082.2	11.2%	37.8%	730.7

来源：发改委官方网站 http://www.sdpc.gov.cn/.

三、发展加工贸易的积极意义

事实上，加工贸易已成为我国现代工业生产和流通体系的重要组成部分，提高了我国工业对国际市场的适应性，增强了我国工业在国际市场的竞争力，促进了我国的出口，并对我国产业升级和技术进步发挥了重大作用。我国加工贸易有以下几方面的作用：

1. 加工贸易促进了我国产业结构升级

加工贸易带来了新产品、新技术形成了新的产业。加工贸易发展直接带来了新兴制造业的发展。例如，我国的IT产业的发展。加工贸易的快速发展使我国从一个电子工业相对落后的国家迅速崛起为世界IT产业最重要的硬件制造基地之一，对国际IT产品市场具有巨大的影响力。

2. 加工贸易提高了技术开发能力，促进了技术进步

加工贸易的技术与管理"外溢效应"促进了相关企业的技术进步与产业升级。加工贸易的外溢效应主要通过三条途径实现：第一条途径是产品的扩散与竞争；第二条途径是加工企业对配套企业的订货要求与技术支持；第三条途径就是技术管理人员的流动，传播了先进的技术与管理。加工贸易创造的大量顺差为进口先进设备提供了条件。

3. 加工贸易的发展推动了全国的工业化进程，并培养了大量能够适应工业化大生产的熟练劳动力

加工贸易的发展为我国培养了大批适应国际化竞争的技术与管理人才。加工贸易是经济全球化条件下我国参与国际分工的重要途径，是推进新兴工业化

的一条新道路。

4. 加工贸易启动了一些地区的经济起飞

这主要体现在增加该地区的就业和税收，带动了一般贸易和民营企业的发展，等等。据最新统计，香港制造业和贸易公司在珠江三角洲的雇员达到了上千万。我国从事加工贸易的人员在四千万左右，其中，绝大多数人员是从农村转入制造业的。

5. 加工贸易是我国参与国际产业分工的一条路径

加工贸易体现出我国经济实力的提升，并促进了进出口的发展。

第二节　加工贸易的海关监管模式

一、国外的加工贸易监管模式

当前，国外对加工贸易的管理模式主要有以下四种：一是封闭式保税监管型，也就是享受保税政策的加工贸易只能在海关监管的封闭区域内进行；二是先征后退型，是指原料进口时先征税，在规定时间内加工成成品复出口，再予以退税；三是担保管理型，即实行在第三方担保前提下的保税监管；四是开放式保税监管型，例如荷兰海关所采取的与大型企业联网监管的模式，较为先进。这四种方式有个共同之处——国家税收保障机制是制定加工贸易政策的出发点和根本前提。

美国的加工贸易集中在海关指定的监管区域内进行，美国外贸加工区法案规定，允许在进境港内或毗邻区建立特别的封闭区，并作为美国海关关税以外区域看待，即外贸加工区。美国海关极为重视监督管理，而且外贸加工区经营者必须偿付海关监管活动的费用。

欧盟采用两种具体的管理制度：一是保税制度，是严密监管前提下的开放式管理；二是先征后退，欧盟海关法典规定，即使在保税制度下，如果海关认为必要，可以对加工贸易企业征收保证金或由企业提供银行担保。

日本、韩国也都积极鼓励加工贸易的开展。日本海关对加工贸易实行三种监管模式：第一种，在指定区域内保税工厂开展加工贸易；第二种，担保保税政策，提供料件税款等值担保的给予保税；第三种，先征后退政策。后两种监管模式是针对在保税工厂以外区域开展的加工贸易，企业可以自主选择采取何种模式。韩国对加工贸易实行两种监管模式：一种是对在指定区域内开展的加工贸易实行保税政策，指定区域目前仅限于保税工厂和保税区，也叫出口加工区；另一种是先征后退政策。

东南亚各国主要采取设立出口加工区的方式发展加工贸易。新加坡颁布的经济扩展奖励豁免所得税法案就是其中一项主要的鼓励政策。马来西亚建立了出口加工区，出台各种优惠措施鼓励吸引外资和加工贸易的发展。印度尼西亚也建立专门区域开展加工贸易。泰国对加工贸易采取的政策有三种：海关退税制度，保税仓库制度，出口加工区制度。

墨西哥、加拿大、巴西、印度等其他世界上主要的加工贸易国家地区，所采取的政策主要是区域监管出口加工区和先征后退。

二、我国海关对加工贸易的监管模式

近年来，海关对加工贸易的监管手段经历了几次大的调整。手工操作、核算阶段，海关一直以登记手册、进出口报关单、核销表作为监管加工贸易合同和进出口料件的主体，结合前期验厂、中期下厂核查、后期下厂核销的手段加强实际监管。合同的登记备案、核销注销均为手工作业。随着加工贸易的发展，加工贸易合同迅猛增多，手工作业的弱点暴露明显。一是手工计算工作量太大，难以全面核算；二是缺乏严密性和制约性，存在漏核销的可能；三是对利用假单证骗取核销的防备能力差。

随后，全国海关对登记手册先后采用防伪印油、加密传真确认、防伪标签等措施，基于前述手工作业的不足，之后部分海关积极探讨并在本关区内对加工贸易合同备案、核销试行计算机管理。后来，全国推行加工贸易保证金台账制度，旨在实施企业分类和商品分类管理，通过设立保证金台账来制约企业行为，以降低海关监管风险。

结合台账的推广，全国海关建立加工贸易备案合同电子底账，将合同数据录入计算机。手工核销合同后，在计算机中注销合同，计算机能够汇总打印超期未核销合同，防止合同漏核销。全国海关实现加工贸易合同备案数据异地传输，随后实现异地报送进出口数据，深加工结转数据传输，从而实现加工贸易合同及进出口底账数据的完整采集与联网传输，把多年来主管海关与口岸海关中断的监管链条有机地结合起来，有效地防止和打击假手册骗取保税进口，假出口报关单骗取核销等走私违法活动。这是我国海关对加工贸易管理实现业务科技一体化的一个重要里程碑。

为从根本上解决纸质手册的弊端，海关推广实施联网监管电子账册模式。这种模式主要针对资信良好，投资规模和进出口数额较大，生产经营管理规范，自动化程度较高的加工贸易企业。对这些企业实施与海关监管系统联网，针对企业所有的进口料件和出口成品以及单耗关系在海关系统和联网企业即系统上建立一个计算机管理的电子账册，企业进口的原材料数据自动写入电子账册，加工成品出口后，自动核扣核销进口原料和零部件，从而通过海关计算机系统和企业即系统的信息化沟通，消除了纸质手册的一些弊端，达到提高效率，严密监管的目的。

三、我国海关加工贸易监管制度的主要内容

（一）加工贸易手册的审批许可制度

开展加工贸易，必须经国家外经贸部门行政许可，在合同上盖章审批。海关凭此监管进出口保税货物，并在上面核注进出口保税货物的情况。随着加工贸易的发展，特别是在大进大出时期，企业进出口货物数量激增，合同已无法全面记录进出口料件，海关也无法准确地核注进出口保税料件，加上进出口岸增加，于是海关新设立加工贸易登记手册，以适应企业经营的需要和海关监管的需要，既给企业提供方便，又便于严格监管。从此，将合同转化为海关的作业工具——登记手册，就成为海关执行外经贸主管部门关于保税货物进出口许可政策的一项日常的并且极其重要的工作，叫作登记备案作业制度。

由于海关严格按照外贸部门的行政许可进行备案，因此，保证了所有保税货物进出口的合法性。在这种管理模式下，如果企业在进出口环节，变更了进出口的保税料件和成品，出现了与向海关登记备案不符的情况，企业就必须获得外贸部门新的许可，也就是进行变更，否则海关不予放行。

现行的加工贸易审批就是合同审批，其流程是企业签订加工贸易合同，首先要报外经贸主管部门审批，对首次从事加工贸易的企业还需实际验厂，审核其加工生产能力，领取加工贸易业务批准证和加工生产企业生产能力证明，然后到外管部门申领收、付汇，核销单，以便在合同执行完毕，收付汇行为结束后，能够得到正常的外汇核销，然后到税务部门进行登记，便于日后的税务结算，然后到海关申请合同备案。海关通过执行各项严格规定，履行三级审批手续，经过单证审核、进出平衡检查，要进行初审、复审、台账开设、回执登记等一系列计算机操作。此外，对新企业还要实际到厂勘验加工生产能力。最后，海关将手册发给企业，才真正完成了审批。保税进口生产料件，待合同执行完后，海关予以核销。

在以合同为单元的基点上，海关对加工贸易的监管实施三段式的管理，业务流程具体如下：

（1）前期备案。企业持外经贸部门核发的加工贸易业务批准证和合同，到海关办理登记备案，在中国银行建立保证金台账后，海关核发登记手册，并将保税货物备案数据传至口岸海关。

（2）中期核注。加工贸易企业进出口保税货物进口放行和出口结关后，数据通过网络核注到电子手册的底账上，完成中期核注。海关对已进口加工生产的企业，在其生产过程中，下厂核查。企业完成出口后，向海关报核，海关人员通过单耗数据，对出口成品进行核算，核销进口料件，掌握企业进出存情况，对未能出口部分补征税款，进行核销结案。

（3）后期核销。企业完成出口后，向海关报核，海关人员通过单耗数据，对出口成品进行核算，核销进口料件，掌握企业进出存情况，对未能出口部分补征税款，进行核销结案。

电子账册联网监管是按以上的基本流程为基础而实行的，与纸质手册的区别是：一是以加工贸易企业为单元，在海关计算机系统和企业即系统上设立电子账册取代纸质登记手册。每个企业只有一本电子账册；二是电子账册只是在设立时在外经贸部门审批一次，以后长期使用，免去繁琐手续；三是实行分时间段核销，核销时的剩余料件归入下一个核销周期；四是企业与海关计算机系统联网，海关可以随时调阅企业进出口情况，加强了海关监管的时效和效率。

（二）加工贸易单耗管理制度

加工贸易单耗是指加工贸易企业在正常生产条件下加工生产单位出口产品，包括深加工结转的成品和半成品所耗用的进口保税料件的数量。单耗管理是海关对加工贸易企业进口保税料件加工生产成品，包括深加工结转的成品和半成品实施备案、核查、核销监管的执法依据，是合同审批和备案的基础数据，也是合同核销结案界定征、免税和补税的重要尺度。

（1）单耗的分类

单耗包括净耗和工艺损耗。净耗是指加工生产中物化在单位出口产品包括深加工结转的成品和半成品中的进口保税料件的数量。工艺损耗是指因加工生产工艺需求，在生产过程中除净耗外所必须耗用，且不能物化的成品包括深加工结转的成品和半成品中加工贸易进口保税料件的数量。

（2）加工贸易单耗管理的原则

加工贸易企业的生产不是具体到每个企业的情况，而是加工贸易企业中普遍水平，即加工贸易企业的平均水平。因此单耗标准的制定以加工贸易企业的平均生产水平为基础，便于海关和外经贸管理部门有效监督，兼顾国家的产业政策、财税政策和外贸政策。因此，我国海关的加工贸易单耗管理办法中明确规定，加工贸易单耗管理的原则是符合加工贸易企业的生产实际，贯彻国家产业政策、财税政策和外贸政策，以国家、行业标准或该行业的平均生产水平为基础促进加工贸易企业的技术进步和公平竞争，便于海关依法行政和有效监管。

（3）加工贸易单耗的管理办法

对于一些经常进口的原材料，如棉花、涤纶、橡胶、塑料原料等，海关总署制定了单耗的国家标准，称作一级单耗标准。对于已经制定一级单耗标准的商品，企业手册备案单耗不得超过单耗标准规定的范围。对于某一些地区经常进口的原材料而言，所属关区可以制定关区单耗标准，称作二级单耗标准。对于已经制定关区单耗标准的商品，企业申报的单耗低于关区标准时，按企业的实际进行备案和核销。如果企业申报的单耗高于关区标准，由海关对企业的加工生产情况进行进一步的核查，情况属实后，经过一定的程序批准后，按企业的实际单耗备案核销。

对于没有单耗标准的商品，海关在进行单耗核定时通过数据库进行查询，以关区间及同一关区不同时期同类商品的备案数值，作为备案和核销的参考，必要时进行实际加工的核查，以确定该产品的单耗。

应该说，单耗标准是海关加工贸易管理的一个焦点，企业如果在备案时把单耗标准报得比实际消耗高，则可以多核销一些进口料件，多谋取一些利益。因此，高报单耗一度成为不法企业走私保税货物，逃避关税的主要手段之一。因此，加强对加工贸易单耗管理成为海关打击加工贸易走私的重要手段。

（三）加工贸易企业的分类管理

为了鼓励企业守法自律，方便大多数企业正常进行经营活动，打击少数企业的违法走私行为，海关对加工贸易企业实施分类管理。现行《中华人民共和国海关企业分类管理办法》（以下简称《办法》）于 2008 年 1 月 4 日经海关总署署务会议审议通过，自 2008 年 4 月 1 日起施行。根据《办法》，海关根据企业遵守法律、行政法规、海关规章、相关廉政规定和经营管理状况以及海关监管、统计记录等，设置 AA、A、B、C、D 五个管理类别，对有关企业进行评估、分类，并对企业的管理类别予以公开。海关总署按照守法便利原则，对适用不同管理类别的企业，制订相应的差别管理措施，其中 AA 类和 A 类企业适用相应的通关便利措施，B 类企业适用常规管理措施，C 类和 D 类企业适用严密监管措施。

第三节　加工贸易进出口货物的报关与通关程序

加工贸易进出口货物的报关与通关涉及合同备案、开设台账、进出口报关和合同核销等步骤。

一、合同备案

合同备案的企业可分为两类，第一类是经营企业，包括负责对外签订加工贸易进出口合同的各类进出口企业和外商投资企业或者是各类经批准获得来料加工经营许可的对外加工装配服务公司；第二类是加工企业，包括受经营企业的委托，负责对进口料件进行加工组装，具有法人资格的企业以及虽不具有法人资格，但是实行相对独立核算，并已经办理工商营业执照的工厂。

（一）申请备案需要具备的条件

1. 加工贸易经营企业必须是具有进出口经营权的各类进出口企业和外商投资企业以及经批准获得来料加工经营许可的对外加工装配服务公司；

2. 加工贸易加工企业必须是具有法人资格的生产企业以及由经营企业设立的虽不具有法人资格，但实行相对独立核算并已经办理工商营业证(执照)的工厂；

3. 经营企业和加工企业必须已经在海关注册登记；

4. 申请备案的加工贸易合同已经由商务主管部门审核批准。

（二）申请备案时应提交的文件

1. 商务主管部门签发的有效的加工贸易业务批准证（1 万美元以下的进口辅料除外）；

2. 经营企业自身有加工能力的，应当提交其商务主管部门签发的"加工贸易加工企业生产能力证明"（企业在"加工贸易加工企业生产能力证明"有效期内再次备案的，可提供加盖企业印章的复印件）；

3. 经营企业委托加工的，应当提供加工企业所在地县级（含）以上商务主管部门签发给加工企业的"加工贸易加工企业生产能力证明"（企业在"加工贸易加工企业生产能力证明"有效期内再次备案的，可提供加盖企业印章的复印件）；

4. 国税部门备案证明（来料加工除外）；

5. 经营企业签订的加工贸易合同；

6. 经营企业委托加工的，应当提交经营企业与加工企业签订的委托加工合同；

7. 加工贸易进出口商品国家有限制性规定的，需提供对口主管部门的许可证件；

8. 加盖企业印章的空白加工贸易登记手册；

9. 《加工合同备案申请表》；

10. 《进口料件备案申请表》；

11. 《加工出口成品备案表》；

12. 《单耗备案申请表》；

13. 经预录入的《企业加工合同备案呈报表》；

14. 产品生产工艺流程；

15. 为确定单耗和损耗率所需的资料；

16. 从事异地加工贸易合同备案，还应提供经营企业主管海关签注意见的《中华人民共和国海关异地加工贸易申请表》；

17. 海关认为需要提交的其他证明文件和材料。

（三）备案办理程序

1. 材料受理

申请人向海关递交材料，海关受理后进行初审。

2. 海关审核

海关根据规定审核企业的加工贸易合同和各项资料是否符合国家和海关的有关规定。

3. 设立台账

经海关审核通过的合同，需到中国银行设立银行保证金台账（AA 类企业的所有合同，A、B 类企业 1 万美元以下的合同除外）。

4. 核发手册

按规定已设立银行保证金台账或不需设立台账的合同，由主管海关核发加工贸易登记手册，企业凭以办理加工贸易货物的进出口手续。

（四）办理时限

自出具《受理通知书》起 5 个工作日内。

二、开设银行保证金台账

加工企业应将经营企业签订的加工贸易合同、《进口料件备案申请表》、《加工出口成品备案表》、《单耗备案申请表》、《加工贸易外商免费提供设备表》等相关内容预录入与主管海关联网的计算机，主管海关对合同及上述单证表格进行审核后，根据企业状况和合同情况审核确定是否准予备案。对于准予备案的，还要由海关确定是否需要开设"加工贸易银行保证金台账"，不需要开设台账的，直接向海关领取《加工贸易登记手册》或其他备案凭证。需要开设台账的，主管海关根据加工贸易合同及外经贸主管部门的批件进行审核，按合同备案料件金额签发《开设银行保证金台账联系单》，交经营单位向指定的中国银行办理开设保证金台账手续。

加工贸易进口料件银行保证金台账制度的基本运作程序如图 7.1 所示：

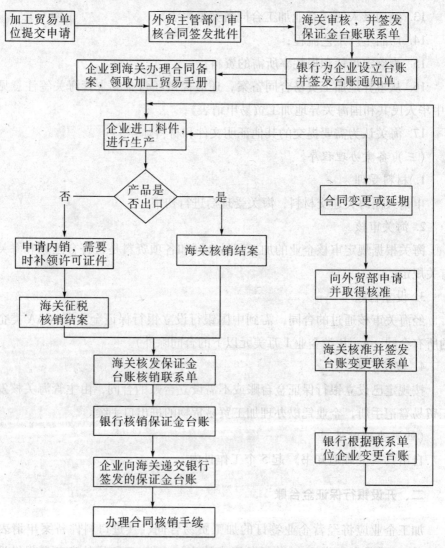

图 7.1　加工贸易保证金台账允准流程图

三、进出口报关

（一）报关条件

企业应符合以下条件才能到口岸海关办理加工贸易进出口报关手续：

1. 企业已申领到《登记手册》，并在有效期内；

2. 接受申报的口岸海关计算机内必须有企业所持加工贸易登记手册的计算机的备案资料；

3. 加工贸易登记手册电脑备案资料应在有效期内；

4. 异地报关使用 IC 卡的，企业应申领到 IC 卡。

（二）报关单证

报关前企业应准备好以下单证：

1. 有效的加工贸易《登记手册》；

2. 已预录入的进口或出口货物报关单；

3. 海关要求的其他有关单证。

加工贸易进出口货物报关单应按《中华人民共和国海关进出口货物报关单填制规范》的要求填写，并注意以下几点：

（1）一份报关单只能填报一本《登记手册》项下料件的进口或成品的出口，否则应分单填报；

（2）备案号栏应填报实际进口或出口的手册编号；

（3）贸易方式栏应根据实际情况按规定选择相应的贸易方式填报，包括来料加工（0214）、进料对口（0615）、进料非对口（0715）、三资进料加工（2215）等贸易方式；

（4）企业所申报进口或出口货物的序号、品名、规格、计量单位必须与在海关备案的加工贸易登记手册上的进口料件或出口成品的序号、品名、规格、计量单位完全一致。

符合上述报关条件的加工贸易企业凭上述报关单证即可向海关申报加工贸易货物的进出口。基本步骤和一般贸易进出口货物的报关通关类似，包括申报，审单，查验和放行等步骤。

四、合同核销

（一）报核和核销的含义

加工贸易合同报核是指加工贸易企业在加工贸易合同履行完毕或终止合

同，并按规定对未出口部分货物进行处理后，按照规定的期限和规定的程序，向加工贸易主管海关申请核销要求结案的行为；加工贸易合同核销是指加工贸易经营企业加工复出口并对未出口部分货物办妥有关海关手续后，凭规定单证向海关申请解除监管，海关经审查、核查属实且符合有关法律、行政法规的规定，予以办理解除监管手续的海关行政许可事项。经营企业应当在规定的期限内将进口料件加工复出口，并自加工贸易手册项下最后一批成品出口或者加工贸易手册到期之日起 30 日内向海关报核。经营企业对外签订的合同因故提前终止的，应当自合同终止之日起 30 日内向海关报核。

（二）合同核销的申请条件

1. 具有法人资格的加工贸易经营企业；

2. 加工贸易合同项下的进口料件已加工复出口；

3. 合同履约后的余料、边角料、成品、残次品、副产品已核算清楚，能向海关如实申报；

4. 合同履约后的余料、边角料、成品、残次品、副产品等已办理了内销征税、退运、放弃或余料结转等手续；

5. 在加工贸易手册项下最后一批成品出口或者加工贸易手册到期之日起 30 日内提出；

6. 加工贸易合同因故提前终止的，应当自合同终止之日起 30 日内提出。

（三）申请时应提交的文件

1. 合同核销申请表；

2. 加工贸易登记手册，包括分册、续册；

3. 齐全、有效的进出口报关单（按《登记手册》的进出口记录顺序编列）；进出口报关单票数和相关内容应当与登记手册进出口登记栏的进出口记录一致；

4. 核销核算表；

5. 合同履约后的余料、边角料、成品、残次品、副产品等已办理过内销征税、放弃、销毁等手续的，应提供税单复印件等资料和证明文件；

6. 备案后因故中止执行、未发生进出口而申请撤销的合同，应提供商务主管部门的批件；

7. 遗失进出口报关单的合同，提交报关单留存联、补发联，或加盖原报关地海关印章的报关单复印件；

8. 遗失《登记手册》的合同，应向海关提供遗失情况的书面说明。必要时提供手册遗失证明；

9. 其他海关需要的资料，如排料图、线路图、配方表等。

（四）报核的步骤

1. 企业申报

合同履约后，及时将登记手册和进出口报关单进行收集、整理、核对；根据有关账册记录、仓库记录、生产工艺资料等查清此合同加工生产的"实际单耗"，并据以填写核销核算表；填写核销预录入申请单，办理"报核预录入"手续；携带有关报核需要的单证，到主管海关报核，并填写报核签收"问联单"。

2. 海关受理报核和核销

海关对企业的报核应当依法进行审核，不符合规定不予受理的应当书面告知理由，并要求企业重新报核；符合规定的，应当受理。海关自受理企业报核之日起 20 个工作日内，应当核销完毕，情况特殊，可以由直属海关的关长批准或者由直属海关的关长授权的隶属海关关长批准延长 10 个工作日。

经核销情况正常的，未开设台账的，海关应当立即签发"核销结案通知书"；经核销情况正常的，开设台账的，应当签发"银行保证金台账核销联系单"，企业凭此到银行核销台账，其中"实转"的台账，企业应当在银行领回保证金和应得的利息或者撤销保函，并领取"银行保证金台账核销通知单"，凭此向海关办理核销手续。

第四节　出料加工进出口货物的报关与通关

一、出料加工概述

出料加工是指我国境内企业将原材料、辅料、零部件、元器件或半成品（简称料件），出口交由境外厂商按我方要求加工、装配，加工成品后复运进口，我方支付工缴费的贸易方式。出料加工贸易与前面所述的加工贸易在加工关系上是反方向的，它是我国企业将产品、料件运至境外加工。开展出料加工贸易的宗旨是为了借助国外的加工技术手段，以提高产品质量。

按照"保税货物"的定义，出料加工这一方式本不属于保税制度范围，其出口货物属暂时出境性质，加工后又复运进境，但由于其办理程序与其他进口加工贸易方式有相似的环节，海关在管理中将其纳入保税业务监管范围。

出料加工不仅限于因国内技术无法达到产品要求而必须运到境外进行某项工序的加工，应报经贸部进出口司审批，其他凡属许可证配额管理商品的出料加工，应报各省、自治区、直辖市（包括计划单列市）的经贸主管部门批准，海关凭上述经贸部门的批准证件及合同予以登记备案和免税验放有关出口的加工货物，必要时，海关可征收保证金。

二、出料加工的报关

（一）合同登记备案

经营出料加工业务的企业必须是经国家批准有进出口经营权的公司企业（包括依法成立的外商投资企业）。经营单位开展出料加工应在有关货物出口前到主管海关办理合同登记备案手续，并提交下列单证资料：

1. 外经贸主管部门批准出料加工合同的批件；

2. 经营单位对外签订的加工合同副本；

3. 海关认为必要的其他资料。

主管海关对上述单证审核无误后，予以办理合同登记备案手续，并核发有关登记备案证明资料。

（二）出口料件

出料加工项下料件出口时，经营单位或其代理人应持外经贸主管部门的批件以及主管海关核准合同登记备案的有关证明资料，填写《出口货物报关单》向出境地海关申报。出境地海关审核有关单证无误后，验放出口货物，并在相关的"出口货物报关单"上加盖海关印章退还经营单位或代理人，作为今后合同核销的依据。

（三）复进口已加工货物

出料加工项下加工后货物复进口时，经营单位或其代理人应持外经贸主管部门批件及主管海关核准合同登记备案的有关证明资料，填写《进口货物报关单》向进境地海关申报，进境地海关审核有关单证无误后，按出料加工有关规定对复进口的加工货物增值征收进口税款，验放有关货物，并在相关的"进口货物报关单"上加盖印章退还经营单位或代理人，作为今后合同核销的依据。

（四）合同核销结案

出料加工项下出口的料件在规定期限内加工复进口后，经营单位应持下列

单证到主管海关办理合同核销手续:

1. 有关出口料件和复进口加工后货物的出、进口报关单(报关单上须有出境地、进境地海关的签章)。

2. 经营单位填写的《出料加工合同核销申请表》。

主管海关对核销单证审查是否齐全、有效,根据合同登记备案资料审查实际出口、进口情况。对合同执行情况正常的,海关对登记备案的合同予以核销结案,并签发《核销结案通知书》。

三、海关监管出料加工报关的基本原则

为了更有效地对出料加工进行监管,海关对出料加工报关监管遵循如下基本原则:

(一)借助境外加工技术,弥补国内某项技术手段的不足

对因国内的技术手段无法达到产品质量要求而必须运至境外进行某项工序的加工时,方可开展出料加工业务。对国内具备生产能力和加工技术手段的,不得开展出料加工。

(二)开展出料加工应本着"简单加工"、"有限加工"的原则

出料加工其加工程度原则上不能改变原出口货物的物理形态,如纸张的印刷、布匹的印染等。对于完全改变原出口货物的物理形态的加工,如出口棉纱织成棉布,出口木材制成胶合板等,则已超出"简单加工"范围,不属于出料加工业务,而按一般贸易办理出口、进口有关手续。

(三)出口税收问题

出料加工项下出口的料件,免于缴纳出口关税。

(四)出料加工项下加工后成品复进口时的有关规定

海关对其加工增值部分予以征税,即以加工后的货物进境时的到岸价格与原出境货物或相同、类似货物进境时的到岸价格之间的差额作为完税价格,以复进口的加工货物确定进口税率,计征进口关税和进口环节增值税、消费税。如上述征税的完税价格难以确定,则可参考支付境外的加工费、运费、保险费等予以估价征税。

(五)开展出料加工业务应报外经贸主管部门审批

其中属国家禁止出口、限制和统一经营的出口商品,应报外经贸部审批。其他凡属许可证配额管理商品的,报省、自治区、直辖市(包括计划单列市)的外经贸主管部门批准,海关凭有效的批准证件验放。

此外，海关对出料加工业务的监管有以下要求：

1. 出料加工项下料件自出口之日起在境外加工期限不得超过6个月，加工后货物应按期复运进口。如特殊情况需延长加工期限的，应报经主管海关核准，延期最长时间不得超过3个月。

2. 出料加工项下出口的料件如属于应征出口关税的商品，经营单位应缴纳相当于出口税款的保证金，待经营单位办理合同核销结案手续后，海关予以退还保证金。

3. 为了加强对出料加工货物的监管，海关可对出料加工项下出口的料件附加识别标志、标记或取样留存，以确保出口料件加工后复运进口。

4. 经营单位应遵守海关有关监管规定，按出料加工合同履行义务，不得以国外产品顶替进口，也不得以出料加工名义逃避国家对出口贸易的管理。

案例与习题

案例

四川疾风九色纸业有限责任公司进料加工

四川疾风九色纸业有限责任公司是一个新办企业，主要从事进料加工贸易。2007年疾风公司同加拿大供货商签订一个CIP成都总额150 000美元的进口合同，进口一批加拿大产针叶林纸浆。大约同时，从美国进口一批化学涂层原料。打算生产高档巨幅彩色打印广告纸出口到印度，又和印度一家大型办公用品批发公司签订了长期出口合同。

由于是新办企业，成都海关把疾风公司归为保证金台账分类管理B类企业，在办理登记备案手续时，鉴于疾风公司工商管理注册登记地是四川，属于分类管理中的中西部地区，属于"空转"范围，所以要在银行设立保证金台账，但纸浆和化学涂层原料都不付保证金。两种生产原料进口之后，开始生产。其间，印度进口商由于库存积压，要求中方延期3个月交货。为了保住印度大客户，疾风公司考虑到自身资金周转状况还算较好，货物积压还不会造成资金周转困难，无奈同意了印方要求。遂派员到商务厅办理变更手续，商务厅工作人员告诉其业务员，合同变更直接到海关办理即可。海关受理并办理变更加工手册的手续，将手册延期3个月。成品生产出来之后，疾风公司将印度客商所要的货物存入仓库，剩余成品深加工结转出售给成都持久耗材有限责任公司。持久公司用之生产电脑照片纸出口。在海关办理了深加工结转的手续。在生产过程中，疾风公司研究发现了新的纸张涂层技术，使用国产原料，成本降低很多。于是决定在以后的生产中，不再使用美国化学涂层原料。疾风公司到成都海关咨询剩余原料的处理办法，海关给了他们几种选择：一、将化学原料转至本企业相同贸易方式下的另一份加工贸易合同。既然找到了更便宜的原料，疾风公司是不愿意作这种选择的。二、将化学原料退运出境，还给美国人。如果作这种选择，美国人是不会同意的，疾风公司没有任何理由退货。三、申请放弃，交由成都海关处理。无故放弃自己的财产，谁也不愿意。四、办理进口报关纳税手续后内销。最后，疾风公司找到重庆敏感感光材料公司，签订了出售剩余化学涂层原料的合同。该重庆公司没有出口业务，产品全部在中国国内市场上销售。疾风公司到海关办理了进口报关手续，补缴了关税，并按"补征税款×计息期限（天数）×缓税利息率/360"的计算方法缴纳了缓税利息。

习题

一、单项选择题

1. 某中资企业进口电视机散件组装电视机出口，在海关办理加工贸易备案时尚未订立出口合同，海关准予备案，进口料件的保税额度是（　　　）。

 A. 85%

 B. 95%

 C. 100%

 D. 企业合同或章程规定的外销比例

2. 北京加工贸易企业 A 进口料件生产半成品后转给南京加工贸易企业 B 继续深加工，最终产品由 B 企业出口。下列哪项结转申报手续是正确的（　　　）。

 A. 先由 A 企业报进口，后由 B 企业报出口

 B. 先由 A 企业报出口，后由 B 企业报进口

 C. 先由 B 企业报进口，后由 A 企业报出口

 D. 先由 B 企业报出口，后由 A 企业报进口

3. 按照海关规定，加工装配和进料加工进出口货物应在办理了（　　　）

后方能结关（办结海关手续）。

    A. 料件进口海关放行手续

    B. 成品复出口海关放行手续

    C. 海关对备案的加工贸易合同核销手续

    D. 海关核查企业报送的报表

4. 根据海关规定，进料加工合同登记备案时企业必须向海关递交必要的单证和其他相关资料。在以下4种材料中，不属于"海关认为必要的其他有关资料"的是（   ）。

    A. 加工企业营业执照

    B. 加工企业的人事管理制度

    C. 委托加工协议

    D. 产品技术资料

5. 郑州某企业使用进口料件加工的成品，在郑州海关办妥出口手续，经天津海关复核放行后装船运往美国。此项加工成品复出口业务，除按规定已办理了出口手续外，同时，还要办理的手续是（   ）。

    A. 境内转关运输手续

    B. 货物过境手续

    C. 货物登记备案手续

    D. 出口转关运输手续

二、多项选择题

1. 加工贸易银行保证金台账分类管理的具体内容正确的是（   ）。

    A. 中西部AA类企业限制类商品"空转"

    B. 中西部C类企业允许类商品"不转"

    C. 东部D类企业允许类商品"不准"

    D. 东部B类企业允许类商品"空转"

2. 天津某服装进出口公司和韩国某公司签订来料加工合同，外商提供含涤35%、毛65%混纺面料及全部辅料加工男上衣5万件，交付成品时外商支付加工费。该合同向海关办理登记备案时，企业需向海关递交的文件有（   ）。

    A. 加工单位或专业外贸公司的营业执照和税务机关签发的税务登记证

    B. 外经贸主管部门签发的来料加工批准书和对外签订的正式来料加工合同副本

C. 需申领进口许可证商品的进口许可证

D. 海关认为必要的其他单证和保函等

3. 加工贸易联网监管是海关对加工贸易保税货物实施监管的一项创新举措，实现加工贸易联网监管的加工贸易保税货物的海关手续具有以下特点（　　）。

A. 建立电子账册，取代加工贸易纸质登记手册

B. 根据实际需要办理进出口货物的备案手续，取代货物进出口报关单的填制和申报

C. 不实行银行保证金台账制度

D. 电子账册备案的料件全额保税

4. 对于履行加工贸易合同中产生的剩余料件、边角料、残次品、副产品等，在海关规定的下列处理方式中需要填制报关单向海关申报的有（　　）。

A. 销毁

B. 结转

C. 退运

D. 放弃

5. 对于遗失加工贸易登记手册的合同，加工贸易企业应持下列哪些单证向海关报核（　　）。

A. 经营企业关于加工贸易手册遗失的书面报告

B. 经营企业申请核销的书面材料

C. 加工贸易进出口报关单

D. 海关缉私部门出具的《行政处罚决定书》

三、判断题

1. 外商与我国某加工企业签订来料加工装配合同后，需在我境内购买供加工成品用的部分原料。根据有关规定，凡属出口货物许可证管理的商品，均应申请出口许可证。

2. 某工艺服装厂承接一万套服装来料加工合同，加工期两年，成品全部返销日本，合同规定，外商无偿提供一套价值2.5万美元的专用设备。合同期满加工成品全部出口后，该厂向海关办理合同核销手续，该设备也随之解除海关监管。

3. 因为来料加工进口的料件和加工的成品所有权属外商，外商有权在我国

境内直接提取加工的成品。

四、问答题

1. 简述来料加工及其形式和作用。

2. 请分析进料加工与来料加工的区别和联系。

3. 概括我国加工贸易发展的历史阶段及其特点。

4. 为什么我国要大力发展加工贸易？

5. 简述我国海关对加工贸易的监管模式与国外海关对加工贸易的监管模式的区别和联系。

6. 简述加工贸易进口料件银行保证金台账制度的基本运作程序。

7. 合同核销中的报核步骤有哪些？

8. 简述出料加工的报关内容。

第八章　其他货物的报关与通关

第一节　暂准进出口货物的报关与通关

一、暂准进出口货物的概念

（一）暂准进出口货物的含义

暂准进出口货物是指用于特殊非商业用途，暂时入境或出境，有条件地暂时免纳进出口税并豁免进出口许可证，但必须在规定的时间内原装（正常使用过程中正常的损耗除外）复运出（进）境的货物。主要包括国际组织、政府、企业、群众团体或个人，为了开展经济、技术、科学、文化、体育等方面的交流活动而需要暂时运入本国境内或运出本国境外的一些物品或货物以及与这些物品或货物相关的一些器材或运输工具等。

（二）暂准进出口货物的特征

根据暂准进口货物的定义，可以将其具有的基本特性归纳如下：

1. 暂准进出口货物用途的特殊性，即暂准进出口货物是为了开展经济文化交流活动等特殊非商业用途而进出一国国境的，因此，除特殊情况外，此类货物的进出境可暂时免交许可证件，免纳关税。

2. 暂准进出口货物的暂时性，即暂准进出口货物只是暂时的免纳税或免交许可证，但是必须在规定时间期限内在海关的监管下复运出、进境。

3. 暂准进出口货物的完好性，即暂准进口货物在规定的期限内复运出、进境时应维持原状，不得在境内加工或修理。

（三）暂准进出口货物的分类

暂准进出口货物一般按货物的类型分类。国际上对暂准进出口货物的划分种类繁多，目前我国暂准进出口货物范围主要包括以下类型：

1. 在展览会、交易会、会议以及类似活动中展示或者使用的货物；

2. 文化、体育交流活动中使用的表演、比赛用品；

3. 进行新闻报道或者摄制电影、电视节目使用的仪器、设备及用品；

4. 开展科研、教学、医疗活动使用的仪器、设备和用品；

5. 上述四项所列活动中使用的交通工具及特种车辆；

6. 暂时进出境的货样；

7. 供安装、调试、检测设备时使用的仪器、工具；

8. 盛装货物的容器；

9. 其他暂进出境用于非商业目的的货物。

在报关与通关领域，暂准进出口货物一般根据报关程序的差异划分为四种类型：使用 ATA 单证册报关的暂准进出口货物，不使用 ATA 单证册的展览品，集装箱和暂时进出口货物。本节将依此分类方法依序介绍各类暂准进出口货物的报关与通关问题。

二、使用 ATA 单证册的暂准进出口货物的报关与通关

（一）ATA 单证册制度概述

ATA 单证册在国外常被称为 CARNET，是 ATA CARNET 的简称。它是由法语 "Adimission Temporaire" 和英语 "Temporary Admission" 两种文字的第一个字母组合而成，表示暂准进口。它是指依据海关组织《货物暂准进口公约》及其附约 A 和《关于货物暂准进口的 ATA 单证册海关公约》建立并逐步完善的一种国际通用的海关文件。而 ATA 单证册制度作为国际通行的海关制度，是由世界海关合作理事会——世界海关组织（WCO）的前身，于 1961 年通过了《关于暂准进口的 ATA 单证册海关公约》创立的；其后，又于 1990 年通过了《货物暂准进口公约》，从而建立并完善了 ATA 单证册制度。ATA 单证册制度的宗旨是为了统一世界海关程序，简化通关手续，使用 ATA 单证册的货物有别于普通进口货物，此类货物在国际间流转时，其所有权不发生转移，ATA 单证册持证人在一年有效期限内，在各国海关可以享受免税进口以及免于填写各国国内保管文件的便利，并可免交各种进口税担保从而极大地简化了货物通关手续。故此，ATA 单证册又被国际经贸界广泛称之为货物护照和货物免税通关证。

到目前为止，ATA 单证册制度由国际海关组织和国际商会世界商会联合会实行共同管理在国际上已成功运作 40 余年。全世界已经有超过 60 个国家和地区实施了 ATA 单证册制度，70 多个国家和地区接受了 ATA 单证册，每年 ATA 单证册项下的暂准进口货物总值超过了 120 亿美元。根据国际商会统计，ATA

单证册签发量于 1989 年达到顶峰，全球数量超过 30 万份；ATA 单证册项下货物价值于 1992 年达到最高 140 多亿美元，为促进经济全球化，各国经济贸易往来以及文化科技交流做出了显著的贡献。在国际商务活动中，凭借便利的货物临时进出口手续，外贸公司、企业可以创造和巩固与外国商业伙伴的合作，增强产品在国外市场上的影响，在全球贸易竞争中占据主动地位。

（二）ATA 单证册制度的适用范围

ATA 单证册适用范围具体包括如下 13 项：

1. 供展览会、交易会或类似场合使用或展出的货物；

2. 各类专业人员使用的专业设备；

3. 商业样品、集装箱、包装物料等与商业活动有关的货物；

4. 科研设备、教学用品、海员福利用品及其他与科教、文化活动有关的货物；

5. 参加境外体育比赛、表演和训练所需的体育用品及其他物品；

6. 赴境外观光、求职、学习、参加会议所需的个人物品；

7. 参加境外的文化、宗教或专业聚会等活动所需的图片、照片、摄影作品、艺术品、免费播放的音像制品；

8. 旅游广告材料；

9. 边境地区自然人或法人为完成农业、林业、养鱼业的工作以及为修理、制造、加工目的所需的非商业性质的商品；

10. 运输工具；

11. 为慈善目的进出口的货物；

12. 与制造活动相关的纸板、印版、图版、图纸、模型等类似物品；

13. 动物。

（三）ATA 单证册的功能

ATA 单证册是货物暂准进口通关的护照，广泛适用于各种展览交易会的展品以及在世界各国进行文化科研交流所需的设备或仪器。ATA 单证册为持证人提供了同时进出多个参展国家，免交关税，免填海关文件，低担保手续费等多种便利。其功能主要有以下几种：

1. 简化通关手续：持证人本人或持证人的职员以及有持证人授权委托书的国内外报关代理、外国贸易伙伴或其他人员均可持 ATA 单证册在国内外海关办理报关手续。持证人使用 ATA 单证册，无需填写各国国内报关文件，并免交货物进口各税的担保，从而极大地简化了货物通关手续。

2. 节约通关费用和时间：ATA 单证册由持证人在本国申请，从而使持证人在出国前就能预先安排好去一个或多个国家的海关手续，无需向外国海关提交担保，并可以确保快捷通关。

3. 国际通用：ATA 单证册的有效期为一年，其项下的货物可以在有效期内凭同一单证册在本国多次进出口，去多个国家海关办理暂准进口货物的进出口报关，并在多个国家过境通关。

4. 应用范围广泛：从事商务活动的人员和各行业专业人士均可受益于 ATA 单证册。例如：会议代表、销售人员、参展厂家、演艺团体、记者、医生、科研人员、旅游者等各界人士均可为其所使用的货物或设备申请 ATA 单证册。

（四）ATA 单证册制度在我国的实施状况

ATA 单证册制度在我国虽然起步较晚，但发展很迅速。我国于 1993 年加入《关于暂准进口的 ATA 单证册海关公约》、《货物暂准进口公约》和《展览会和交易会公约》。自 1998 年 1 月起开始实施 ATA 单证册制度。经国务院批准、海关总署授权，中国国际贸易促进委员会、中国国际商会是我国 ATA 单证册的出证和担保商会，负责我国 ATA 单证册的签发、担保、进出口单证册的核销索赔以及电子备案工作。到目前为止，中国国际商会已批准 23 家地方签证机构，有 200 多家地方分支机构开展代理业务。从 1998 年到 2008 年短短 10 年的时间里，我国 ATA 单证册签发量已位居世界 ATA 公约成员国中前 30 位，在亚洲也位居前四位。

ATA 单证册制度是规范成熟的海关制度。一系列的国际海关公约是 ATA 单证册制度运作的法律基础，世界海关组织和国际商会对全球的 ATA 单证册制度实施统一管理，各国都要遵循国际公约和国际惯例实施，中国也不例外。为保障 ATA 单证册制度的实施，我国海关总署于 2001 年 12 月 24 日发布《中华人民共和国海关暂准进出口货物监管办法》（以下简称《办法》），其主要内容包括以下几个方面：

1. ATA 单证册项下的暂准进口货物范围

ATA 单证册项下的暂准进口货物限于我国加入的上述公约及附约中规定的展览会、交易会、会议或类似活动（以下简称"活动"）项下的货物，主要包括：

（1）在上述活动中展示的货物。

（2）在上述活动中为展示境外产品所需用的货物，如为展示境外机器或仪器在演示过程中所需用的货物等；境外展览者设置临时展台用的建筑材料及装饰品，包括电器装置；为宣传示范境外展览品所需的广告品及展示物品，如录像带、影片、幻灯片及装置物品等；供国际会议使用的设备，如翻译用具、录音机及具有教育、科学或文化性质的电影片等。

（3）其他经海关批准用于展示的货物。

2. 监管机构与单证

（1）ATA 单证册项下的暂准出口货物，海关凭我国 ATA 单证册的担保协会和出证协会——中国国际商会签发 ATA 单证册验放。ATA 单证册项下暂准出口货物属于国家限制性出口或需交纳出口税的货物，由中国国际商会统一向海关总署提供总担保。

（2）海关总署在北京海关设立 ATA 单证册核销中心。海关总署授权核销中心负责对 ATA 单证册的进出口凭证进行汇总、核销、统计及追索，并对全国海关 ATA 单证册的有关核销业务进行协调和管理。

（3）ATA 单证册项下的暂准进出口货物，持证人免填报关单，免向海关提供担保，免纳进出口关税和其他由海关代征税费，免领进出口货物许可证。ATA 单证册项下的暂准进口货物属于除进口许可证、配额以外的其他限制进口范围的，如基于公共道德或秩序、公共安全、公共卫生保健、动植物检疫、濒危野生动植物保护或知识产权方面的考虑而实施的限制措施，持证人应按照有关规定办理相关手续。

3. 监管期限

海关签注的准予暂准进出口期限应在 ATA 单证册有效期内。暂准进出口期限一般不超过自货物进出境之日起 6 个月。超过 6 个月的，需报经进境地或展出地直属海关批准。超过 1 年的，需报经海关总署批准。

ATA 单证册有效期需要延长的，须向原出证协会申请续签，续签的单证册经 ATA 核销中心确认后可替代原单证册。续签的单证册只能变更有效期，其他项目均须与原单证册相同。续签的单证册起用时，原单证册失效。

4. 对监管货物的相关规定

（1）ATA 单证册项下暂准进口货物应原状复出口，不得在境内进行任何加工或修理；ATA 单证册项下暂准进口货物属于海关监管货物，未经海关许可，持证人不得将其在境内出售、转让或移作他用。确需在境内出售、转让或移作他用的，须经海关批准，并按有关规定办理进口报关手续。

（2）持证人决定放弃 ATA 单证册项下货物的，由海关提取依法变卖处理。

（3）ATA 单证册项下货物，由于毁坏、丢失、被窃等特殊原因，不能复出口时，持证人应向海关办理核销和进口报关手续；因不可抗力遭受毁坏或灭失而不能复出口的，海关根据其受损状况，减征或免征关税和进口环节税。

5. 违反监管规定的处理

ATA 单证册项下暂准进口货物复运出境时，如因故未经我国海关核销、签注的，另一缔约方担保协会或海关可向我国海关 ATA 核销中心提供由境外海关在暂准进口单证上签注的该批货物从该国进口或复进口的证明，或我国海关认可的能够证明该批货物已实际离开我国境内的其他文件，作为货物已从我国复运出境的证明，持证人应向海关交纳调整费，金额为每票 ATA 单证册人民币350 元，ATA 核销中心可凭以核销。在我国海关尚未发出"追索通知"前，如果持证人凭其他国海关出具的货物已运离我国关境的证明，要求予以单证册核销的，海关免收调整费。

ATA 单证册项下货物若未能履行暂准进（出）口或过境规定的，海关将提出追索。自追索提出之日起 9 个月内，担保人向海关提供货物已复出（进）口、或已办理正常进出口手续的证明，海关可撤销追索。如果 9 个月期满后仍未提供上述证据，则由担保人向海关缴纳税款和补偿金。

ATA 单证册项下暂准进口货物不能按规定复出境时，在海关规定的暂准进口期限或同意展期的期限届满后向海关申报留购的，海关按规定办理进口手续，并加收补偿金。补偿金金额应为关税、增值税及消费税总额的 10%。

持证人违反本《办法》规定的，海关按照《中华人民共和国海关法》及《中华人民共和国海关法行政处罚实施细则》的有关规定予以处罚。对构成走私罪的，依法追究刑事责任。

（五）使用 ATA 单证册的暂准进出口货物的报关与通关

1. 报关单证

ATA 单证册既是统一的报关文件，又是海关关税的担保凭证。它由国际统一格式的货物清单和报关单组成，可以取代货物从本国出口和复进口、在外国进口和复出口以及过境报关时所需填写的各种报关文件。

ATA 单证册的使用过程及注意事项：

（1）ATA 单证册制度的核心内容是实行暂准进出口的国际联保。这种联保形式的运作是通过国际商会国际局（IBCC）组织管理的国际商会组织作为国家担保机构共同组成。各国的担保机构负责签发本国申请的 ATA 单证册，并对ATA 单证册项下的货物应付的关税及其他税费向 IBCC 履行全部担保义务。出口国的 ATA 单证册持有人应在货物出境前向本国 ATA 单证册担保机构申请签发 ATA 单证册,凭该单证册向货物入境国海关申报,并在特定使用活动结束后,按规定使货物复出境。

(2) ATA 单证册的格式是由一页绿色封面单证,一页黄色出口单证、一页白色进口单证、一页白色复出口单证、两页蓝色过境单证、一页黄色复进口单证、一页绿色封底构成。因此,一份 ATA 单证册至少由 8 页彩色单证组成,并且页数随着货物拟进(出)境国数量的增加而增加。每张彩色报关单都是由存根和凭证两部分组成,签发时,凭证上应列明持证人名称、地址、授权使用人姓名、货物用途以及出证商会名称。

2. 使用 ATA 单证册的暂准进出口货物的报关程序

使用 ATA 单证册暂准报关的货物和一般进出口报关程序大致相同,只是用到的单证和受到的限制较多,主要程序有以下几步(参见图 8.1):

(1) 出境申报

ATA 单证册持有人,一般为发货人或其代理人,向出境地海关提出暂准出口货物出境申报,并同时提交国家主管部门的批准文件、纸质 ATA 单证册、装货单等单证。

持证人在黄色出口报关单的凭证中填暂准出口货物的项号,将单证册提交出口地海关官员,由海关官员在存根上列明出口货物项号,在存根和凭证上分别签注盖章,然后撕下凭证存档,存根联随 ATA 单证册其他各联退还给持证人。首次使用该单证册时,海关官员还应在绿色封面上签注盖章。

(2) 进境申报

持证人向进境地海关提出暂准进口货物进境申报后,在中国国际商会以及其他商会,将 ATA 单证册上的内容预录入海关与商会联网的 ATA 单证电子审核系统,然后向展览会主管海关提交纸质 ATA 单证、提货单等单证。

持证人在白色进口报关单的凭证中填暂准进口货物的项号,将单证册提交进地海关官员,由海关官员在存根上列明进口货物项号,在存根和凭证上分别签注盖章,撕下凭证存档,存根联随 ATA 单证册其他各联退还给持证人。首次使用该单证册时,海关官员还应在绿色封面上签注盖章。

(3) 核销结关

ATA 单证册项下暂准进(出)境货物在规定时期内将被持证人复运出(进)境。复出境地海关在白色复出口单证上签注盖章,留存凭证,将存根及 ATA 其他各联退还给持证人,正式核销结关。复进境地海关在黄色复进口单证上签注盖章,留存凭证,将存根及 ATA 其他各联退还给持证人,正式核销结关。如果进境地或过境地海关对货物复出口的期限加以限制，暂准进口货物必须在该期限之内复出口，否则会受到国外海关的索赔。

如果货物要转为正式进口，应当办理进口申报、交纳进口税、提交进口许可证。作为暂准出口货物在出境地应当补办相关手续；如果要放弃或赠送货物，放弃的货物应由海关依法变卖，上交国库；赠送的货物按照礼品或经贸往来规定办理；如果货物有毁坏、丢失、遭窃的情况，毁坏暂准进出口货物应按照毁坏程度估价征税；丢失、遭窃的按同类货物价格征税；不可抗力造成的以上损失，应当向海关提供相关证明，有条件地办理核销。

（4）过境申报

持 ATA 单证册的过境货物承运人向海关申报将货物通过一国转运至第三国时，不需填制过境货物报关单。持证人要在两张蓝色报关单上同时列明过境货物项号后将单证册提交进境地海关官员。海关官员在存根上列明过境货物项号，在两张报关单上签注盖章后撕下第一张凭证存档，出境时出境地海关官员在第二张报关单上签注盖章后撕下第二张凭证，存根都是随 ATA 单证册其他各联一起退还给承运人或其代理人。

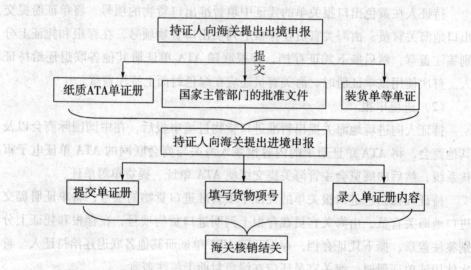

图 8.1　使用 ATA 单证册的暂准进出口货物的报关流程图

3. 使用 ATA 单证册报关过程注意事项

持 ATA 单证册向海关申报暂准货物进出境时需要注意以下一些事项：

1. 担保和许可证件

持 ATA 单证册向海关申报暂准货物进出境，不需提交进出口许可证件。但如果暂准进出境货物受到公共道德、公共安全、公共卫生、动植物检疫、濒危野生动植物保护、知识产权保护等限制的，货物收发货人或其代理人应当向海关提交进出口许可证件。

2. 印刷文字与申报文字

ATA 单证册必须用英语或法语，如果有需要，也可同时使用第三种语言印刷。我国海关接受中文或英文填写的 ATA 单证册的申报，用英文填写的，海关可以要求其申报人提供中文译本。用其他文字填写的 ATA 单证册，必须提供与原文意思一致的中文或英文译本。

3. 有效期

根据国际公约规定，各缔约方的出证协会签发的 ATA 单证册的有效期不得超过 1 年。在我国，由于我国海关只接受展览品及相关货物持 ATA 单证册申报进出口，因此，ATA 单证册项下暂准进出口货物的进出境时间比较短，ATA 单证册的有效期为 6 个月，进出境超过 6 个月的暂准进出口货物需经直属海关批准。如有特殊情况超过 1 年的，需经海关总署批准。

三、不使用 ATA 单证册的展览品的报关与通关

展会期间出售的小卖品，酒精饮料，烟叶制品，燃料等物品虽在展览活动中使用，但与普通展览品性质不同。属于展览中涉及的非展览品，不按一般的进出口货物管理，但一律征收关税。其报关程序如下（参见图 8.2）：

1. 进境申报

展会主办方在展品进境前 20 个工作日之前应向进境地海关提交展会批件、展品清单以备案。申报时，主办方持报关单、展品清单及其他相关单证、批件向海关申报，经核准后，即可免税免证进境。

2. 出境申报

主办方在展品出境前 20 个工作日之前，向海关提交备案。主要证明文件有：主管部门批件、报关单、展品清单一式两份，一份海关留存备案，另一份封入关封交予展品所有人或其代理人，凭以办理复运出境手续。向海关提供担保后，免税免许可证。

3. 核销结关

展览品复运进出境后，展览品所有人或其代理人凭海关签发的报关单凭证联办理核销结关手续。应复运进出境的展览品，如在境外展出期间由于被变卖、赠送、放弃、消耗、损毁等原因不能复运进出境时，主办方应当向原进出

境地海关补交进口、出口报关单证，由海关按有关规定办理手续，补征关税。

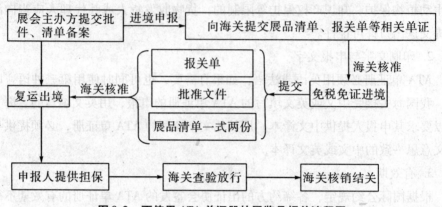

图 8.2　不使用 ATA 单证册的展览品报关流程图

四、集装箱的报关与通关

境外集装箱箱体暂准进境时，无论装载货物与否，都应当作为运输设备，由发货人或其代理人单独向进境地海关申报。暂准进口的集装箱需在入境之日起的 6 个月内复出口，如因特殊原因不能复运出境的，发货人或其代理人可以向海关提出延期申请，经海关核准后，最多可以延期 3 个月。

境内生产的集装箱投入国际运输前，营运人应当向其所在地海关办理登记手续。登记之后，无论装载货物与否，境内生产的集装箱暂时进出境都无需单独向海关办理报关手续，也不受规定的期限限制。

五、暂时进出口货物的报关与通关

暂时进出口货物不使用 ATA 单证册报关，其主要的报关程序如下（参见图 8.3）：

1. 申报

提交可定性为暂时进（出）境货物的批准文件、装箱单、报关单、提单等向进（出）境地海关申报。

2. 提供担保

对于经海关核准的暂时进出口货物，申报人应向海关交纳相当于关税的保证金或提供海关认可的书面担保后，可以免纳关税，免交进口许可证。

3. 查验放行

经海关核准的暂时进出口货物，在通关时还需经过海关查验无误后才可签章放行。

4. 核销结案

暂时进出口货物应在规定时间内复运出境、复运进境。申报人应提供原进、出口时的货物报关单和货物清单，留存由海关签章的复进出境报关单凭证联，以备核销。如果由于特殊原因转为正式进口，申报人应向海关提交许可证件，正式报关纳税。在货物所有人声明放弃该批货物时，海关将按放弃货物的有关规定处理。

最后，申报人持复运进出境报关单或货物放弃收据以及其他相关单证，向海关申报核销。待其审核后，申报人可得到退还的保证金，办理其他担保的核销手续，销案结关。

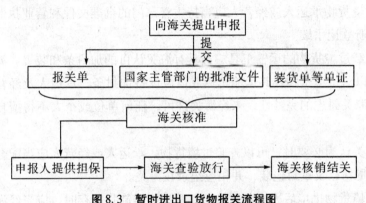

图8.3　暂时进出口货物报关流程图

第二节　过境、转运、通运货物的报关与通关

一、过境货物的报关与通关

（一）过境货物的定义

过境货物是指通过某种运输工具，从一国境外起运，通过该国境内陆路运输继续运往境外的他国货物，此过程中不论是否更换运输工具，都不影响其定义。

（二）过境货物的范围

根据是否与我国签订过相关协定，过境货物的范围划分为下面几种：

1. 同我国签有过境协定的国家的过境货物。

2. 同我国签有铁路联运协定的国家收、发货的过境货物。

3. 未同我国签有上述协定的国家的过境货物，经国家运输主管部门批准并向入境地海关备案后，方可准予过境。

4. 中国政府明令禁止的过境货物有：

（1）来自或运往我国停止或禁止贸易的国家和地区的货物。

（2）各种武器、弹药、爆炸品及军需品（通过军事途径运输的除外）。

（3）各种烈性毒药、麻醉品和鸦片、吗啡、海洛因、可卡因等毒品。

（4）我国法律法规禁止过境的其他货物、物品。

（三）海关对过境货物的监管要求

过境货物自进境起至出境止，处于海关的监管范围之内。主要规定如下：

1. 过境货物承运人或经营人应当持主管部门的批准文件和营业执照，向海关申报注册登记手续。

2. 装载过境货物的运输工具应当具有海关认可的加封条和装置。海关认为必要时可以对过境货物及其运输车辆或运载设备加封条，承运人及经营人应当负责保护海关封志的完整性，未经海关许可，任何单位或个人不得擅自开启或损毁。

3. 海关认为必要时，可以查验过境货物。承运人或经营人应当配合海关搬移，开拆货物以及重封包装，并相应纪录在海关。

4. 过境货物进境后因换装运输工具等原因需卸货储存时，应当经海关批准并在海关监管下存入经海关指定或认同的场所。

5. 禁止过境的爆炸物、麻醉品和毒品因特殊目的需要过境时，应向海关交验规定的单证，另外需同时交验海关总署签发的"特准过境货物许可证"，海关核准后才可过境。

（四）过境货物的报关与通关程序

过境货物虽不直接销售国内市场，但不排除对国家及人民安全带来威胁的可能性，所以过境货物的报关程序同样较为严格，主要有以下几步（参见图8.4）：

1. 入境申报

经营人向进境地海关申报并提交过境货物入境报关单、过境货物运输单以及海关要求的其他单证。入境地海关核实后，在有关运单上加盖"海关监管货物"戳记，将一份过境货物入境报关单留存备案，另一份报关单和货物装载清单制作关封，加盖"海关监管货物"专用章连同上述运单一并交予经营人。经营人将进境地海关签发的关封完整地带交给出境地海关以备其检验核实。

2. 出境申报

经营人向出境地海关申报并提交过境货物出境报关单、进境地海关签发的关封，过境货物运单，货物装载清单以及海关要求的其他单证。出境地海关审核有关单证，确认无误后，在运单上加盖放行章，监管货物的出境，并将一份过境货物出境报关单寄送入境地海关核销结关。

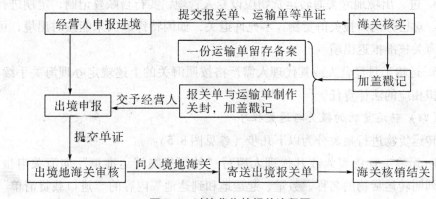

图8.4　过境货物的报关流程图

二、转运货物的报关与通关

（一）转运货物的定义

转运货物是指在从一国境外启运，经过该国境内海关换装运输工具而不经过该国内陆直接运往第三国的货物。

（二）转运货物的范围

转运货物必须满足下列条件之一：

1. 持转运或联运提货单。

2. 进口载货清单上已注明是转运货物。

3. 持有普通提货单，但于起卸前向海关声明转运。

4. 误卸的进口物品，经运输工具经营人提供确实证件予以证明的。

5. 因特殊原因申请转运并获得海关部门批准的。

（三）海关对转运货物的监管要求

海关对转运货物进行严格的监管以防止混卸进口和混装出口，监管期限为3个月，3个月后未办理海关手续并转运出境的，按照相关法规提取变卖。对转运货物的监管主要有以下几方面：

1. 转运货物自进境起至出境为止，海关对其保留查验权。

2. 货物由进境地海关到出境地海关之间运输必须由在海关备案登记的运输工具承运。

3. 属于国家严令禁止的进口货物或重点敏感商品申报转口时，必须由进境地海关押运到出境地海关。

4. 货物经营人不得私自对转运货物进行开拆、改装或加工。

5. 进、出境地海关对转运货物应设专人管理，实行台账登记制，定期进行核对。对已办出口报关的货物，不允许退关，如因特殊原因未能按时出境，可经过海关核准推迟出境。

6. 运输工具经营人或其代理人需严格按照海关的上述规定办理海关手续，并承担相应的法律责任。

（四）转运货物的报关与通关程序

转运货物进行报关分为以下几步（参见图8.5）：

1. 运输工具负责人或其代理人填写"外国货物转运准单"向海关申报，提供列明转运货物的名称、数量、起运地和到达地等内容的"进口载货清单"，经海关核实批准后，在海关指定的地点换装运输工具。

2. 在海关规定的时间内出境。

3. 运输工具负责人或其代理人在出境地海关同时办理货物进出口报关手续，即先出口申报并在报关单上注明为转运货物，出口申报后再办理进口报关手续，在进口报关单上注明集装箱号、封志号、出口报关号。最终将进口报关单号填写在出口报关单上。

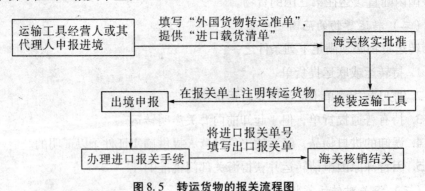

图8.5　转运货物的报关流程图

三、通运货物的报关与通关

通运货物是指由船舶、航空器从一国境外启运，不通过该国境内陆路，在该国海关不换装运输工具而直接运出境的货物。通运货物的报关程序分为以下几步：

1. 装载有通运货物的运输工具到达一国第一个口岸时，运输工具负责人或其代理人持注明了货物名称、数量的《国际航行船舶进口报告书》或"国际民航飞机进口舱单"办理国际运输工具进境申报手续。

2. 如有通运货物需要在船舶装卸货物时需要倒装，船方应向海关申请，并在海关监管下通行。

3. 在运输工具到境和离境时对申报通运的货物予以核查。

四、过境、转运、通运货物报关的区别

过境、转运、通运货物都是从一国境外启运运往境外第三国，但是三者在时间期限和报关形式上都有很多的区别，总结起来有以下几点：

（1）过境货物通过境国境内陆路运输，转运货物和通运货物不通过中转国境内陆路运输直接运往境外。

（2）过境货物在过境国有可能会换装运输工具，转运货物在中转国换装运输工具，而通运货物不得在中转国换装运输工具。

（3）过境货物在过境国停留的期限一般为 6 个月，也可申请延长 3 个月出境。转运、通运货物一般规定为 3 个月内出境。

第三节 转关运输货物的通关

一、转关运输货物概述

（一）转关运输货物的定义

转关运输货物是指一国为了加速某些海关口岸的进出口货物的疏通，依法允许进出口货物在海关的监管下，由一个海关关口运至另一个海关关口，办理通过手续的行为。转关运输的主要目的在于简化进出口收发货人的通关手续，提高进出口企业的通关效率，节约成本，改善一国投资环境。

（二）转关运输货物的范围

转关运输货物分为以下几种：

1. 由进境地入境，向海关申请转关运输，运往另一设关地点办理进口海关

手续的货物。

2. 在启运地已经办理出口海关手续运往出境地，由出境地海关监管放行的货物。

3. 由境内一个设关地点运往另一个设关地点，应受到海关监管的货物。

4. 转关运输货物是海关监管货物，一般进出口货物均可申报转关，办理转关运输手续，但下列限制转关商品除外：

（1）汽车整车（包括整套散件及二类底盘）；

（2）消耗臭氧层物资、化学武器关键体、可作为化学武器的化学品、化学武器原料、易制毒化学品等；

（3）动物废料、冶炼渣、木制品废料、纺织品废物、贱金属及其制品的废料、各种废旧五金、废机电、废电器产品、废运输设备、废塑料、碎料及下脚料等；

（4）国家检验检疫部门规定必须在口岸检验检疫的商品。

二、转关运输货物的管理

（一）转关运输货物应具备的条件

我国海关对办理转关运输的货物应具备的条件在《中华人民共和国海关关于转关运输货物监管办法》中规定如下：

1. 指运地和启运地设有海关机构。

2. 运载转关运输货物的运输工具和装备，具备密封装置和加封条件的（超高、超长及无法封入运输装置的除外）。

3. 承运转关运输货物的企业是经海关核准的运输企业。

4. 如不具备上述条件，但因特殊原因需要转关运输的，进出口货物收发货人申请经海关核准后，也可办理转关运输。比如以下特殊情况：

（1）国家重点工程建设急需物资；

（2）国家农业生产建设急需的物资；

（3）成套设备、精密仪器、仪表以及其他经开拆包装查验后不宜继续长途运输的货物；

（4）救灾物资；

（5）其他特殊情况。

（二）海关对转关运输货物的监管

从事转关运输货物的承运人，应当经海关审核后，对符合条件的承运人或海关认可的报关单位颁发承运转关运输货物注册登记证书。转关运输货物一般应当是获得登记证书的承运人申请，并由持有报关员证书的人员向海关办理申请手续。经海关核准的汽车驾驶人员应接受海关培训，考试合格后，方可核发有关批准证件。驾驶人员如有变动应报告海关。除了以上对承运人和驾驶人员获得许可的监管以外，海外对转关运输货物有如下严格的监管：

1. 转关运输货物进境时应自运输工具进境之日起 14 日内向进境地海关申报转关运输，逾期办理的，依照《海关法》相应规定征收滞报金。如逾期超过 3 个月的，由海关提取变卖。

2. 转关运输货物未经海关许可，不得私自开拆、改装、调换、提取、交付；保持海关在运输工具或货物上所加封志的完整性，承运人或申请人不得擅自开启或损坏。

3. 转关运输货物必须存放在海关批准的仓库、场所。存放转关运输货物的仓库、场所的经理人应依法向海关负责，并按照海关规定，办理收存和交付手续。

4. 海关认为需要派员押运转关运输货物时，申请人或承运人应当按规定向海关缴纳规费，并为海关关员的监管工作提供必要的工作条件，积极地配合海关监管工作的开展。

5. 转关运输货物在国内口岸之间运输途中发生损毁、短缺、丢失时，申请人、承运人或仓库经理人应及时向有关海关报告，除不可抗力造成的以外，申请人、承运人或仓库经理人需要承担税赋责任。

三、转关运输货物的报关与通关

转关运输货物的通关分进口货物和出口货物而有不完全相同的报关通关程序，分述如下：

（一）进口转关运输货物

进口转关运输货物的报关程序如下（参见图 8.6）：

1. 进口转关运输货物应在自运输工具进境之日起 14 日之内向进境地海关申报转关。

2. 申报人向进境地海关填交《中华人民共和国海关进口转关运输货物申报单》（以下简称《申报单》），一式三份，并交验有关证件和货运单证。

3. 属于申领许可证的转关运输货物时，申办人应事先向指运地海关交验进口许可证，经审核后由指运地海关核发《进口转关运输货物联系单》，并封交申请人带交进境地海关。

4. 进境地海关对申报递交的有关单证核对无误后，向申请人或承运人签发关封。

5. 申请人或承运人负责将转关运输货物按海关指定路线在规定的期限内运至指运地海关，并完整、及时地将海关签发的关封带交指运地海关。

6. 申请人或承运人在货物运至指运地之日起 14 日内向指运地海关办理报关、纳税手续。指运地海关在办理转关运输货物进口手续后，向进境地海关退寄回执，终结对进口转关运输货物的监管。

航空转关运输货物的指运地与运单的目的地一致时；可免填《申报单》，海关亦可不签发关封，直接在运单上加盖"海关监管货物"印章。否则，采用上面所述一般的通关程序。保税仓库之间的货物转关除应办理正常的进出保税仓库手续外，其他还是按上述的程序办理通关，但在填报《申报单》时，指运地应填写货物指定存入的保税仓库名称。来往中国港、澳地区进境车辆装载的转关运输货物，由车辆驾驶人员向进境地海关填交《载货清单》一式三份，并提交有关单证。进境地海关审核后向申请人签发关封，由其带交出境地海关，出境地海关负责办理监管手续。

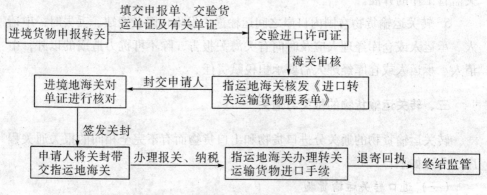

图 8.6　进口转关货物的报关流程图

（二）出口转关运输货物

出口转关运输货物报关程序如下（参见图 8.7）：

1. 申请人向启运地海关填交《中华人民共和国海关出口转关运输货物申报单》和《中华人民共和国海关出口货物报关单》各一式三份，并随附有关的货运单证和商业单证办理报关、纳税手续。

2. 启运地海关在办理出口手续后，签发《出口转关运输货物联系单》，并将以上有关单证制作关封交申请人。

3. 申请人负责将启运地海关签发的关封完整地带交出境地海关。出境地海关在货物出口后向启运地海关退寄回执，终结对出口转关运输货物的监管。

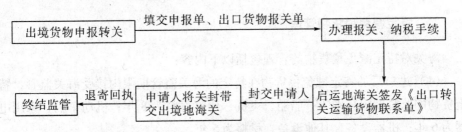

图8.7　出口转关货物的报关流程图

来往中国港、澳地区出境车辆装载的转关运输货物，由车辆驾驶人员向启运地海关填交《出口货物报关单》或《载货清单》一式三份，并提交有关单证。启运地海关审核后向申请人签发关封，由其带交出境地海关，出境地海关负责办理监管手续。

第四节　特定减免税货物的报关

一、特定减免税货物概述

（一）特定减免税货物的定义

特定减免税货物是指根据国家政策规定，海关对在特定的时间内，具有特定用途，用于特定地区或特定企业，准予享受减免税优惠的进口货物。

（二）特定减免税货物的范围

属于特定减免税货物范围的货物在时间、用途、适用地区及适用企业方面具有以下一些限定：

1. 特定时间内是指海关对特定减免税货物规定的监管期限；

2. 特定用途主要是指属于用在国内投资项目、利用外资项目、科教文化活动、残疾人福利事业上的货物；

3. 特定地区主要是指保税区和出口加工区；

4. 特定企业是指外商投资企业。

（三）特定减免税货物的特征

特定减免税货物在进口报关过程及进口之后的管理中具有以下特征：

1. 特定条件下减免关税；
2. 除特殊情况下，进口申报应当提供进口许可证件；
3. 特定减免税货物进口后在海关规定的监管期限内处于海关的监管之下。

二、特定减免税货物管理

海关对特定减免税货物的管理包括以下内容：

（1）进口后的特定减免税货物在特定的海关监管期限内接受海关监管，特定货物的监管期限分别为：船舶、飞机、建筑材料为 8 年；机动车辆、家用电器为 6 年；机器设备、其他设备、材料为 5 年。

（2）外资企业、港、澳、台同胞及华侨进口本企业自用的机器设备，免交许可证。

（3）外资企业在投资总额内进口涉及机电产品自动进口许可管理的，免交许可证。

（4）特定减免税货物可以在两个享受优惠的企业间结转，但需要两个企业分别办理结转手续。

（5）出口加工区企业填制"出口加工区进境备案清单"保税区企业填制"进口货物报关单"。

三、特定减免税货物的报关与通关程序

特定减免税货物根据特定地区、特定企业、特定用途的不同，报关过程中的减免税申请不同，总体报关程序如下：

（一）减免税申请

特定减免税货物的减免税申请程序总体来说分为两步：备案登记时，核发"征免税登记手册"；进口时再换发"免税证明"或登记"企业设备电子账册"。按特定地区，特定企业，特定用途来区分具体申请程序如下：

1. 特定地区

海关准予享受减免税优惠的进口货物主要用于的特定地区有保税区和出口加工区，对于这两种地区的报关程序分别如下：

（1）保税区

保税区企业向海关办理减免税备案登记，海关审核批准后，向申请企业签发"企业征免税登记手册"；保税区企业在进口特定减免税货物前凭"企业征免税登记手册"、发票、装箱单换领"进出口货物征免税证明"。

（2）出口加工区

出口加工区企业向出口加工区主管海关办理减免税备案登记，海关审核批准后，建立"企业设备电子账册"；企业在进口特定减免税机器设备前，凭发票、装箱单等有关单证在"企业设备电子账册"中进行登记，不签发"进出口货物免税证明"。

2. 特定企业

外商投资企业向主管海关办理减免税备案登记，海关审核批准后，签发"外商投资企业征免税登记手册"；外商投资企业进口特定减免税货物前，向主管海关提交"外商投资企业征免税登记手册"、发票、装箱单等相关单证换领"进出口货物征免税证明"。

3. 特定用途

用于特定用途的减免税进口货物的报关程序根据特定用途的不同，报关程序分别如下：

（1）国内投资项目

项目经批准后，特定减免税货物进口企业应当持有关部门或政府签发的"国家鼓励发展的内外资项目确认书"、发票、装箱单等单证向项目主管直属海关申报减免税。直属海关核准后签发"进出口货物征免税证明"。

（2）利用外资项目

全部同上：国内投资项目

（3）科教活动项目

科教单位持主管部门批准文件，向所在地海关申请办理科教用品资格认定。海关核准后，签发"科教用品免税登记手册"；科教单位在进口特定减免税货物前凭"科教用品免税登记手册"、合同等单证换领"进出口货物征免税证明"。

（4）残疾人专用项目

在批量进口残疾人用品前，应当持省级以上民政部门或残联的批准文件或证明函向主管海关申报，海关核准后，签发"进出口货物征免税证明"；残疾人在进口少数专用仪器和设备前，只需持民政部门的批准文件向主管海关申报领取"进出口货物征免税证明"。

4. 进出口货物征免税证明

该证明的有效期为6个月。自该证明签发之日起6个月内，持证人可以进口该证明项下的特定减免税货物。

该证明实行"一证一批"的原则，即一份证明上货物只能在一个进口口岸一次性进口。否则，持证人应当针对不同批次，不同口岸进口的特定减免税货物申领多个征免税证明。

（二）进出口报关

特定减免税货物与一般货物的进出口报关程序有如下几个方面的不同，需要特别注意：

（1）需提交"进出口货物征免税证明"；

（2）特殊情况下（如国家规定的特殊优惠政策、某些外商投资项目），可以豁免进出口许可证件；

（3）海关征收监管手续费；

（4）填制报关单"备案号"时，应准确填写"进出口货物征免税证明"上的12位编号。

（三）申请解除监管

监管期满后申请人可向海关申请解除监管，如符合条件，海关签发"减免税进口货物解除监管证明"作为结关凭证。申请解除监管的情况有以下几种，它们的解除步骤如下：

（1）境内销售。按时间审查核定完税价格，向海关交税后结关销售。

（2）相互结转。转给同样享受优惠的企业，接受货物的企业应当事先申领"进出口货物征免税证明"，凭此办理结转手续。转让企业填制出口货物报关单，受让企业填制进口货物报关单，各自审报。

（3）退运出境。货物所有人或其代理人向出境地海关申报出口退运，使货物在海关监管下出境后，凭海关签发的出口货物报关单申请解除监管证明。

（4）放弃。向海关提出放弃货物的书面申请，海关核准后，按规定办理手续。海关将拍卖后所得款项上缴国库，企业凭海关签发的收据申领解除监管证明。

此外，企业破产清算时，对于还处于海关监管期限内的特定减免税货物，经海关审批同意并缴税后，也可申请解除监管。如属许可证管理范畴的货物，凭法院判决或仲裁证明，可免交许可证。

第五节 其他进出境货物的报关与通关

一、进出境修理货物

（一）进出境修理货物的定义

进出境修理货物是指进、出境修理后复运出、进境的货物及其修理过程中所需进出口的原材料和零部件等。

（二）进出境修理货物的报关程序

进境、出境修理货物的报关程序分别如下：

1. 进境修理货物

原出口货物进境修理时，持"维修合同"或"原出口合同"及其他相关单证向海关提出申请，海关凭保函放行；维修期限为 6 个月，如需延期经申请后可以延长 6 个月，期限内海关全程监管；进境修理货物复出境时，正常销案的退还保证金或撤销担保，未复出境部分申报纳税。

2. 出境修理货物

原进口货物出境修理时，持"维修合同"或"原进口合同"及其他有关单证，担保后进行申报；在保修期内且免费维修的出境修理货物，免征出口关税；在保修期外且是收费维修的出境修理货物，按修理费和所需材料费审定完税价格后征税；出境期限为 6 个月，经申请可延期 6 个月，超过规定期限未复运进境的货物，按一般进口货物报关纳税。

二、无代价抵偿货物

（一）无代价抵偿货物的定义

无代价抵偿货物是指进口货物在海关征税放行后，发现货物残缺或损毁、短少或品质不佳，而由国外发货人、承运人或保险公司免费补偿或更换的同类货物，即索赔进口货物。

（二）无代价抵偿货物的报关程序

无代价抵偿货物进口时，应在进口货物报关单上贸易性质栏上填明"无代价抵偿货物"，并附上原进口货物报关单、原税款缴纳证、商品检验机构出具的原进口货物残损或品质不合格检验证明书以及买卖双方签订的索赔协议和其他有关证明。对原货已退运国外的，还应附有海关签章的出口货物报关单正本。

无代价抵偿货物，应在进口地海关办理征免税手续，如不向海关报明货物已退运出口，或虽已报明货物已退运出口，但无法提供相应的出口证明，则海关应按一般进口货物办理纳税。

无价抵偿货物，如与原进口货物在品名、数量、价值及贸易性质等方面完全一致，可以在原进口货物迟运出境的条件下进口，无需补办许可证。但如原货不迟运出境的，应补办批件、许可证件。

申请无代价抵偿货物进口的，应在合同规定的索偿期内（最长不超过3年），超过索偿期限的申请，海关不予受理。

三、国际租赁货物

（一）国际租赁货物的概念

国际租赁货物是指跨国境的资产租赁关系，即一国资产所有者按照契约规定，将资产出租给他国承租人，在规定的期限内收取租金并转让对租赁物件使用权的一种经济行为。国际租赁大体分为两种：一种是金融租赁，另一种是经营租赁。金融租赁属于融资性租赁，其中货物不需要复出口，融资届满后转让承租人；经营租赁属于服务性租赁，货物需要复出境归还原所有人。

（二）国际租赁货物的报关程序

主要步骤是：

（1）报关入境：提交租赁合同等单证办理租赁货物入境的报关手续；海关按常规进行审价、审单、查验、征税后，允许其通关。

（2）结关：租赁期满时报关单位向海关申办结关手续，并将租赁货物复运出境。如需要留购、续租租赁货物，应重新申办相应的海关手续。

四、溢卸、误卸、短卸、放弃货物和超期未报货物

（一）溢卸、误卸和短卸货物

1. 溢卸、误卸和短卸货物的含义

溢卸货物是指未列入进口载货清单、运单，或者多于清单、运单上所列数量的进口货物；误卸货物是指本将运往境内外其他港口、车站而在本港、车站卸下的货物；短卸货物是指卸货时少于进口载货清单、运单中所列数量的部分货物。

2. 溢卸、误卸和短卸货物的报关

溢卸、误卸和短卸货物的报关程序分别如下：

（1）溢卸货物。如被原收货人接受，应由运输工具负责人或其代理人持相关证明向进境海关申报，按一般货物办理通关缴税手续。原收货人不接受或不办理溢卸货物手续的，运输工具负责人可将货物在国内销售，由购货人办理相关进口手续。由运输工具负责人或其代理人要求以溢卸货抵补短卸货时，经收货人同意后，对于同航次、同品种或不同航次、不同船，但同一船公司和同一发货人、同品种的货物，海关应予核准。收货单位填制报关单申报，免交许可证。

（2）误卸货物。原运往国外港口的，准予办理退运；原运往境内其他港口的，准予办理转关运输或就地报关进口。原收货人不接受或不办理误卸货物手续的，运输工具负责人可将货物在国内销售，由购货人办理相关进口手续。

（3）进口短卸货物。收货人向海关提交理货报关、商检证书，经海关核准后，予以减征或退还已征税款，其短卸部分货物进口免征关税。

上述货物自卸货日起，3 个月内没有按以上办理的，由海关提取变卖，价款归入国库。经海关同意，最多可申请 3 个月的延期。

（二）放弃货物

1. 放弃货物的含义和范围

进口放弃货物是指进口货物的收货人或其所有人声明放弃，由海关提取依法变卖处理的货物（但国家禁止、限制进口的货物不得放弃）。放弃货物的范围是：

（1）没有办结手续的一般进口货物；

（2）保税货物；

（3）监管期限内的特定减免税货物；

（4）暂准进口货物；

（5）其他进境货物。

2. 放弃货物的报关

由海关提取依法变卖处理的放弃进口货物的所得价款，优先拨付变卖处理过程中发生的实际支出后，再扣除运输、装卸、储存等费用，如所得价款不足以支付上述费用，按比例支付；如扣除相关费用后尚有余款的，上缴国库。

（三）超期未报货物

1. 超期未报货物的定义

超期未报货物是指进口货物的收货人未根据《海关法》有关规定，即自运输工具申报进境之日起 14 日内或 3 个月内未向海关办理报关手续的货物。

2. 超期未报货物的报关

自运输工具进境之日起 14 日之内，进口货物收货人未向海关申报的，由海关征收滞报金，超过 3 个月未报的，其进口货物由海关提取依法变卖处理。

五、退运货物和出口退关货物

（一）退运货物

退运货物是指原进出口货物因为各种原因退运的货物。包括一般退运和直接退运。

1. 一般退运货物的报关

一般退运货物是指已办理进出口申请手续且海关放行的货物，因为质量或交货时间等其他原因被拒收而退运的货物。一般退运货物的报关程序分为以下两种情况：

（1）退运进口

已收汇，已核销的出口货物，发货人需填写"进口报关单"，并提供"原出口报关单"、"外汇核销单出口退税专用联"或"出口商品退运已补税证明"以及保险公司或承运人的证明等申报进境。

未收汇，未核销的出口货物，发货人需提交"原出口报关单"、"外汇核销单"和报关单退税联，同时填写进口报关单申报进境。

因品质或规格原因，在 1 年内原状退运的货物，不征收进口税，收取的原出口关税 1 年内扣除出口退税部分退还。

（2）退运出口

收货人或其代理人填写"出口报关单"，并提供"原进口报关单"、保险公司证明或承运人证明申报出境。因品质或规格原因，在 1 年内退运出境的，免征出口关税，已收取的进口税，1 年内予以退还。

2. 直接退运货物的报关

直接退运货物是指未办理海关放行手续退运出境的或海关责令退运出境的货物。办理此类货物的报关手续时，收货人需填制出口报关单，备注栏填写"准予直接退运决定书"或"责令决定书"，编号/监管方式填"直接退运"；

因进口货物收发货人或承运人责任造成的错发、误卸、溢卸或短卸，经海关批准或责令退运的，免填报关单。收货人凭"准予直接退运决定书"和"责令直接退运通知书"直接办理退运手续。

（二）出口退关货物

出口退关货物是指出口货物的发货人或其代理人在得知货物办结海关手续后，未能装上运输工具而申请不再出口的货物。办理出口退关货物的报关手续时，出口货物的发货人或其代理人在决定不再出口3天内，申请退关，凭海关核准后签注的单证提货。已交纳关税的货物，需先向海关撤销报关单，在1年内申请退还所交关税，办结手续。

案例与习题

案例

四川某压缩天然气研究中心擅自出售减免税监管货物

世纪之交，为降低环境污染及能源成本，中国掀起一股汽车动力改装压缩天然气和液化石油气的热潮，加气站也在各大城市和高速公路沿线应运而生。1999年9月，四川某压缩天然气研究中心委托四川省某大型进出口公司，和意大利某压缩天然气加气机生产企业签订了进口加气机的合同，总值5万美元。合同规定，在进口方取得海关的免税证明后，合同生效。该中心以科学研究为名，取得四川省经委的免税进口批准文件。成都海关接受申请后，核准并签发了"进出口货物征免税证明"，免除25%的进口关税和17%的增值税。

货物于1999年11月以海陆联运的方式从意大利热那亚经上海到达成都东站，进出口公司持报关单、海陆联运提单、商业发票、装箱单、贸易合同和进出口货物征免税证明等文件向成都海关报关。通关后，压缩天然气研究中心自行到成都东站将货物提取运走。11月底，在海关毫不知情的情况下，压缩天然气研究中心将该批进口加气机分售给四川的两个加气站，收入60万元人民币。

2000年2月，成都海关接知情人举报，突查该研究中心和两个加气站，取得关键证据。3月，海关作出行政处罚，称压缩天然气加气机为除船舶、飞机、机动车辆以外的特定减免税货物，海关监管期限为5年，监管期内不得擅自转售，没收研究中心出售加气机之违法所得，并处货物价值30%的罚款。鉴于进出口公司没有参与，且没有证据证明进出口公司知晓研究中心的转卖行为，海关没有处罚进出口公司。

习题

一、单项选择题

1. 关于无代价抵偿货物的税、证管理规定中，下列表述中错误的是（　　）。

　　A. 如属国家限制进口商品，与原货品名、数量、价值、贸易方式一样，无论原货是否退还境外，均可免予另办许可证件

　　B. 对外商同意因残损而削价并补偿进口的同品名、同规格货物，如价格未超过削价金额的，可免税

　　C. 对于车辆、家电的无代价抵偿货物，进口时可免税，但其留在国内的原货应视其残损程度估价纳税

　　D. 抵偿货物进口申报时，除进口货物报关单外，应随附原进口货物报关单、税款缴纳证、商检证书或索赔协议书

2. 下列进口的废物中，可以申请转关运输的是（　　）。

　　A. 木制品废料

　　B. 废纸

　　C. 废电机、电器产品

　　D. 纺织品废物

3. 长春市某进出口公司 A，购买韩国产新闻纸一批。货物进口时由大连口岸转关至长春海关办理该批货物的报关纳税手续。承担该批货物境内转关运输的是大连某运输公司 B。在运输途中，因汽车驾驶员王某吸烟，不慎引发火灾，致使该批新闻纸全部灭失。在这种情况下，关于该批货物的纳税义务，下列表述正确的是（　　）。

　　A. 新闻纸虽已灭失，但 A 公司是该批货物的收货人，故应由 A 公司承担纳税义务

　　B. 因火灾是由王某个人造成的，应由王某个人承担该批货物的纳税义务

　　C. 因货物的转关运输是由 B 公司负责的，且该批货物的灭失发生在运输途中，故应由 B 公司承担纳税义务

　　D. 因货物已灭失，不会对国内经济造成任何冲击，故该批货物无须缴

纳任何税费

4. 某纺织品进口公司在国内购一批坯布运出境印染，复运进境后委托服装厂加工成服装，然后回收出口。前后两次出口适用的报关程序分别是（　　）。

    A. 暂准出境和一般出口

    B. 一般出口和进料加工

    C. 出料加工和一般出口

    D. 出料加工和进料加工

二、多项选择题

1. 下列暂准进出境货物应当按"暂准进出口货物"申报的是（　　）。

    A. 马戏团演出用动物

    B. 安装设备时使用的工具

    C. 集装箱箱体

    D. 国际车展展台用照明器具

2. 下列关于海关对进出境货物监管期限的表述正确的是（　　）。

    A. ATA 单证册项下的展览品自货物进境之日起 6 个月内应当复运出境，但经海关批准后可以延期，延长的期限最长不得超过 3 个月

    B. 境外集装箱箱体暂准进境，应当于进境之日起 6 个月内复运出境，但经海关批准后可以延期，延长的期限最长不得超过 3 个月

    C. 过境货物的过境期限为 6 个月，但经海关批准后可以延期，延长的期限最长不得超过 3 个月

    D. 出料加工货物自出境之日起 6 个月内应当复运进境，但经海关批准后可以延期，延长的期限最长不得超过 3 个月

3. 下列关于特定减免税货物管理的表述正确的是（　　）。

    A. 特定减免税的申请，首先是减免税的资格确认，然后是"进出口货物征免税证明"的申领

    B. 国内投资项目和利用外资项目减免税资格确认的依据是由国务院有关部门或省市人民政府签了的"国家鼓励发展的内外资项目确认书"

    C. 民政部门或中国残疾人联合会所属单位专用品、专用仪器、专用生产设备的减免税，海关凭民政部门或中国残疾人联合会的批准文件签发"进出口货物征免税证明"

    D. "进出口货物征免税证明"的有效期为 6 个月，且不得延期

4. 下列关于进境快件适用报关单证的表述，正确的是（　　）。

  A. 文件类应当适用 KJ1 报关单

  B. 个人物品类应当适用快件个人物品报关单

  C. 海关规定准予保税的货样、广告品应当适用 KJ2 报关单

  D. 其他货物类应当适用 KJ3 报关单

5. 下列哪些行为违反海关监管规定的行为（　　）。

  A. 伪报、瞒报进出口货物价格偷逃关税的

  B. 直接向走私人非法收购走私进口的货物、物品的

  C. 未经海关许可，将特定减税或者免税进口的货物、物品移作他用的

  D. 不按照规定期限将过境、转运、通运货物运输出境，擅自留在境内的

三、判断题

1. "进出口货物征免税证明"的有效期为 6 个月，且实行"一批一证"的原则，即一份征免税证明上的货物只能在一个进口口岸一次性进口。

2. ATA 单证册下进境的展品自货物进境之日起 6 个月内应当复运出境，特殊情况要延长，延长期不超过 6 个月的可以向直属海关申请延期，延长期超过 6 个月的需经海关总署批准。

3. 经海关批准暂时进口或者暂时出口的货物，在货物收发货人向海关缴纳相当于税款的保证金或者提供担保后，准予暂时免纳关税。

4. 某进出口公司已申报的货物，在海关查验放行后，部分货物因故未能装上出境运输工具。如果货物不再出口，当事人可向海关申请对该部分货物作退关处理，海关可退还该部分货物的已征出口关税。

5. 暂准进境或出境的集装箱箱体无论是否装载货物，承运人或其代理人应当就箱体单独向海关申报。

四、问答题

1. 暂准进出口货物具有什么特点？

2. 使用 ATA 单证册报关有哪些好处？如何使用 ATA 单证册为暂准进出口货物报关？

3. 减免税货物报关与保税货物报关的区别是什么？

4. 使用 ATA 单证册报关的过程中有哪些注意事项？

5. 什么是过境货物？过境货物的报关与转运、通运货物报关的区别有哪些？

6. 什么是转关运输货物？进口转关运输货物与出口转关运输货物报关程序有哪些不同？

7. 什么是特定减免税货物？海关对特定减免税货物的监管要注意哪些？

8. 简述溢卸、误卸和短卸货物的报关程序。

第九章　海关行政救济制度与报关通关

中华人民共和国海关作为进出关境的监督管理机关，其主要职能包括依法监管进出境的运输工具、货物及其他物品，征收关税，查缉走私，进行海关统计等。海关在履行这些职能的过程中，对走私或者违反海关监管的行为有权进行行政处罚。若当事人对海关的行政处罚不服，或认为海关的具体行政行为侵犯其合法权益，可以依法向享有管辖权的海关申请复议，要求复议机关对已发生的海关行政行为进行重新审查，并作出复议决定。对复议结果仍不服的，还可以向人民法院提起诉讼，请求进行行政赔偿。海关行政救济制度的实施，既是规范海关行政处罚，保障海关依法行使职权的需要，也是保护公民、法人或其他组织合法权益的需要，对维护我国正常的社会经济秩序，树立我国海关的良好国际形象具有十分重要的意义。

第一节　海关行政处罚

一、海关行政处罚的概念

（一）定义

海关行政处罚是行政处罚的一种，是指海关根据法律授予的行政处罚权力，对公民、法人或其他组织违反海关法律、行政法规及违反海关监管规定的行为所实施的一种行政制裁。海关行政处罚的基本原则是："公正公开，处罚法定，处罚和教育相结合，保护当事人行使参与权"。海关行政处罚是海关管理的重要组成部分，目的是对违反《海关法》的行为进行必要的处罚和制裁。这对于打击走私违法行为、规范海关法律秩序、维护公平有序的市场秩序环境以及确立中国在国际上的地位都有着重要的作用。

（二）法律依据

目前，海关行政处罚的主要法律依据除《海关法》、《行政处罚法》，还包括 2004 年 11 月 1 日起实施的《中华人民共和国海关行政处罚实施条例》（以下简称《处罚条例》），1987 年发布，1993 年 4 月重新修订的《中华人民共和国海关法行政处罚实施细则》（以下简称《处罚细则》），2007 年 7 月 1 日起实施的《中华人民共和国海关办理行政处罚案件程序规定》（以下简称《处罚程序规定》），2006 年 3 月 1 日起实施的《中华人民共和国海关行政处罚听证办法》（以下简称《听证办法》）等。

（三）典型案例

2002 年 7 月 15 日，A 公司将已运抵某口岸的 30 辆日产旧轿车，运到保税区进行拆解、翻新。因其提供不出国家有关主管部门批准进口的许可证，故某海关未接受 A 公司的报关申请。2003 年 8 月 21 日，某海关以 A 公司无证进口旧汽车的行为已构成违反《处罚细则》第十条规定为由，做出将上述无证进口的 30 辆日产旧汽车予以没收的处罚决定。

A 公司认为其行为是进口料件的加工，符合进口规定，不服某海关行政处罚，并委托代理人张某和黄某向某法院提出诉讼。法院依法组成合议庭，公开开庭审理了本案，最后认为：A 公司进口旧汽车进行拆解、翻新的行为，不能认定为进口料、件进行加工。根据国家有关进口管理法规规定，A 公司进口旧汽车从事翻新业务，需经国家有关主管部门批准，领取进口许可证后方可进口。A 公司无证进口日产旧轿车从事翻新业务是违反国家有关进出口管理法规规定的。某海关根据《海关法》第十八条第一款、《处罚细则》第十条的规定对 A 公司作出的行政处罚决定证据确凿，适用法律、法规正确，符合法定程序，应予维持。最后判决：①维持某海关 2003 年 8 月 21 日的处罚通知书；②驳回 A 公司对某海关的赔偿请求。

二、海关行政处罚的行为

海关行政处罚的行为是指违反《海关法》、《行政处罚法》及《处罚条例》等相关法律法规，具有一定社会危害性的行为。主要包括走私行为、违反海关监管规定的行为及应受海关行政处罚的其他行为。

（一）走私行为

依据《海关法》规定，走私行为是指违反《海关法》及有关法律、行政法规，逃避海关监管，偷逃应纳税款、逃避国家有关进出境的禁止性或者限制性管理，运输、携带、邮寄国家禁止或者限制进出境货物、物品，或者未经海关许可并且未缴纳应纳税款、交验有关许可证，擅自将保税货物、特定减免税货物以及其他海关监管货物、物品、进境的境外运输工具，在境内销售等行为。具体包括走私行为和按走私行为论处的行为。

（二）违反海关监管规定的行为

违反海关监管规定的行为是指违反海关法及其他法律、行政法规和规章但不构成走私的行为。

《处罚条例》第三章对违反海关监管规定的行为进行了详细的界定，具体分为29项规定，主要包括：违反国家进出口管理规定，进口国家禁止或限制进口的货物；进出口货物的品名、税则号列、数量、规格、价格、原产地等货物信息申报不实或拒不申报；未经海关许可擅自处置海关监管货物，在海关监管区外存放海关监管货物等行为。

（三）应受海关行政处罚的其他行为

应受海关行政处罚的行为除了上述列举的违反《处罚条例》的走私行为和违反海关监管规定的行为以外，还有其他一些行为，例如：进出关境环节中侵犯知识产权的行为；擅自进口国家限制进口的可用作原料的废物，假借用作原料进口废物的行为；过境通运、转运倾倒、堆放污染环境的废物的行为等。海关应依据《中华人民共和国知识产权海关保护条例》等相关法规对上述行为进行处罚。

三、海关行政处罚的方式

根据《处罚细则》规定，对走私行为、违反海关监管规定行为的处理，由海关关长决定。针对不同的违规行为以及行为违规程度的不同，海关分别采取不同的处罚方式，包括警告，罚款，没收违法所得、没收非法财物，暂扣或吊销许可证、执照，行政拘留，责令停产停业等。

（一）对走私行为的处罚方式

依据《处罚细则》，对走私行为的处罚如表9.1：

表9.1 走私行为处罚方式

走私行为	处罚方式
走私国家禁止进出境的物品	没收违法所得，可以并处人民币5万元以下的罚款
走私国家限制进出口或者依法应当缴纳关税的货物、物品	没收违法所得，可以并处走私货物等值以下或应缴税款3倍以下的罚款

表9.1（续）

走私行为	处罚方式
伪报、瞒报进出口货物价格偷逃关税	没收违法所得，可以并处偷逃关税金额3倍以下的罚款
对两人或者两人以上共同所为的走私行为	区别情节及责任，分别给予处罚
专门用于掩护走私的货物、物品	没收
藏匿走私货物、物品的特制设备	没收或责令拆毁
知情不报并为走私人提供方便	没收违法所得，可以并处违法所得两倍以下的罚款，没有违法所得的，处人民币5000元以下的罚款
走私情节轻微	可以从轻或者免予处罚
当事人主动交代、检举立功	可以从轻或者免予处罚
走私行为在3年以后发现	可以从轻或者免予处罚

注：此表中只包括部分主要走私行为，具体详见《处罚细则》。

（二）对违反海关监管规定的行为的处罚方式

依据《处罚细则》，对违反海关监管规定的行为的处罚方式如表9.2：

表9.2　　　　　　　　　　　**违规行为的处罚方式**

处罚方式	违规行为
责令退运，处100万以下罚款	违反国家进出口管理规定，进出口国家禁止进出口的货物
按照相关规定予以处罚，并没收违法所得	进出口货物的品名、税则号列、数量、价格、贸易方式、原产地等申报项目申报不实
处货物价值5%以上30%以下罚款，并没收违法所得	未经海关许可，擅自将海关监管货物开拆等；在海关监管区以外存放海关监管货物的，未按规定将过境、转运、通运货物擅自留在境内
予以警告，处物品价值20%以下罚款，并没收违法所得	未经海关许可，擅自将海关尚未放行的进出境物品开拆、交付；经海关登记准予暂时免税进境或者暂时免税出境的物品，未按照规定复带出境或者复带进境等行为

表 9.2（续）

处 罚 方 式	违 规 行 为
予以警告，处 10 万元以下罚款，并没收违法所得	运输工具不经设立海关的地点进出境；在海关监管区停留的进出境运输工具，未经海关同意擅自驶离；进出境运输工具到达或驶离设立海关的地点，未按照规定向海关申报等
予以警告，处 5 万元以下罚款，并没收违法所得	未经海关同意，进出境运输工具擅自装卸进出境货物，或擅自兼营境内客货运输；不按规定接受海关对进出境运输工具查验；运输工具不按照海关指定的路线行进等
予以警告，可以处 3 万元以下罚款	擅自开启或损毁海关封志，遗失海关制发的监管单证、手册等凭证，妨碍海关监管
责令报关单位、报关人员改正，给予警告，或暂停其 6 个月以内从事有关业务或者执业	拖欠税款或不履行纳税义务；报关企业出让其名义供他人办理进出口货物报关纳税事宜；损坏或者丢失海关监管货物，不能提供正当理由等
海关撤销报关单位或报关人员注册登记、取消报关从业资格	1 年内 3 人次以上被海关暂停执业；被海关暂停从事有关业务或者执业，恢复从事有关业务或者执业后 1 年内再次发生类似情形等行为
按规定予以没收，或责令退回，并可酌情处以罚款	携带、邮寄国家禁止进出境的物品进出境，在海关检查以前主动报明
从轻或者免予处罚	违反海关监管规定情节轻微，者当事人主动交代
免予处罚	违反海关监管规定的行为在 3 年以后发现

注：此表仅包括部分违规行为，具体见《处罚条例》第三章。

四、海关行政处罚的程序

根据《处罚程序规定》，海关行政处罚的一般程序如图 9.1。

图 9.1　海关行政处罚程序

1. 告知

海关在作出行政处罚决定前，应当告知当事人作出行政处罚决定的事实、理由和依据，并且告知当事人依法享有的权利。

作出暂停从事有关业务、暂停报关执业、撤销海关注册登记、取消报关从业资格、对公民处 1 万元以上罚款、对法人或者其他组织处 10 万元以上罚款、没收有关货物、物品、走私运输工具等行政处罚决定之前，应当告知当事人有要求举行听证的权利。在履行告知义务时，海关应当制发行政处罚告知单，送达当事人。

2. 听证

听证是指行政机关依《行政处罚法》实施行政处罚过程中，在作出决定前，由非本案调查人员主持，听取调查人员提出当事人违法的事实、证据和行政处罚建议与法律依据，并听取当事人的陈述、举证、质证和申辩及意见的程序活动。听证不是海关行政处罚的必要环节。

对于有听证申请权的当事人，在受到行政处罚告知单的 3 个工作日内可以提出书面陈述、申辩和听证申请。逾期视为放弃陈述、申辩和要求听证的权利。

当事人申请举行听证，依照《听证办法》规定办理。

3. 处罚

海关关长应当根据对行政处罚案件审查的不同结果，依法作出决定。海关作出行政处罚决定，应当做到认定违法事实清楚，定案证据确凿充分，违法行为定性准确，适用法律正确，办案程序合法，处罚幅度合理适当。行政处罚决定书应当在宣告后当场交付当事人；当事人不在场的，海关应当在 7 日内将行政处罚决定书送达当事人。

4. 执行

海关作出行政处罚决定后，当事人应当在行政处罚决定书规定的期限内，予以履行。

海关对当事人依法作出暂停从事有关业务或者执业、撤销其注册登记、取消其报关从业资格等行政处罚决定的执行程序，由海关总署另行制定。

对海关行政处罚有异议的公民、法人或其他组织可以申请海关行政复议或直接进行海关行政诉讼，申请获得海关行政赔偿。

第二节 海关行政复议

一、海关行政复议的概念

（一）定义

海关行政复议是指公民、法人或者其他组织不服海关及其工作人员的具体行政行为，认为该行政行为侵犯其合法权益，依法向海关复议机关提出复议申请，请求重新审查并纠正原具体行政行为，海关复议机关按照法定程序对上述具体行政行为的合法性和适当性进行审查并作出决定的海关法律制度。

海关行政复议具有以下四方面的特点：

1. 海关行政复议的申请人是公民、法人或其他组织；

2. 海关行政复议的被申请人是做出具体行政行为的海关；

3. 海关行政复议是因公民、法人或其他组织认为海关具体行政行为侵犯其合法权益而引起的；

4. 海关行政复议机关是做出具体行政行为海关的上一级海关。

（二）法律依据

目前我国进行海关行政复议的主要依据是 2007 年 8 月 29 日经署务会议审议通过，自 2007 年 11 月 1 日起实施的《中华人民共和国海关行政复议办法》（以下称《复议办法》）。海关行政复议既是海关自我纠正错误的一种监督制度，也是公民、法人和其他组织维护自身合法权益的一种重要的法律救济制度。《复议办法》的制定，对于完善海关行政复议制度，加强海关内部监督，促进各级海关合法、正确地行使职权，提高海关的执法水平，维护公民、法人和其他组织的合法权益，构建社会主义和谐社会具有重要的意义。

二、海关行政复议的范围

根据《复议办法》的规定，公民、法人或者其他组织对海关的下列具体行政行为不服的，可以向海关申请行政复议。

（一）海关行政处罚

对海关作出的警告，罚款，没收货物、物品、运输工具和特制设备，追缴无法没收的货物、物品、运输工具的等值价款，没收违法所得，暂停从事有关业务或者执业，撤销注册登记，取消报关从业资格及其他行政处罚决定不服的，可以要求行政复议。

（二）行政强制措施

行政强制措施是指行政机关为了保证行政执法活动的顺利进行，对管理相对人采取的各种限制和控制相对人与有关物品的行政行为。海关行政强制措施是海关履行行政管理职责的一项重要手段，但一旦出现错误，也会对行政管理相对人的合法权益造成重大损害，因此《复议办法》规定管理相对人对以下行政强制措施不服，可以要求行政复议：

1. 对海关作出的限制人身自由的行政强制措施不服；

2. 对海关作出的扣留有关货物、物品、运输工具、账册、单证或者其他财产，封存有关进出口货物、账簿、单证等行政强制措施不服；

3. 对海关收取担保的具体行政行为不服；

4. 对海关采取的强制执行措施不服；

5. 对海关作出的责令退运、不予放行、责令改正、责令拆毁和变卖等行政决定不服。

（三）侵犯法律、法规规定的管理相对人经营自主权的海关具体行政行为

作为海关行政管理相对人的公民、法人或者其他组织，依据法律、法规的规定享有经营自主权，如材料、设备、产品的进出口经营权等。海关不得任意剥夺或限制管理相对人的经营自主权，管理相对人对侵犯其经营自主权的海关具体行政行为有权向作出该行政行为海关的上一级海关申请行政复议。

（四）申请海关履行法定职责，海关没有依法履行或者不予答复的具体行政行为

对认为符合法定条件，申请海关办理行政许可事项或者行政审批事项，海关未依法办理以及认为海关未依法办理接受报关、放行等海关手续的行政行为，可以申请复议。

对海关作出的企业分类决定以及按照该分类决定进行管理的措施不服的，企业可以提出行政复议。

（五）认为海关非法对其管理相对人设定义务的具体行政行为

对认为海关违法收取滞报金或者其他费用，违法要求履行其他义务以及对海关稽查决定或者其他稽查具体行政行为不服，可以提出海关复议。

（六）认为海关侵犯其合法权益的具体行政行为

对海关检查运输工具和场所，查验货物、物品或者采取其他监管措施不服；认为海关未依法采取知识产权保护措施，或者对海关采取的知识产权保护措施不服；认为海关没有依法履行保护人身权利、财产权利的法定职责的，可以提出海关复议。

（七）对海关的征税行为有异议的具体行政行为（纳税争议）

对海关确定纳税义务人、确定完税价格、商品归类、确定原产地、适用税率或者汇率、减征或者免征税款、补税、退税、征收滞纳金、确定计征方式以及确定纳税地点等其他涉及税款征收的具体行政行为有异议的，可以提出海关复议。

（八）公民、法人或者其他组织认为侵犯其合法权益的其他海关具体行政行为

除《行政复议法》具体列明的可以申请行政复议的海关具体行政行为外，公民、法人或者其他组织如果认为其他海关具体行政行为侵犯其合法权益的，也可以向海关复议机关提出复议申请，比如对海关具体行为所依据的规范性文件不服，认为海关在政府信息公开工作中的具体行政行为侵犯其合法权益等。

（九）不能视为申请复议，但复议机关应该予以答复或转由其他机关给予答复的情形

1. 对海关工作人员的个人违法违纪行为进行举报、控告或者对海关工作人员的态度作风提出异议；

2. 对海关的业务政策、作业制度、作业方式和程序提出异议；

3. 对海关工作效率提出异议；

4. 对行政处罚认定的事实、适用的法律及处罚决定没有异议，仅因经济上不能承受而请求减免处罚；

5. 不涉及海关具体行政行为，只对海关规章或其他规范性文件有异议；

6. 请求解答海关法律、法规、规章。

三、海关行政复议的参加人和机构

在海关行政复议的过程中必然会涉及一系列的当事人，即海关行政复议参加人。狭义的海关行政复议参加人包括申请人、第三人及其代理人、被申请人，广义上的行政复议参加人还包括海关行政复议机关。

（一）海关复议申请人

1. 定义

海关复议申请人是指，认为行政机关的具体行政行为侵犯了自己的合法权益，依法请求复议机关重新审议、变更或撤销原具体行政行为的公民、法人或者其他组织。

海关复议申请人需具备以下条件：

（1）复议申请人必须是某种具体行政行为所指向的公民、法人或其他组织；

（2）公民、法人或其他组织认为其合法权益受到了海关具体行政行为的侵害；

（3）申请人必须在法定期限内向海关复议机关提出复议申请。

有权申请行政复议的公民死亡的，其近亲属可以申请行政复议。有权申请行政复议的公民为无民事行为能力人或限制民事行为能力人的，其法定代理人可以代为申请行政复议。有权申请行政复议的法人或其他行政组织终止的，承受其权利的法人或其他组织可以申请行政复议。

2. 权利和义务

复议申请人的权利包括：

向海关复议机关就海关具体行政行为申请复议和依法撤回复议申请；委托他人代为参加行政复议；要求海关复议人员回避；使用本民族语言和文字进行行政复议；请求复议机关决定停止有争议的海关具体行政行为执行；申请行政赔偿；要求复议机关举行听证；查阅复议案件有关证据材料；申请执行已生效的行政复议决定；对复议决定不服，向人民法院提起行政诉讼等。

复议申请人的义务包括：

按照法定程序和方式提出复议申请；复议期间配合海关具体行政行为的执行；复议期间不向人民法院提起行政诉讼；维护正常的行政复议程序；履行已生效的行政复议决定等。

（二）海关复议被申请人

1. 定义

海关复议被申请人是指，与复议申请人处于相对的法律地位，其实施的具体行政行为因复议申请人认为侵犯自己合法权益而依法向复议机关申请复议的行政机关。

根据目前的海关建制，从中央到地方有三级：海关总署、直属海关和隶属海关，三者都可以成为被申请人。对海关具体行政行为不服的，向作出该具体行政行为的海关的上一级海关提出行政复议申请。对海关总署作出的具体行政行为不服的，向海关总署提出行政复议申请。如果它们设立了办事处，办事处以设立其海关的名义作出具体行政行为的，就以设立此办事处的海关作为被申请人。如果办事处以自己的名义作出具体行政行为，就由此办事处作为被申请人。

2. 权利和义务

被申请人的权利包括：

对申请人复议要求进行答辩和反驳的权利；申请回避的权利；对海关复议决定的依法强制执行权或申请人民法院强制执行权。

被申请人的义务包括：

举证的义务；执行复议决定的义务；办理不服海关具体行政行为提起行政诉讼的应诉事项的义务。

被申请人违反《行政复议法》规定，不提出书面答复或者拒不提交作出具体行政行为的证据、依据和其他有关材料，或者阻挠、变相阻挠公民、法人或者其他组织依法申请行政复议的，对直接负责的主管人员和其他直接责任人员给予警告、记过、记大过的行政处分，进行报复陷害的，依法给予降级、撤职、开除的行政处分，构成犯罪的依法追究刑事责任。

（三）海关复议第三人

1. 定义

海关复议第三人是指，在海关行政复议期间，同申请行政复议的具体行政行为有利害关系而参加行政复议活动的公民、法人或者其他组织。海关行政复议机关认为必要时，也可以通知第三人参加行政复议。申请海关复议第三人，应当以书面形式提出，并对其与申请行政复议的具体行政行为有利害关系负举证责任。复议机关同意第三人参加行政复议的，应当制作《第三人参加行政复议通知书》，并送达第三人。

海关复议第三人需具备以下条件：

（1）复议第三人是公民、法人或者其他组织；

（2）公民、法人或者其他组织只有在经过申请批准后才可以成为第三人；

（3）与申请行政复议的具体行为有利害关系，即有法律上的权利义务关系；

（4）第三人参加行政复议活动是为了维护自己的合法权益不受侵犯；

（5）第三人只允许在复议开始后结束前参加复议活动。

2. 权利和义务

复议第三人的权利包括：

申请复议权；委托权（在行政复议中，复议第三人可以书面委托行政复议代理人代为参加复议）；撤回复议申请权等。

复议第三人的义务包括：

对其申请行政复议的具体行政行为负举证责任；在复议过程中，自觉遵守复议纪律，维护复议秩序，听从复议机关依法作出的安排；自觉履行已生效的复议决定。

（四）海关行政复议机关

海关行政复议机构是海关内部审理复议案件、解决行政争议的法制机构，海关总署的行政复议机构为政策法规司，直属海关的行政复议机构为法规处（法规室）。

海关行政复议机关主要履行的职责包括：受理复议申请；向有关组织和人员调查取证，查阅文件和资料；审查申请行政复议的具体行政行为是否合法与适当，拟定行政复议决定；处理或者转送《复议办法》中所列有关规定的审查申请；对海关及其部门和工作人员违反《行政复议法》规定的行为依照规定的权限和程序提出处理建议；办理海关复议决定的依法强制执行或申请人民法院强制执行事项；办理不服海关具体行政行为提起行政诉讼的应诉事项；法律、行政法规、海关总署规章规定的以及本机关行政首长交办的其他事项等。

四、海关行政复议的程序

根据《复议办法》及海关系统的具体操作实践，海关行政复议的基本程序包括申请、受理、审理决定和执行四个环节。流程图如图9.2。

图9.2 海关行政复议程序

（一）海关行政复议的申请

1. 申请时限

公民、法人或者其他组织认为海关具体行政行为侵犯其合法权益的，可以自知道该具体行政行为之日起 60 日内提出行政复议申请；海关的具体行政行为（包括作为与不作为）是持续状态的，提出行政复议申请的期间自该具体行政行为终了之日起计算；因不可抗力或者其他正当理由耽误法定申请期限的，申请期限自障碍消除之日起继续计算。

公民、法人或者他组织在紧急情况下请求海关履行保护人身权、财产权的法定职责，海关不及时履行的，行政复议申请期限不受前款规定的限制。

2. 复议参加人

复议申请参加人一般包括申请人及复议申请第三人。申请人提交复议申请书应明确以下内容：被申请人（作出原具体行政行为的海关）名称；申请人概况；与原具体行政行为有关的事实、行政复议具体请求、复议理由；其他需要说明的事项。委托代理人代为参加行政复议的，应当向海关行政复议机关出具委托书。

3. 申请方式和对象

申请人向海关申请行政复议，可以书面申请，也可以口头申请。申请人申请复议时，可以提供有关的书面材料。口头申请的，海关行政复议机关应当制作《行政复议口头申请记录》，并当场交由申请人签章确认。

对海关具体行政行为不服的，向作出该具体行政行为的海关的上一级海关申请行政复议。对海关总署作出的具体行政行为不服的，向海关总署申请行政复议。对海关依法设立的派出机构依照法律、行政法规或者海关规章规定，以派出机构的名义作出的具体行政行为不服的，向设立该派出机构的海关申请行政复议。

（二）海关行政复议的受理

海关行政复议机关收到行政复议申请后，应当在 5 个工作日内进行审查，并决定是否受理该复议申请。

1. 受理的条件

行政复议申请符合下列规定的，应当予以受理：

（1）有明确的申请人和符合规定的被申请人；

（2）申请人与具体行政行为有利害关系；

（3）有具体的行政复议请求和理由；

（4）在法定申请期限内提出；

（5）属于《复议办法》规定的行政复议范围；

（6）属于收到行政复议申请的海关行政复议机构的职责范围；

（7）其他行政复议机关尚未受理同一行政复议申请，人民法院尚未受理同一主体就同一事实提起的行政诉讼。

对符合规定决定受理行政复议申请的，应当制作《行政复议申请受理通知书》和《行政复议答复通知书》分别送达申请人和被申请人。对不予受理的申请，应当制作《行政复议申请不予受理决定书》，并且送达申请人。

申请人以传真、电子邮件方式递交行政复议申请书、证明材料的，海关行政复议机构不得以其未递交原件为由拒绝受理，但应当告知申请人自收到《行政复议申请受理通知书》之日起10日内提交有关材料的原件。

2. 申请材料的补正

行政复议申请材料不齐全或者表述不清楚的，海关行政复议机构可以自收到该行政复议申请之日起5日内书面通知申请人补正。

申请人应当在收到补正通知之日起10日内向海关行政复议机构提交需要补正的材料。补正申请材料所用时间不计入行政复议审理期限。申请人无正当理由逾期不补正的，视为其放弃行政复议申请。

3. 海关行政复议答复程序

行政复议案件的答复工作由被申请人负责法制工作的机构具体负责。流程如图9.3。

图9.3 行政复议答复程序

海关行政复议机构应当自受理行政复议申请之日起7日内，将行政复议申请书副本或者行政复议申请笔录复印件以及申请人提交的证据、有关材料的副本发送被申请人。被申请人自收到申请书副本或者行政复议申请笔录复印件之日起10日内，向海关行政复议机构提交《行政复议答复书》，并且提交当初作出具体行政行为的证据、依据和其他有关材料。海关行政复议机构应当在收到被申请人提交的《行政复议答复书》之日起7日内，将《行政复议答复书》副本发送申请人。

5. 申请的撤回与撤销

行政复议决定作出前，申请人说明理由并要求撤回行政复议申请，或者被申请人撤销、变更其所作的具体行政行为，申请人同意并申请撤回行政复议申请的，经复议机关审查同意，可以撤销复议案件，终止行政复议。因复议申请人撤回复议申请或其他原因终止行政复议的，复议机构应当制作《行政复议终止决定书》，并送达申请人、第三人或其代理人、被申请人。

5. 对不予受理情形的补救

对纳税争议以及不服海关其他具体行政行为的复议申请，海关复议机关决定不予受理或者受理后超过行政复议期限不作答复的，申请人可以自收到不予受理决定书之日起或者行政复议期满之日起15日内，依法向人民法院提起行政诉讼。

公民、法人或者其他组织依法提出复议申请，海关行政复议机关无正当理由不予受理的，上一级海关应当责令其受理，并制作《责令受理行政复议申请通知书》；必要时，上一级海关也可以直接受理，并制作《直接受理行政复议申请决定书》，送达上述复议机关。

（三）海关行政复议的审理

1. 海关行政复议审理遵循的原则

（1）合议制原则

海关行政复议案件一般实行合议制审理。合议人员为不得少于3人的单数，合议人员由海关行政复议机构负责人指定的行政复议人员或者海关行政复议机构聘任或者特邀的其他具有专业知识的人员担任，但被申请人所属人员不得担任合议人员。对海关总署作出的具体行政行为不服向海关总署申请行政复议的，原具体行政行为经办部门的人员不得担任合议人员。

海关行政复议机构负责人应当指定一名行政复议人员担任主审，具体负责对行政复议案件事实的审查，并且对所认定案件事实的真实性和适用法律的准确性承担主要责任。合议人员应当根据复议查明的事实，依据有关法律、行政法规和海关规章的规定，提出合议意见，并且对提出的合议意见的正确性负责。

对于事实清楚、案情简单、争议不大的海关行政复议案件，也可以不适用合议制，但是应当由2名以上行政复议人员参加审理。

（2）回避原则

申请人、被申请人或者第三人认为合议人员或者案件审理人员与本案有利害关系或者有其他关系可能影响公正审理行政复议案件的，可以申请合议人员或者案件审理人员回避。合议人员或者案件审理人员认为自己与本案有利害关系或者有其他关系的，应当主动申请回避。海关行政复议机构负责人也可以指令合议人员或者案件审理人员回避。

行政复议人员的回避由海关行政复议机构负责人决定，海关行政复议机构负责人的回避由海关行政复议机关负责人决定。

2. 审理方式

海关行政复议机构审理行政复议案件应当向有关组织和人员调查情况，听取申请人、被申请人和第三人的意见；海关行政复议机构认为必要时可以实地调查核实证据；对于事实清楚、案情简单、争议不大的案件，可以采取书面审查的方式进行审理。

调查取证时，行政复议人员不得少于 2 人，并且应主动向有关人员出示调查证。调查情况、听取意见应当制作笔录，由被调查人员和行政复议人员共同签字确认。

出现下列情况之一的，海关行政复议机构可以采取听证的方式审理，包括：申请人提出听证要求的；申请人、被申请人对事实争议较大的；申请人对具体行政行为适用依据有异议的；案件重大、复杂或者争议的标的价值较大的；海关行政复议机构认为有必要听证的其他情形。

海关行政复议机构决定举行听证的，应当制发《行政复议听证通知书》，将举行听证的时间、地点、具体要求等事项事先通知申请人、被申请人和第三人。行政复议听证人员为不得少于 3 人的单数，由海关行政复议机构负责人确定，并且指定其中一人为听证主持人。

3. 当事人在复议审理过程中的权利与义务

除涉及国家秘密、商业秘密或者个人隐私外，申请人、第三人可以查阅被申请人提出的书面答复、作出具体行政行为的证据、依据和其他有关材料。但应注意：查阅前，先向复议机构提出申请，并出示身份证件；查阅时，应有复议机构工作人员在场；不得涂改、毁损、拆换、取走、增添查阅的上述材料，不得进行复印、翻拍、翻录。

4. 复议中止

行政复议期间有下列情形之一，影响行政复议案件审理的，行政复议中止，海关行政复议机构应当制作《行政复议中止决定书》，并且送达申请人、被申请人和第三人，包括：作为申请人的自然人死亡，其近亲属尚未确定是否参加行政复议；作为申请人的自然人丧失参加行政复议的能力，尚未确定法定代理人参加行政复议；作为申请人的法人或者其他组织终止，尚未确定权利义务承受人；作为申请人的自然人下落不明或者被宣告失踪；申请人、被申请人因不可抗力，不能参加行政复议；案件涉及法律适用问题，需要有权力的机关作出解释或者确认；案件审理需要以其他案件的审理结果为依据，而其他案件尚未审结；其他需要中止行政复议的情形。

行政复议中止的原因消除后，海关行政复议机构应当及时恢复行政复议案件的审理，制作《行政复议恢复审理通知书》，并且送达申请人、被申请人和第三人。

5. 行政复议申请的驳回

申请人认为海关不履行法定职责申请行政复议，海关行政复议机关受理后发现被申请人没有相应法定职责或者被申请人在海关行政复议机关受理该行政复议申请之前已经履行法定职责，或者海关行政复议机关受理行政复议申请后，发现该行政复议申请不符合受理条件的可以予以驳回。

（四）复议决定

复议合议人员应当通过对被申请人作出的具体行政行为进行书面审查或者向有关组织和人员调查情况、听取申请人、被申请人和第三人的意见，根据事实和法律，提出合议意见。复议人员的审理意见、复议合议人员的合议意见，经海关行政复议机关负责人审查批准，或者经海关案件审理委员会讨论通过后，作出行政复议决定。

海关行政复议机关应当自受理申请之日起 60 日内作出行政复议决定。但对于行政复议案件案情重大、复杂、疑难，或决定举行行政复议听证，或经申请人同意，或有第三人参加行政复议，或申请人、第三人提出新的事实或者证据需进一步调查的情况，经海关行政复议机关负责人批准，可以延长 30 日。海关行政复议机关延长复议期限，应当制作《延长行政复议审查期限通知书》，并送达申请人、第三人、被申请人。

海关行政复议机关作出行政复议决定，应当制作《行政复议决定书》。《行政复议决定书》应当载明下列内容：

（1）申请人姓名、性别、年龄、职业、住址（法人或者其他组织的名称、地址、法定代表人的姓名、职务）；

（2）第三人姓名、性别、年龄、职业、住址（法人或者其他组织的名称、地址、法定代表人的姓名、职务）；

（3）被申请人名称、地址、法定代表人姓名；

（4）申请人申请复议的要求、理由、依据；

（5）被申请人答复的要求、理由、依据；

（6）复议认定的事实、证据、依据和理由；

（7）复议机关的复议决定和依据；

（8）不服复议决定向人民法院起诉的期限；

（9）作出复议决定的日期；

（10）复议机关的签章。

（五）执行

《行政复议决定书》一经送达，即发生法律效力。

若申请人不服，可以向人民法院起诉，但在人民法院作出撤销复议决定或对原具体行政行为作出判决之前，不影响申请人对复议决定的执行。被申请人不履行或者无正当理由拖延履行海关行政复议决定的，上一级海关应当责令其限期履行。申请人在法定期限内不起诉又不履行海关行政复议决定的，对维持具体行政行为的海关行政复议决定，由作出具体行政行为的海关依法强制执行，或者由该海关申请人民法院强制执行。对于变更具体行政行为的海关行政复议决定，由海关行政复议机关依法强制执行，或者由该复议机关申请人民法院强制执行。该复议机关也可指定作出具体行政行为的海关依法强制执行，被指定的海关应当及时将执行情况上报海关复议机关。

公民、法人或其他组织对海关行政处罚或其他具体行政行为向上一级行政机关申请复议，对复议决定不服的，可依法向人民法院提起行政诉讼。

第三节　海关行政诉讼

一、海关行政诉讼的概念

（一）定义

海关行政诉讼是人民法院根据公民、法人或者其他组织的请求，依照相关法律、行政法规对海关具体行政行为的合法性进行审查并作出判决的国家诉讼活动。

海关行政诉讼作为行政诉讼的一个专门种类，与海关行政复议相比，虽然都是对海关行政处罚不服的申诉程序，但有着自己的特点和性质：

1. 海关行政诉讼是行政机关对行政活动的司法监督。它是人民法院运用国家审判权来监督海关依法行使职权和履行职责，保护公民、法人和其他组织的合法权益不受行政机关违法行为侵害的一种司法活动。

2. 海关行政诉讼中的原告、被告具有恒定性。在海关行政诉讼中能成为原告、享有起诉权的，只能是作为相对一方当事人的公民、法人或其他组织。作出具体行政行为的海关没有起诉权，也没有反诉权，只能作为被告应诉。

3. 海关行政诉讼法律关系中的客体必须是由海关作出的、原告人认为侵害其合法权益的具体行政行为。

4. 行政诉讼的核心是对具体行政行为的合法性进行审查。

（二）法律依据

目前，在海关行政诉讼方面还没有出台相应的法规，在具体的行政诉讼实践中，通常依据我国1990年实施的《中华人民共和国行政诉讼法》及2000年3月10日实施的《最高人民法院关于执行〈中华人民共和国行政诉讼法〉若干问题的解释》（以下简称《诉讼解释》）相关规定进行执行。

此外，海关行政诉讼的法律依据还包括：

1. 2001年1月1日实施的《海关法》和2004年1月1日实施的《进出口关税条例》。对海关行政处罚不服或同海关发生纳税争议而提起诉讼，主要依据此两项法律。

2. 《中华人民共和国知识产权海关保护条例》以及《海关法》和《处罚细则》。若对海关针对进口或出口侵犯知识产权货物的行为作出的行政处罚决定不服而提起诉讼，可以以上述三项法律法规为主要依据。

3. 《中华人民共和国固体废物污染环境防治法》以及《海关法》和《处罚细则》。对海关针对违法进口污染环境的固体废物的行为作出的处罚决定不服而提起诉讼，可依据此三项法律、法规。

4. 1999年10月1日起实施的《行政复议法》。对海关依据海关行政规章设定的处罚作出的处罚决定不服以及对海关作出的具体行政行为（包括海关监管、海关稽查、海关行政处罚程序、知识产权海关保护、海关统计等）不服而提起诉讼，可以此为主要依据。

海关行政诉讼是行政诉讼的一种，主要是监督行政机关依法行使职权。它对于完善海关行政管理制度，加强对海关的监督，促进各级海关合法、正确地行使职权，有效防止和纠正不当的海关行政行为，维护社会经济秩序，维护公民、法人和其他组织的合法权益，维护社会稳定，都具有重要的意义。

（三）典型案例

2005 年 12 月 20 日，中国某银行某市分行应 A 公司请求，开立跟单信用证用于从马来西亚进口橡胶。双方约定：货物到港后，A 公司无条件同意将全部货权交某银行所有；某公司只有在足额缴纳关税、有关费用及全部信用证款项后才能取得货权，否则某银行有权处置货物。2006 年 1 月 24 日，某银行收到议付行寄来的信用证单据和正本提单，提单注明的收货人为"凭某银行指示"。同年 2 月 15 日，提单项下 1600 吨进口橡胶运抵某海港。

在此期间，某海关于 2006 年 1 月立案调查 A 公司 2005 年涉嫌在国内倒卖保税进口 1000 吨橡胶走私一案，因上述橡胶已被 A 公司倒卖且该公司没有款项可供查扣，某海关依据有关规定，于 2006 年 2 月 16 日将某公司前日运抵海港的 1600 吨橡胶作为案件抵押物予以查扣后，货物因某公司报关后未在规定期限内缴纳税款未能通关。该批货物后应某市区人民法院协助执行的要求，在扣除橡胶中 1150 吨缴清税款后海关放行给法院，剩余 450 吨橡胶，冲抵了某公司因倒卖保税橡胶走私一案承担追缴走私货物等值价款的行政处罚的法律责任。

与此同时，A 公司因没有按规定支付开证资金，某银行于 2006 年 6 月 10 日向某市中级人民法院提起民事诉讼，诉请法院判令 A 公司偿还信用证项下垫付货款及利息，诉请获得法院终审判决的支持，但某银行没能通过执行程序实现债券，该行遂于 2007 年 3 月 14 日依据已生效的民事判决，申请某海关优先给付变卖价款扣除有关费用后的剩余款项。但某海关已对上述款项执行完毕，并答复某银行无法返还。

2007 年 7 月 21 日，某银行不服某海关的处理决定，向某市中级人民法院提起行政赔偿诉讼，诉请法院判令某海关赔偿变卖橡胶的剩余价款。某市中级人民法院审理认为，某海关就本案所涉橡胶所采取的收取抵押物予以变卖，收取案件保证金、关税、滞纳金以及将保证金抵缴罚款的行为均符合法律规定，属于依法实施的具体行政行为；原告某银行请求判令某海关赔偿橡胶变卖余款的诉讼请求缺乏事实根据和法律依据，作出驳回原告赔偿诉讼请求的判决。

某银行不服，随后提起上诉。某省高级人民法院受理上诉请求后，在《行政判决书》中确认私权力优先于公权力行使，从而确认某海关收缴涉案橡胶变卖价款冲抵税款和罚款行为违法，判决某海关赔偿某银行有关经济损失人民币634.24 万元。

二、海关行政诉讼的管辖和范围

依据《行政诉讼法》对级别管辖的规定，海关处理的案件由中级人民法院管辖。海关行政诉讼受案范围是指人民法院受理行政案件的范围，即公民、法人或其他组织依法可以就哪些行政争议向人民法院起诉。海关依据《行政诉讼法》规定并结合海关的具体实践，规定以下具体行政行为可以向人民法院提起诉讼：

1. 对拘留、罚款、吊销许可证和执照，责令停产停业，没收财物等行政处罚不服，当事人可以提起诉讼。

2. 对限制人身自由或对财产的查封、扣押、冻结等行政强制措施不服；对海关为履行监管职能，对当事人进行人身检查、扣留当事人、冻结走私嫌疑人款项，划拨纳税义务人款项等行政强制措施不服，当事人可以提起诉讼。

3. 认为行政机关在工作中侵犯其经营自主权。海关在实际工作中可能因为征税、查验货物、稽查等侵犯企业的经营自主权，如强行上缴税后利润、强行变更企业名称、核定资产的使用权与所有权等，企业可据此提起诉讼。

4. 认为符合法定条件申请行政机关颁发许可证和执照，行政机关拒绝颁发或不予答复的。涉及到海关工作的许可证是指海关颁发的报关企业批准书，报关员证书，保税工厂、保税仓库、免税商店批准书等。

5. 申请行政机关履行保护人身权、财产权的法定职责，行政机关拒绝履行或不予答复的。比如，海关在依法扣留走私犯罪嫌疑人期间，有义务保证被扣留人的健康和人身安全；海关在扣留有违法嫌疑的货物、物品期间，有义务保管好这些货物、物品。在扣留期间，当事人认为海关没有履行好职责的，可以向人民法院起诉。

6. 认为行政机关违法要求履行义务的。当事人如果认为海关要求其履行义务没有法律依据的，可以提起诉讼。

7. 认为行政机关侵犯其人身权和财产权的。具体行政行为的表现形式很多，除了前面列举的六项以外，还包括行政确认、行政裁决、行政征收等。行政机关在实施这些行政行为时侵犯相对人身权、财产权的，比如纳税、减免税争议，海关官员态度恶劣或检查不文明，海关拖延监管、验放的，相对人不服，也都可以提起行政诉讼。

此外，根据《行政诉讼法》的规定，不属于人民法院受理的行政诉讼案件包括：国家行为，刑事司法行为，不具强制力的行政指导行为，抽象行政行为，驳回当事人对行政行为提起诉讼的重复处理行为，对公民、法人或其他组织的权利、义务不产生实际影响的行为，法定行政终局裁决行为，行政机关作出的涉及行政机关公务员权利、义务决定的行为，行政调解行为及法定行政仲裁行为等。

三、海关行政诉讼的参加人

诉讼参加人，是依法参加行政诉讼活动，享有诉讼权利，承担诉讼义务，并且与诉讼争议或者诉讼结果有利害关系的人，具体包括当事人、共同诉讼人、诉讼中的第三人和诉讼代理人。原告和被告就是狭义的当事人，在不同的法律程序中，具有不同的称谓，在第一审程序中，称为原告和被告；在第二审程序中，称为上诉人和被上诉人；在审判监督程序中，称为申诉人和被申诉人；在执行程序中，称为申请执行人和被申请执行人。

（一）原告

海关行政诉讼的原告，是认为海关及其工作人员的具体行政行为侵犯其合法权益，而向人民法院提起诉讼的公民、法人或者其他组织。

在司法实践中，存在一些特殊情况需要确定谁有资格成为原告。一是如果有权提起诉讼的公民死亡，其近亲属可以提起诉讼，这时提起诉讼的近亲属是以原告的身份而不是以诉讼代理人的身份提起诉讼。二是与具体行政行为有法律上的利害关系但不是具体行政行为直接针对的对象的公民、法人或者其他组织，对该具体行政行为不服的，可以以原告的身份提起行政诉讼。三是海关撤销或者变更具体行政行为，与被撤销、变更的行为有法律上利害关系的个人或者组织对撤销行为不服的，可提起行政诉讼。四是当事人在被限制人身自由期间，其近亲属可以依当事人的口头或者书面委托，以当事人的名义提起诉讼。

（二）被告

海关行政诉讼的被告，是各级海关。根据《行政诉讼法》的规定，原告直接向人民法院提起行政诉讼的，作出被诉的具体行政行为的海关是被告。如果行政案件经复议机关复议，复议机关维持原具体行政行为的，作出原具体行政行为的海关是被告；复议机关改变原具体行政行为的，复议机关是被告。如果是法律、法规授权的组织作出的具体行政行为，那么作出被诉的具体行政行为的组织是被告。由海关委托的组织所作出的具体行政行为，委托的海关是被告。

四、海关行政诉讼的程序

海关行政诉讼作为行政诉讼的一种，其程序按人民法院行政诉讼程序办理。行政诉讼程序是法定的，各参与方都应严格依照法定程序参加诉讼活动。

海关行政诉讼的基本程序大致可以分为起诉与受理、第一审程序、第二审程序、审判监督程序、执行程序等五个阶段，如图9.4。

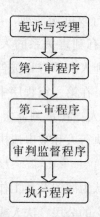

图9.4　行政诉讼程序

（一）起诉与受理

起诉是指公民、法人和其他组织认为行政机关的具体行政行为侵犯其合法权益，依法请求人民法院通过行使国家审判权给予司法救济的诉讼行为。

根据《行政诉讼法》规定，提起诉讼应当符合下列条件：

1. 原告是认为具体行政行为侵犯其合法权益的公民、法人和其他组织；

2. 有明确的被告。所谓"明确的被告"是指原告知道谁是作出具体行政行为的行政机关或具体执行公务的行为人；

3. 有具体的诉讼请求和事实依据。

4. 属于人民法院受案范围和受诉人民法院管辖。

人民法院接到诉状后应对起诉进行审查，主要是审查原告的起诉是否符合起诉条件，原告是否穷尽行政救济手段，起诉是否在法定时效期间内。审查结束后，若受理人民法院决定受理，应当立案，反之则作出裁定不予受理。所谓受理，是指人民法院对公民、法人或其他组织的起诉进行审查，对符合法律规定的起诉条件的案件决定立案审理的诉讼行为。

（二）第一审程序

1. 审理前的准备

主要包括组成合议庭，交换诉状，合议庭阅卷及处理管辖异议，审查诉讼文书和调查收集证据，决定被诉具体行政行为是否停止执行，审查其他内容等。

2. 庭审程序

开庭前首先要选择庭审方式，包括开庭审理和公开审理。涉及国家秘密、个人隐私和法律另有约定的除外，行政诉讼应以公开审理为原则。不公开审理的案件，判决和裁定仍应公开宣告。具体程序如图9.5。

图9.5　庭审程序

（1）开庭准备。正式开庭3日前，人民法院应当通知当事人及其他参加人开庭的时间、地点。对于公开审理的案件，还要张贴公告。

（2）宣布开庭。经人民法院两次合法传唤，原告无正当理由拒不到庭的，视为申请撤诉；被告无正当理由拒不到庭的，可以缺席判决。

（3）案情介绍。先由被告宣读被诉具体行政行为的决定书，并提出事实根据和法律依据，随后由原告宣读起诉书。

（4）法庭调查和法庭辩论。

（5）合议庭评议。法庭辩论结束后，在休庭期间，由合议庭对本案进行评议。

（6）宣读判决。判决可以当庭宣布，也可以则定日期另行开庭宣布。判决书通常在判决宣布后送达当事人。

3. 判决类型

人民法院对行政诉讼案件，根据不同的情况，可分别作出如下判决：

（1）判决维持（行政机关的具体行政行为）。这种判决适用于认定具体行政行为证据确凿，使用法律、法规正确，并符合法定程序的情况。

（2）判决撤销或部分撤销（行政机关的具体行政行为），并可以判决该行政机关重新作出具体行政行为。这主要是因为该行政行为的主要证据不足或凭此作出该行政行为所适用的法律、法规不足，或该行政行为的作出违反了法定的程序或超越了该行政机关的职权范围，或该行为属于行政机关对职权的滥用等情况。

（3）判决行政机关在一定期限内履行其某项具体的法定职责规定的行为。这种判决适用于行政机关被认定不履行或拖延履行其法定职责的情况。

（4）判决变更（某一行政处罚）。这种判决适用于认定原行政处罚显失公正的情况。

（三）第二审程序

当事人不服人民法院一审判决（或裁定），在裁决书送达之日起 15 日内（或在裁定书送达之日起 10 日内）向上一级人民法院提出上诉。当事人在法定期限内提出上诉，第二审程序开始。

人民法院对上诉案件，认为事实清楚的，可以实行书面审理，即人民法院只就当事人的上诉状和其他书面材料进行审理，作出判决和裁定，不需要诉讼参加人出席法庭，也不向社会公开。但当事人对原审人民法院认定的事实有争议的，或者第二审人民法院认为原审人民法院认定事实不清楚的，必须进行开庭审理。

第二审人民法院审理上诉案件，应当自收到上诉状之日起 2 个月内作出终审判决。有特殊情况要延长的，由上级人民法院批准。

人民法院对上诉案件有三种处理方式：

1. 判决驳回上诉，维持原判。认为原判认定事实清楚，适用法律、法规正确的情形。

2. 依法改判。认为一审判决认定事实清楚，但适用法律、法规错误的情形。

3. 认定原判事实不清、证据不足，或者由于违反法定程序可能影响案件正确判决的，裁定撤销原判，发回原审人民法院重审，也可以查清事实后改判。

第二审法院作出的裁判，属于终审裁决，不得再提起上诉。

（四）审判监督程序

行政诉讼审判监督程序，就是人民法院根据当事人的申请、检察机关的抗诉或者人民法院自己发现已经发生法律效力的判决、裁定确有错误，依法对案件进行再审的程序。其目的是为防止个别案件经过二审判决后仍可能错误地判决或裁定，致使行政相对人的合法权益不能得到保障，或者行政机关依法作出的合法行政行为不能保证其效力。审判监督程序的提起，只能由人民法院或人民检察院依法作出。

提起审判监督程序的条件如下：

1. 当事人申诉。当事人对已经发生法律效力的判决、裁定，认为确有错误的，可以向原审人民法院或者上一级人民法院提起申诉，但判决、裁定不停止执行。或者当事人申请再审，应当在判决、裁定发生法律效力后2年内作出。

2. 人民法院院长对本院已经发生法律效力的判决、裁定，发现违反法律、法规规定，认为需要再审的，应当提交审判委员会决定是否再审。上级人民法院对下级人民法院已经发生法律效力的判决、裁定，发现违反法律、法规规定的，有权提审或者指令下级人民法院再审。

3. 人民检察院对人民法院已经发生法律效力的判决、裁定，发现违反法律、法规规定的，有权按照审判监督程序提出抗诉。

对人民检察院提出抗诉的案件，人民法院应当再审。人民法院开庭审理抗诉案件时，应当通知人民检察院派员出庭。

（五）执行程序

依据《行政诉讼法》，对人民法院发生法律效力的判决、裁定，当事人必须认真履行。义务人拒绝履行判决、裁定的，有关行政机关可以向第一审人民法院申请强制执行，或由行政机关自己依法强制执行。

第四节 海关行政赔偿

一、海关行政赔偿概念

（一）定义

海关行政赔偿是指海关及其工作人员在履行国家赋予的进出关境监督管理

职责过程中，违法行使行政职权，侵犯公民、法人或者其他组织的合法权益造成损害导致的赔偿。海关是国家行政机关，行使的是国家进出境监督管理的行政权力，因此，海关及其工作人员违法行使职权导致的赔偿性质上属于国家赔偿，属于国家赔偿中的行政赔偿类型。

（二）法律依据

为保护公民、法人和其他组织依法取得行政赔偿的权利，促进海关及其工作人员依法行使职权，保证各级海关依法、正确、及时处理行政赔偿案件，我国根据《中华人民共和国国家赔偿法》（以下简称《国家赔偿法》）、《海关法》以及有关法律、行政法规，经 2003 年 3 月 14 日署务会审议通过，2003 年 5 月 1 日正式实施了《中华人民共和国海关行政赔偿办法》（以下简称《赔偿办法》）。各级海关办理行政赔偿案件，包括因海关及其工作人员违法行使行政职权导致的行政赔偿和依法对进出境货物、物品实施查验而发生的查验赔偿，均适用《赔偿办法》。

二、海关行政赔偿的行为主体

（一）赔偿请求人

赔偿请求人是指要求赔偿的受害的公民、法人及其他组织。

受害的公民死亡，其继承人和其他有扶养关系的亲属以及死者生前扶养的无劳动能力的人有权要求赔偿。受害的法人或者其他组织终止，承受其权利的法人或者其他组织有权要求赔偿。赔偿请求人为无民事行为能力人或者限制民事行为能力人时，由其法定代理人或指定代理人代为要求赔偿。

（二）赔偿义务机关

一般情况下，海关及其工作人员行使行政职权侵犯公民、法人和其他组织的合法权益造成损害的，该海关为赔偿义务机关。

两个以上海关共同行使职权侵犯公民、法人和其他组织的合法权益造成损害的，共同行使职权的海关为共同赔偿义务机关。海关查验进出境货物、物品时，损坏被查验的货物、物品的，实施查验的海关为赔偿义务机关。赔偿义务机关被撤销的，继续行使其职权的海关为赔偿义务机关；没有继续行使其职权的海关，该海关的上一级海关为赔偿义务机关。

三、海关行政赔偿的范围

海关行政赔偿包括两个方面：海关行政赔偿和海关检验赔偿。

（一）海关行政赔偿

由于侵犯公民人身权进行的赔偿和由于侵犯公民、组织的财产权进行的赔偿，均属海关行政赔偿范畴。

1. 侵犯人身权的行为

违法扣留公民；违法采取其他限制公民人身自由的行政强制措施；非法拘禁或者以其他方法非法剥夺公民人身自由；以殴打等暴力行为或者唆使他人以殴打等暴力行为造成公民身体伤害或者死亡；违法使用武器、警械造成公民身体伤害或者死亡；造成公民身体伤害或者死亡的其他违法行为。

2. 侵犯公民、法人或者其他组织财产权的行为

违法罚款，违法没收、追缴货物、物品、运输工具或其他财产，暂停或者撤销企业从事有关海关业务资格及其他行政处罚；违法对生产设备等财产采取扣留、封存等行政强制措施；违法收取保证金、风险担保金、抵押物、质押物；违法收取滞报金、监管手续费等费用；违法采取税收强制措施和税收保全措施；擅自使用扣留的货物、物品、运输工具或者其他财产，或对扣留财产不履行保管职责，造成损失；违法拒绝接受报关、核销等请求，拖延监管，故意刁难，或不履行其他法定义务，给公民、法人或者其他组织造成财产损失；变卖财产应当拍卖而未依法拍卖，或者有其他违法处理情形造成直接损失；造成财产损害的其他违法行为等。

但是，因海关工作人员行使与职权无关的行为，因公民、法人和其他组织自己的行为致使损害发生，或因不可抗力造成损害后果等海关不承担赔偿责任。因公民、法人和其他组织的过错致使损失扩大，对扩大部分海关不承担赔偿责任。

（二）查验赔偿

海关在依法查验进出境货物、物品时，损坏了被查验的货物、物品，应当赔偿当事人的实际损失。但有下列情形之一，海关不承担赔偿责任：

（1）属于海关不承担行政赔偿的部分，如《赔偿办法》第七条规定；

（2）由于当事人或其委托的人搬移、开拆、重封包装或保管不善造成的损失；

（3）易腐、易失效货物、物品在海关正常工作程序所需要时间内（含代保管期间）所发生的变质或失效，当事人事先未向海关声明或者海关已采取了适当的措施仍不能避免的；

（4）海关正常检查产生的不可避免的磨损和其他损失；

（5）在海关查验之前所发生的损坏和海关查验之后发生的损坏；

（6）海关为化验、取证等目的而提取的货样。

四、海关行政赔偿的程序

海关行政赔偿的程序主要包括要求提出，申请受理，做出决定及决定执行四部分，如图9.6。

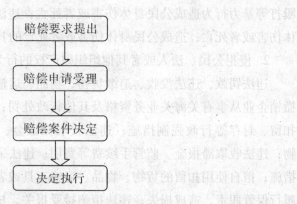

图9.6 行政赔偿程序

1. 行政赔偿要求的提出

行政赔偿请求人要求行政赔偿应当先向赔偿义务机关提出，也可以在申请行政复议和提起行政诉讼时一并提出。赔偿请求人可以向共同赔偿义务机关中的任何一个赔偿义务机关要求赔偿，该赔偿义务机关应当先予赔偿。赔偿请求人根据受到的不同损害，可以同时提出数项赔偿要求。

赔偿请求人要求赔偿应当递交申请书，申请书应当载明赔偿请求人的具体信息，具体要求、事实根据和申请日期。赔偿请求人书写申请书确有困难的，可以委托他人代书；赔偿请求人也可以口头申请。口头申请的，赔偿义务机关应当制作《行政赔偿口头申请记录》，并当场交由赔偿请求人签章确认。

2. 赔偿申请的受理

赔偿义务机关收到赔偿申请后，应当在5个工作日内进行审查，分别作出处理：

（1）对不予受理的，制作《行政赔偿申请不予受理决定书》并送达赔偿请求人；

（2）对未经依法确认的违法具体行政行为请求赔偿的，如该具体行政行为尚在法定的复议、诉讼期限内，应当书面告知申请人有权依法向上一级海关申请行政复议或者向人民法院提起行政诉讼，并可以一并提出赔偿请求；经告知后，申请人要求赔偿义务机关直接对侵权行为的违法性予以确认并作出赔偿决定的，赔偿义务机关应当予以受理。如该具体行政行为已超过法定的复议、诉讼期限，应当作为申诉案件处理，并书面通知当事人，原具体行政行为经申诉确认违法后，可以依法请求赔偿；

（3）对材料不齐备的，应当在审查期限内书面告知赔偿请求人补齐材料；

（4）对符合本办法规定，但是本海关不是赔偿义务机关的，应当在审查期限内书面告知申请人向赔偿义务机关提出；

（5）对符合本办法有关规定且属于本海关受理的赔偿申请，决定受理，制作《行政赔偿申请受理决定书》并送达赔偿请求人。

3. 赔偿案件的决定

赔偿义务机关应当自受理赔偿申请之日起两个月内依法作出赔偿或者不予赔偿的决定。

审理赔偿案件实行合议制。赔偿请求人向赔偿义务机关提出行政赔偿请求的，如海关及其工作人员行使职权的行为已经依法确认违法或者不违法的，赔偿义务机关应当根据已经确认的结果依法作出赔偿或者不予赔偿的决定；如未经依法确认的，赔偿义务机关应当先对海关及其工作人员行使职权的行为是否违法予以确认，再依法作出赔偿或者不予赔偿的决定。

4. 决定的执行

申请人对复议决定不服的，可以在收到复议决定书之日起15日内向人民法院提起诉讼；复议机关逾期不作决定的，申请人可以在复议期满之日起15日内向人民法院提起诉讼。

赔偿义务机关应当履行行政赔偿决定、行政赔偿协议、行政复议决定以及发生法律效力的行政赔偿判决、裁定或调解书。

赔偿义务机关不履行或者无正当理由拖延履行的，上一级海关应当责令其限期履行。

五、海关行政赔偿的方式

海关行政赔偿的主要方式是支付赔偿金。海关查验损坏赔偿，根据被损货物、物品的损害程度，按实际损失支付赔偿金；普通损害赔偿，以支付赔偿金为主要方式，能够返还财产或者恢复原状的，返还财产或恢复原状。

案例与习题

案例：

进口机床关税纠纷

2000 年 3 月 6 日，A 公司进口 500 台机床，并以 70 美元/台～82 美元/台的价格报关，某海关 2000 年 7 月进行了审定并按 200 美元/台进行征税。可 A 公司不服，向海关总署申请复议，海关总署以某海关征税决定认定事实不清，证据不足为由，撤销原征税决定。某海关经调查取证，认定 A 公司提供的报关发票系假发票，其申报的所谓成交价格明显低于海关掌握的相同或类似货物的国际市场公开成交价格，且又不能提供合法证据和说明正当理由，故其申请报关时提供的材料不能作为征税依据，据此于 2001 年 7 月 13 日作出进口关税专用缴款书、代征增值税专用缴款书，认定 A 公司所购 500 台机床，应按海关审定的 200 美元/台予以估价征税。A 公司不服，又向海关总署申请复议，海关总署于 2001 年 9 月 2 日作出复议决定，驳回 A 公司复议申请。A 公司仍不服，向某市中级人民法院提起诉讼。

原告 A 公司诉称，某海关按 200 美元/台估价征税，缺乏事实证据和法律依据，请求法院撤销某海关 2001 年 4 月 8 日的征税缴款决定。

某海关辩称，其依法具有审定完税价格进行估价征税的职权，且原告提供的报关发票系假发票，不能作为征税依据，且其申报的所谓成交价格明显低于市场价格，又不能提供合法证据和正当理由。被告通过调查取证做出的征税决定书，事实清楚，证据充分，请求法院驳回原告的诉请。

某中级人民法院经审理认为，某海关依据原《海关法》、《中华人民共和国进出口关税条例》第二条第一款、《中华人民共和国增值税暂行条例》第二十条第一款规定，具有征收关税、代征增值税的执法主体资格，并依法具有对报关价格进行审定并确定完税价格的职权。原告 A 公司报关后，某海关经审查，认定 A 公司报关单据内容不真实，不能作为征税依据。某海关经调查取证做出的征税决定，事实清楚，证据充分，适用法律正确，程序合法。据此，判决维持中华人民共和国某海关的具体行政行为。

习题：

一、单项选择题

1. 以下哪一种手段不是海关行政处罚中的救济手段（   ）。

A. 行政复议

B. 行政裁定

C. 行政诉讼

D. 行政赔偿

2. 依法不追究刑事责任的走私行为分为"走私行为"和"按走私行为论处的行为"，以下属于"按走私行为论处的行为"是（   ）。

A. 使用伪造、变造的手册、单证、印章、账册、电子数据或者以其他方式逃避海关监管，擅自将海关监管货物、物品、进境的境外运输工具，在境内销售

B. 以藏匿、伪装、瞒报、伪报或者其他方式逃避海关监管，擅自将保税区、出口加工区等海关特殊监管区域内的海关监管货物、物品，运往区外

C. 明知是走私进口的货物、物品，直接向走私人员非法收购

D. 未经国务院或者国务院授权的机关批准，从未设立海关的地点运输、携带国家禁止或者限制进出境的货物、物品或者依法应当缴纳税款的货物、物品进出境

3. 纳税义务人对海关确定的进出口货物的征税、减税、补税或者退税等有异议时，可在先按规定缴纳税款后，向（   ）。

A. 人民法院书面起诉

B. 海关总署申请复议

C. 税务部门申请仲裁

D. 上一级海关申请复议

4. 根据《中华人民共和国进出口关税条例》规定，当关税纳税义务人对海关进出口货物税额的征税、减免税、补税或退税等持有异议时，纳税义务人应（   ）。

A. 向海关书面申请复议；根据复议结果缴纳税款

B. 向海关总署申请复议；根据复议结果缴纳税款

C. 向人民法院起诉；根据法院判决结果缴纳税款

D. 先按核定的税额纳税，然后向上一级海关申请复议

5. 公民、法人或者其他组织认为海关具体行政行为侵犯其合法权益的，可以自知道该具体行政行为之日起多少天内提出行政复议申请（   ）。

A. 14 日

B. 30 日

C. 60 日

D. 45 日

二、多项选择题

1. 海关行政处罚的原则有（   ）。

A. 公正、公平原则

B. 法定原则

C. 处罚与教育相结合的原则

D. 救济原则

2. 海关行政处罚的形式有（   ）。

A. 警告

B. 登报道歉

C. 罚款

D. 取缔未经注册登记和未取得报关从业资格从事报关业务的企业和人员的有关活动

3. 下列情形中，可以向海关申请行政复议的有（   ）。

A. 对海关作出的限制人身自由的行政强制措施不服

B. 认为海关违法收取滞报金

C. 对海关税则归类有异议

D. 对海关关于该企业的分类不服

4. 按照海关关于纳税争议的有关规定，下列哪些叙述是错误的（   ）。

A. 进出口货物的纳税义务人，可在提出纳税复议后，暂缓缴纳税款

B. 纳税义务人应在海关填发税款缴纳后 3 个工作日内，向原征税海关书面申请纳税复议

C. 海关总署对纳税争议的复议为最后规定，纳税义务人必须按复议决定缴纳税款

D. 纳税义务人对原征税海关复议决定不服的，可自收到复议决定之日

起 15 日内向海关总署申请复议，或直接向原征税海关所在地人民法院起诉

5. 海关行政复议的原则（　　　）。

A. 合法原则

B. 公开原则

C. 公正原则

D. 及时原则

三、判断题

1. 报关员对记分执行海关的记分行政行为有异议的，可向记分执行海关提请行政复议。

2. 公民、法人或者其他组织认为海关的具体行政行为所依据的规定不合法，在对具体行政行为申请行政复议时可以一并向海关行政复议机关提出对该规定的审查申请。

3. 根据《中华人民共和国行政复议法》、《中华人民共和国行政复议法实施条例》及《中华人民共和国海关行政复议办法》规定，不服海关行政处罚的当事人，只有向上级海关申请复议，只有对复议决定不服才能向法院起诉。

4. 海关行政复议机关是作出具体行政行为海关的上一级海关。对海关总署直接作出的具体行政行为不服而申请复议的，国务院是复议机关。

四、问答题

(1) 什么是海关行政处罚及处罚内容？

(2) 什么是听证？

(3) 行政复议的程序是什么？

(4) 什么是海关行政复议第三人？

(5) 海关复议申请需要具备哪些条件？

(6) 海关行政复议遵循的原则是什么？

(7) 海关行政复议与行政诉讼的异同？

(8) 什么是海关行政诉讼的审判监督机制？

(9) 海关行政赔偿的行为主体包括哪些？

(10) 海关行政赔偿的范围包括哪些情况？

附件

报关代码

币制代码表

纸币代码	纸币名称
110	港币
116	日本元
121	澳门元
129	菲律宾比索
132	新加坡元
136	泰国铢
142	人民币
300	欧元
302	丹麦克朗
303	英镑
304	德国马克
305	法国法郎
307	意大利里拉
312	西班牙比赛塔
315	奥地利先令
318	芬兰马克
326	挪威克朗
330	瑞典克朗
331	瑞士法郎
398	清算瑞士法郎
501	加拿大元
502	美元
601	澳大利亚元
609	新西兰元

成交方式代码表

成交方式代码	成交方式名称
1	CIF
2	C&F
3	FOB
4	C&I
5	市场价
6	垫仓

地区性质代码表

地区性质代码	地区性质名称
1	经济特区
2	沿海开放城市
3	经济技术开发区
4	经济开放区
5	海南省
6	西藏自治区
7	广东省
8	福建省
9	北京市、新疆
A	保税工业区
B	新技术开发园区

部分关区代码表

关区代码	关区名称
0000	海关总署/全部关区
0100	北京关区
0101	机场单证
0102	京监管处
0103	京关展览
0104	京一处

关区代码	关区名称
0105	京二处
0106	京关关税
0107	机场库区
0108	京通关处
0109	机场旅检
0110	平谷海关
0111	京五里店
0112	京邮办处
0113	京中关村
0114	京国际局
0115	京东郊站
0116	京信
0117	京开发区
0118	十八里店
0119	机场物流
0121	京调查局
0123	机场调技
0124	北京站
0125	西客站
0126	京加工区
0127	京快件
0128	京顺义办
0200	天津关区
0201	天津海关
0202	新港海关
0203	津开发区
0204	东港海关
0205	津塘沽办
0206	津驻邮办

续表

关区代码	关区名称
0207	津机场办
0208	津保税区
0209	蓟县海关
0210	武清海关
0211	津加工区

国别地区代码表（部分）

国别地区代码	中文名（简称）	英文名（简称）	优/普税率
101	阿富汗	Afghanistan	L
102	巴林	Bahrian	L
103	孟加拉国	Bangladesh	L
104	不丹	Bhutan	II
105	文莱	Brunei	L
106	缅甸	Myanmar	L
107	柬埔寨	Cambodia	L
108	塞浦路斯	Cyprus	L
109	朝鲜	Korea，DPR	L
110	中国香港	Hong Kong	L
111	印度	India	L
112	印度尼西亚	Indonesia	L
113	伊朗	Iran	L
114	伊拉克	Iraq	L
115	以色列	Israel	L
116	日本	Japan	L
117	约旦	Jordan	L
118	科威特	Kuwait	L
119	老挝	Laos，PDR	L
120	黎巴嫩	Lebanon	L
121	中国澳门	Macau	L

续表

国别地区代码	中文名（简称）	英文名（简称）	优/普税率
122	马来西亚	Malaysia	L
123	马尔代夫	Maldives	L
124	蒙古	Mongolia	L
125	尼泊尔	Nepal	L
126	阿曼	Oman	L
127	巴基斯坦	Pakistan	L
128	巴勒斯坦	Palestine	H
129	菲律宾	Philippines	L
130	卡塔尔	Qatar	L
131	沙特阿拉伯	Saudi Arabia	L
132	新加坡	Singapore	L
133	韩国	Korea Rep.	L
134	斯里兰卡	Sri Lanka	L
135	叙利亚	Syrian	L
136	泰国	Thailand	L
137	土耳其	Turkey	L
138	阿联酋	United Arab Emirates	L
139	也门共和国	Republic of Yemen	L
141	越南	Vietnam	L

国内地区代码表（部分）

国内地区代码	国内地区名称
11019	东城区
11029	西城区
11039	崇文区
11049	宣武区
11053	北京电子城科技园区
11059	朝阳区
11063	北京丰台科技园区

国内地区代码	国内地区名称
11069	丰台区
11079	石景山
11083	北京海淀科技园区
11089	海淀区其他
11099	门头沟
11109	房山
11115	北京天竺出口加工区
11119	顺义
11123	北京昌平科技园区
11129	昌平
11132	北京经济技术开发区
11133	北京亦庄科技园区
11139	大兴其他
11149	通县
11159	怀柔
11169	平谷
11179	延庆
11189	密云
11909	北京其他
12019	和平区
12029	河东区
12039	河西区
12043	天津新技术产业园区
12049	南开区其他
12059	河北区
12069	红桥区
12072	天津经济技术开发区
12074	天津港保税区
12075	天津出口加工区

续表

国内地区代码	国内地区名称
12076	天津东疆保税港区
12077	天津保税物流园
12077	塘沽区其他
12089	汉沽区

计量单位代码表（部分）

计量单位代码	计量单位名称
001	台
002	座
003	辆
004	艘
005	架
006	套
007	个
008	只
009	头
010	张
011	件
012	支
013	枝
014	根
015	条
016	把
017	块
018	卷
019	副
020	片
021	组
022	份

续表

计量单位代码	计量单位名称
023	幅
025	双
026	对
027	棵
028	株
029	井
030	米
031	盘
032	平方米
033	立方米
034	筒
035	千克
036	克
037	盆
038	万个
039	具
040	百副
041	百支

监管证件代码表

许可证或批文代码	许可证或批文名称
1	进口许可证
2	两用物项和技术进口许可证
3	两用物项和技术出口许可证
4	出口许可证
5	纺织品临时出口许可证
6	旧机电产品禁止进口
7	自动进口许可证
8	禁止出口商品

续表

许可证或批文代码	许可证或批文名称
9	禁止进口商品
A	入境货物通关单
B	出境货物通关单
D	出/入境货物通关单（毛坯钻石用）
E	濒危物种出口允许证
F	濒危物种进口允许证
G	两用物项和技术出口许可证（定向）
I	精神药物进（出）口准许证
J	金产品出口证或人总行进口批件
O	自动进口许可证（新旧机电产品）
P	进口废物批准证书
Q	进口药品通关单
S	进出口农药登记证明
T	银行调运外币现钞进出境许可证
W	麻醉药品进出口准许证
X	有毒化学品环境管理放行通知单
Z	进口音像制品批准单或节目提取单
e	关税配额外优惠税率进口棉花配额证
r	预归类标志
s	适用 ITA 税率的商品用途认定证明
t	关税配额证明

结汇方式代码表

结汇方式代码	结汇方式名称
1	信汇
2	电汇
3	票汇
4	付款交单
5	承兑交单

续表

结汇方式代码	结汇方式名称
6	信用证
7	先出后结
8	先结后出
9	其他

贸易方式代码表

贸易方式代码	贸易方式简称	贸易方式全称
0110	一般贸易	一般贸易
0130	易货贸易	易货贸易
0139	旅游购物商品	用于旅游者5万美元以下的出口小批量订货
0200	料件放弃	主动放弃交由海关处理的来料或进料加工料件
0214	来料加工	来料加工装配贸易进口料件及加工出口货物
0245	来料料件内销	来料加工料件转内销
0255	来料深加工	来料深加工结转货物
0258	来料余料结转	来料加工余料结转
0265	来料料件复出	来料加工复运出境的原进口料件
0300	来料料件退换	来料加工料件退换
0314	加工专用油	国有贸易企业代理来料加工企业进口柴油
0320	不作价设备	加工贸易外商提供的不作价进口设备
0345	来料成品减免	来料加工成品凭征免税证明转减免税
0400	成品放弃	主动放弃交由海关处理的来料及进料加工成品
0420	加工贸易设备	加工贸易项下外商提供的进口设备
0444	保区进料成品	按成品征税的保税区进料加工成品转内销货物
0445	保区来料成品	按成品征税的保税区来料加工成品转内销货物
0446	加工设备内销	加工贸易免税进口设备转内销
0456	加工设备结转	加工贸易免税进口设备结转
0466	加工设备退运	加工贸易免税进口设备退运出境
0500	减免设备结转	用于监管年限内减免税设备的结转
0513	补偿贸易	补偿贸易

贸易方式代码	贸易方式简称	贸易方式全称
0544	保区进料料件	按料件征税的保税区进料加工成品转内销货物
0545	保区来料料件	按料件征税的保税区来料加工成品转内销货物
0615	进料对口	进料加工（对口合同）
0642	进料以产顶进	进料加工成品以产顶进
0644	进料料件内销	进料加工料件转内销
0654	进料深加工	进料深加工结转货物
0657	进料余料结转	进料加工余料结转
0664	进料料件复出	进料加工复运出境的原进口料件
0700	进料料件退换	进料加工料件退换
0715	进料非对口	进料加工（非对口合同）
0744	进料成品减免	进料加工成品凭征免税证明转减免税
0815	低值辅料	低值辅料
0844	进料边角料内销	进料加工项下边角料转内销
0845	来料边角料内销	来料加工项下边角料内销
0864	进料边角料复出	进料加工项下边角料复出口
0865	来料边角料复出	来料加工项下边角料复出口
1139	国轮油物料	中国籍运输工具境内添加的保税油料、物料
1200	保税间货物	海关保税场所及保税区域之间往来的货物

企业性质代码表

企业性质代码	企业性质名称
1	国有
2	合作
3	合资
4	独资
5	集体
6	私营
7	个体工商户
8	报关
9	其他

用途代码表

用途代码	用途名称
01	外贸自营内销
02	特区内销
03	其他内销
04	企业自用
05	加工返销
06	借用
07	收保证金
08	免费提供
09	作价提供
10	货样，广告品
11	其他
13	以产顶进

运输方式代码表

运输方式代码	运输方式名称
0	非保税区
1	监管仓库
2	江海运输
3	铁路运输
4	汽车运输
5	航空运输
6	邮件运输
7	保税区
8	保税仓库
9	其他运输
A	全部运输方式
W	物流中心
X	物流园区
Y	保税港区
Z	出口加工

征减免税方式代码表

征减免税方式代码	征减免税方式名称
1	照章征税
2	折半征税
3	全免
4	特案
5	征免性质
6	保证金
7	保函
8	折半补税
9	全额退税

征免性质代码表

征免性质代码	征免性质简称	征免性质全称
101	一般征税	一般征税进出口货物
118	整车征税	构成整车特征的汽车零部件纳税
119	零部件征税	不构成整车特征的汽车零部件纳税
201	无偿援助	无偿援助进出口物资
299	其他法定	其他法定减免税进出口货物
301	特定区域	特定区域进口自用物资及出口货物
307	保税区	保税区进口自用物资
399	其他地区	其他执行特殊政策地区出口货物
401	科教用品	大专院校及科研机构进口科教用品
403	技术改造	企业技术改造进口货物
406	重大项目	国家重大项目进口货物
412	基础设施	通信、港口、铁路、公路、机场建设进口设备
413	残疾人	残疾人组织和企业进出口货物
417	远洋渔业	远洋渔业自捕水产品
418	国产化	国家定点生产小轿车和摄录机企业进口散件
419	整车特征	构成整车特征的汽车零部件进口

续表

征免性质代码	征免性质简称	征免性质全称
420	远洋船舶	远洋船舶及设备部件
421	内销设备	内销远洋船用设备及关键部件
422	集成电路	集成电路生产企业进口货物
423	膜晶显	"膜晶显"生产企业进口货物
499	ITA 产品	非全税号信息技术产品
501	加工设备	加工贸易外商提供的不作价进口设备
502	来料加工	来料加工装配和补偿贸易进口料件及出口成品
503	进料加工	进料加工贸易进口料件及出口成品
506	边境小额	边境小额贸易进口货物
510	港澳 OPA	港澳在内地加工的纺织品获证出口
601	中外合资	中外合资经营企业进出口货物
602	中外合作	中外合作经营企业进出口货物
603	外资企业	外商独资企业进出口货物
606	海上石油	勘探、开发海上石油进口货物
608	陆地石油	勘探、开发陆地石油进口货物
609	贷款项目	利用贷款进口货物
611	贷款中标	国际金融组织贷款、外国政府贷款中标机电设备零部件
789	鼓励项目	国家鼓励发展的内外资项目进口设备
799	自有资金	外商投资额度外利用自有资金进口设备、备件、配件
801	救灾捐赠	救灾捐赠进口物资
802	扶贫慈善	境外向我境内无偿捐赠用于扶贫慈善的免税进口物资
888	航材减免	经核准的航空公司进口维修用航空器材
898	国批减免	国务院特准减免税的进出口货物
998	内部暂定	享受内部暂定税率的进出口货物
999	例外减免	例外减免税进出口货物

主要参考文献

[1] 魏彩慧，陈丕西．报关实务［M］．北京：首都经济贸易大学出版社，2008.

[2]（比）伍尔夫（Luc De Wulf），（巴）索科尔（Jose B. Sokol）．海关现代化建设案例研究［M］．北京：中国海关出版社，2007.

[3] 陈晖，邵铁民．案例海关法教程［M］．上海：立信会计出版社，2007.

[4] 张雪梅．报关实务［M］．北京：对外经济贸易大学出版社，2007.

[5] 谢凤燕．现代海关管理［M］．成都：西南财经大学出版社，2007.

[6] 吕红军．报关实务教程［M］．北京：中国商务出版社，2006.

[7] 张云，于家臻．模拟报关实训［M］．北京：高等教育出版社，2006.

[8] 胡波．海关报关实训［M］．北京：对外经济贸易大学出版社，2006.

[9] 郭健宏．中国加工贸易问题研究——发展、挑战和结构升级［M］．北京：经济管理出版社，2006.

[10] 温耀庆．进出口通关实务［M］．北京：中国物资出版社，2005.

[11] 海关总署监管司．中国海关通关指南［M］．北京：中国对位经济贸易出版社，2005.

[12] 徐伟．报关实务［M］．北京：对外经济贸易大学出版社，2004.

[13] 刘伟琦．国际货物与通关［M］．北京：中国物资出版社，2003.

[14] 廖涵．我国加工贸易发展战略研究［M］．北京：中国财政经济出版社，2002.

[15] 邵祥林，王玉梁，任晓薇．未来国际贸易的主流：加工贸易［M］．北京：对外经济贸易大学出版社，2001.

[16] 高融昆．中管海关的制度创新和管理变革［M］．北京：经济管理出版社，2002.

[17] 翁国民．入世与中国海关法［M］．上海：上海世界图书出版公司，2001.

［18］刘耀威．普惠制的原则和运用［M］．北京：对外经济贸易大学出版社，2001.

［19］姜圣复．国际贸易事务与法律［M］．北京：中华工商联合出版社，2000.

［20］刘广平，等．海关征税［M］．广州：中山大学出版社，1999.

［21］李兰，朱启荣．中国对外贸易方式变化对经济增长影响分析［J］．价值工程，2008（5）．

［22］吴新祥．一般贸易出口对地方经济的影响及对策［J］．江苏企业管理，2003（6）．

［23］陈智宇，臧丽．加工贸易的绿色之旅［J］．中国海关，2003（6）．